SHUZI XINXI JIANSUO YU SHUJU FENXI

数字信息检索与数据分析

主　编　陈兰杰　崔国芳　李继存
副主编　刘丽辉　范存刚　刘玲玲

河北大学出版社
·保定·

图书在版编目（CIP）数据

数字信息检索与数据分析 / 陈兰杰, 崔国芳, 李继存主编. -- 保定：河北大学出版社, 2016.11（2018.6重印）

ISBN 978-7-5666-1080-5

Ⅰ. ①数… Ⅱ. ①陈… ②崔… ③李… Ⅲ. ①数字信息－信息检索－高等学校－教材②数据处理－高等学校－教材 Ⅳ. ①G254.97②TP274

中国版本图书馆CIP数据核字(2016)第262941号

责任编辑：韩立霞

装帧设计：王占梅

责任印制：靳云飞

出版：河北大学出版社

地址：保定市七一东路2666号

经销：全国新华书店

印制：河北纪元数字印刷有限公司

开本：170mm×240mm　1/16

字数：250千字

印张：15

版次：2016年11月第1版

印次：2018年6月第2次印刷

书号：ISBN 978-7-5666-1080－5

定价：30.00元

前　　言

随着信息技术的发展和社会生活的转变，人们获取信息资源的方式逐渐改变，数字信息检索正在逐步取代原有的手工检索、联机检索的传统信息获取方法。此外，在大数据时代，对信息的分析利用比获取信息更为重要，因此，如何对获取到的数字信息加以分析利用也是大数据时代应关注的重要内容。与此相适应，其教材也应反映本学科最新的、最前沿的内容，并在继承传统的基础上推陈出新。这就是我们编写此书的初衷，希望能起到抛砖引玉的作用，引起更多同行的关注。

本书系统介绍了数字信息资源的含义、特点，数字信息检索的基本原理，中外重要数字信息资源检索系统，重要数据分析软件和数据分析方法。

本书由陈兰杰编写大纲并统稿，由多所学校的老师共同撰写而成，具体分工如下：

第一章、第十章和第十一章由陈兰杰（河北大学）撰写；第二章由刘丽辉（济南职业学院）撰写；第三章和第七章由崔国芳（北京交通大学海滨学院）撰写；第四章由李继存（河北水利电力学院）撰写；第五章由刘玲玲（天津医科大学）撰写；第六章和第九章由范存刚（北京大学人民医院）撰写；第八章由寇爽（廊坊卫生职业学院）撰写；第十二章和第十三章由见政清（山东青年政治学院）撰写；第十四章和第十五章由康新军（装甲兵工程学院）撰写。

本书是对当前信息检索理论教学与实践经验的一个阶段性总结与创新，在编写过程中参考了大量同类著作和论文，特别是第十二章、第十三章、第十四章、第十五章部分，相关案例均来自期刊论文，在此向所有文献资料的作者表示由衷的感谢。由于编写匆忙，书中存在的不妥之处还请同行专家及读者批评指正。

本书得到河北省青年拔尖人才计划项目以及河北省宣传文化系统“四个一批”人才项目的资助，在此一并表示感谢。

陈兰杰

2016 年 10 月 15 日晚于中华小区

目　　录

第1章　绪论

1.1　大数据时代的数字信息资源

1.1.1　大数据时代的到来

从硅谷到北京，大数据的话题都在被传播。随着智能手机以及“可佩戴”计算设备的出现，我们的行为、位置，甚至身体生理数据等每一点变化都成了可被记录和分析的数据。大数据之大并不仅仅在于其容量之大，虽然数据容量的爆炸是数据收集、保存、维护以及共享挑战的关键因素，但大数据的分布式、多样化、即时性的发展也超出了现有技术的处理能力。数据量激增、数据复杂性以及数据采集和处理速度要求的提升是大数据面临的关键挑战。

数据正成为巨大的经济资产，成为新世纪社会发展与科技进步的重要资源，将带来全新的创业方向、商业模式和投资机会。大数据的出现，使得通过数据分析获得知识、商机和社会服务的能力从以往局限于少数象牙塔之中的学术精英圈扩大到了普通的机构、企业和政府部门。门槛的降低直接导致了数据容错率的提高和成本的降低。大数据将逐渐成为现代社会基础设施的一部分，就像公路、铁路、港口、水电和通信网络一样不可或缺。但就其价值特性而言，大数据却和这些物理化的基础设施不同，不会因为人们的使用而折旧或贬值。

1.1.2　数字信息资源的定义

数字信息资源是指所有以数字形式把文字、图像、声音、动画等多种形式的信息存储在光、磁等非纸介质的载体中，通过网络通信、计算机或终端再现出来的信息。它是文献信息资源的一种表现形式，是记录数字化的方式表达多媒体的形式并分散存储于网上的各种信息资源的总和。

1.1.3 大数据环境下数字信息资源的特点

1.海量规模

据 DCCI 互联网数据中心在 2012 年 7 月 26 日举办的“Adworld2012 互动营销世界”上给出的数据显示:2010 年,全球数据量已达 1.2ZB(1ZB=1024EB,1EB 相当于 10 亿 GB),到 2020 年将暴增到 35ZB。大数据环境下,数据的获取与上传更加方便,造成了信息增长速度飞快。数据量的基数大、增长速度快,造成了现在大数据环境下的海量信息资源。

2.分散无序

由于信息资源来源广泛,任何用户都可以成为信息资源的来源,加之科学技术的发展,使得信息的传播更加方便快捷。信息源是分散的,对于信息的组织与收集的服务器或者是生产商也是分散的,这就造成了信息资源的分散无序。

3.质量参差不齐

信息的发布主要由用户驱动,并且来源复杂,大量虚假、错误、陈旧、低劣的信息有可能不经过任何筛选和过滤即可提交,这造成了信息资源质量控制的缺失。由于来源的广泛性以及没有一个严格的质量控制体系,造成了呈现给用户的信息的质量是参差不齐的。

4.形式多样

不同于传统的纸质信息资源,数字信息资源由于超文本与超媒体技术的运用,使其融合了大量的图形、图像、音频、视频等信息。多媒体信息与传统的纸质信息资源的结合,给人们提供了多种多样的信息形式,扩大了人们的选择空间。

5.更新换代快,生命周期短

大数据环境下,获取信息的难度大大降低,使得相同或者类似的信息的数量大大增加。新的信息不断出现,旧的信息不断被替代,并且替换的时间大大缩短,这也使得信息的生命周期大幅度缩短。

1.2 数字信息的组织与检索

1.2.1 信息组织与信息检索

信息组织与信息检索是信息资源管理的重要环节。信息组织是信息检索的基础;信息检索是信息组织的逆过程,是信息组织的目的。

信息组织与信息检索一般是指采用一定的方式,将大量的、分散的、无序的信息资源经过整理、优化,形成一个便于有效利用的检索系统,并根据信息用户的需要找出有关信息的过程。

1.2.2 数字化环境下的信息组织与检索的特点

1.信息组织的任务发生改变

信息组织不仅要以知识与信息为主要单元,还要揭示它们之间的关系,组织大量、多种形式的数据。这就要求其能够组织和检索多种类型的信息资源,符合信源分布分散的实际情况。信息组织的本质是使无序信息有序化,而相对于原来的纸质信息资源来说,数字信息资源的数量巨大,且格式不一,这就要求不同类型的信息按照不同的要求进行组织与检索,并且使其可以在同一平台输出。

2.更加注重新技术的应用

大数据环境下,本体、数据关联、超媒体技术等将深入应用到信息组织与信息检索之中。信息检索也将越来越注重个性化以及输出信息的全面性。

3.更加注重对检索数据的分析与应用

大数据环境下的检索结果数量庞大,信息质量良莠不齐,如何从海量数据中找到有效信息以辅助决策是数据检索的关键。因此,检索用户需要掌握一定的使用数据分析工具的能力。

1.3 大数据环境下影响人成功的三个要素

传媒环境下主要通过智商和情商两个指标对人的能力进行评价。大数据环境下，将增加一个新的指标——搜商。

1.3.1 智商

智商是智力商数(Intelligence Quotient，IQ)的简称，它是通过一系列标准测试测量人在其年龄段的智力发展水平，来表现一个人聪明程度的重要指标。智力也叫智能，它是人们认识客观事物并运用知识解决实际问题的能力。智力表现在多个方面，如观察力、记忆力、想象力、创造力、分析判断能力、思维能力、应变能力、推理能力等。

1.3.2 情商

情商是情绪情感智慧(Emotional Quotient，EQ)的简称，由两位美国心理学家约翰·梅耶和彼得·萨洛维于1990年首先提出。情商一般是指人在情绪、情感、意志、耐受挫折等方面的品质。总的来讲，人与人之间的情商并无明显的先天差别，更多与后天的培养息息相关。戈尔曼和其他研究者认为，情商由五种能力构成：自我意识、控制情绪、自我激励、认知他人情绪和处理相互关系。如今，人们面对的是快节奏的生活、高负荷的工作和复杂的人际关系，没有较高的情商是难以获得成功的，情商会影响智商的发挥。

1.3.3 搜商

搜商是搜索智力(Search Quotient，SQ)的简称，是一种与智商、情商相并列的人类智力因素。在信息化的知识经济时代，信息、知识成为当今社会重要的战略资源，对信息和知识的获取、分析、利用和创新成为影响未来竞争的关键因素。查找和搜索信息几乎是人类每天都在进行的活动，信息技术的大发展为我们在海量信息中查找自己需要的知识提供了极大的便利。善用搜索技术已成为网络时代每一个人应该具备的一种重要技能。

搜索不同于人们的思维或情绪，它是一种行为，一种具有操作性的行为。搜索作为操作行为，总有一个或长或短的过程。这个过程可以是一次性的，即一次性搜索，成功或者不成功，都不再搜索了；搜索也可以是两次以上，乃至多次，直到成功或者放弃。

综上所述，在大数据时代，迅速找到准确的信息并有效利用这些信息是成功的关键。大学生要想在信息时代的竞争中取胜，就必须具备利用现代信息技术获取知识和通过分析数据解决问题的能力。

本章思考题：

1.大数据时代信息资源有何特点？

2.大数据对信息组织和信息检索有何影响？

第2章　数据、信息与知识

2.1　数据

数据就是数值，也就是我们通过观察、实验或计算得出的结果。数据有很多种，可以是数字、文字、图像、声音等，最简单的就是数字。数据可以用于科学研究、设计、查证等。北京大学的吴慰慈教授认为数据等同于狭义的信息。北京大学张广钦教授将数据表述为那些零散的、片段的、没有联系的事物。郑彦宁在《数据、信息、知识与情报转化关系的探讨》中认为，数据是对客观事物、事件的记录、描述，是可以由人工或自动化手段加以处理的数字、文字、图形、图像、声音等符号的集合。荆宁宁在《数据、信息、知识与智慧》中认为，数据是反映客观事物运动状态的信号通过感觉器官或观测仪器感知，形成了文本、数字、事实或图像等形式的数据。

本书认为，数据是最原始的未被加工的记录。它反映了客观事物的某种运动状态，但因缺少情境信息，一般没有特殊意义。因此，数据是零散的、孤立的、不完整的信息。

2.2　信息

对信息的研究最早出现在电子通信领域。1948年，德国数学家维纳在《控制论》中首先提出信息的概念，他认为信息的实质就是负熵，用来消除不确定性，是人与外界进行调节而交换来的东西。之后对信息的研究渗入到包括社会科学在内的多门学科的研究中。张广钦教授在《信息管理教程》中统计出历史上对信息概念的理解有40多种，涉及哲学、语言学、计算机科学、社会学以及通信等领域。比如：有人认为信息是事物之间的差异；有人认为信息是一种场；有人认为信息是系统的复杂性；有人认为信息是物质的普遍属性；有人认为信息是使概率分布发生变动的东西;有人认为信息是通信传输的内容;有人认为在计算机技术中,信息是经过组合具有一定意义,能表明客体属性的数据集合;有人认为信息是作用于人类感觉器官的东西;有人认为信息是选择的自由度;有人认为信息是知识;有人认为信息是信号;有人认为信息是一种关系;有人认为信息从广义上讲,是物质和能量在时间、空间上,定性或定量的模型或其符号的集合;有人认为,信息是一种十分广泛的概念,它在自然界、人类社会以及人类思维活动中普遍存在,不同事物有着不同的特征,这些特征通过一定的物质形式(如声波、电磁波、图像等)给人带来某种信息,因此,信息可以定义为生物以及具有自动控制功能的系统,通过感觉器官和相应的设备与外界进行交换的一切内容。从不同角度、学科、层次或领域对信息下的定义都是不同的,因此,对信息的理解应十分注意定义的条件。钟义信在《信息科学原理》中认为,应根据不同的条件区分不同的层次来给出信息的定义。最高的层次是哲学层面对信息的定义,分为本体论层次上的信息和认识论层次上的信息。本体论层次上的信息是指事物运动的状态和状态改变的方式,包括事物内部结构和外部联系运动的状态与方式。在此,“事物”泛指一切可能的研究对象,包括客观世界的物质客体,也包括主观世界的精神现象;“运动”泛指一切意义上的变化,包括机械运动、物理运动、化学运动、生物运动、思维运动和社会运动等;“运动方式”是指事物运动在时间上所呈现的过程和规律;“运动状态”则是指事物运动在空间上所展示的形状与态势。认识论层次的信息是指认识主体所感知或所表述的事物运动的状态及其变化方式,包括状态及其变化方式的形式、含义和效用。

本书认为,信息是事物运动状态和运动方式的反映,是事物的基本属性。信息的内容是客观的,信息的形式是主观的。任何事物都可以成为信息源,同时任何事物的运动过程都离不开信息的运动过程。

2.3　知识

美国社会学家丹尼尔·贝尔在20世纪70年代定义知识为:知识是对事实或思想的一套有系统的阐述提出合理的判断或经验性的结果,它通过某种交流手段,以某种系统的方式传播给其他人。贝尔对知识的定义包含三个层次:知识首先是关于事实或思想的陈述;这些陈述能提出合理的判断或实证结果;它们可通过媒介传递给他人。

维纳·艾丽提出知识的“波粒二象性”：

(1)作为实体的知识。把知识看成一个具体的、实在的东西，可以为人拥有，具有产权，像财产一样。知识实体化后，可以被编码、转移、测量。

(2)作为过程的知识。这种看法是将注意力集中于知识的动态方面，强调知识的共享、创造、学习、运用和沟通的过程，将知识过程看作“认识的过程”。所以，知识管理中鼓励参与和协助沟通。

知识的“波粒二象性”是矛盾的统一，是“知”与“识”的统一，道出了知识的真谛。

对知识的分类有很多种，日本的野中郁次郎和竹内广孝将知识分为隐性知识和显性知识两类。显性知识是指外明化、结构化、编码化，可以通过学习获取的知识；隐性知识是内隐化、非结构化、非编码化，不是通过普通的学习途径可以获得的，主要隐藏于人的大脑或组织内部的知识。显性知识具有明晰性、可传递性、共享性、可视性等特点；而隐性知识则具有个体性、自主性、整体性、稳定性和情景依赖性等特点。隐性知识与显性知识是可以相互转化的。对此，日本的野中郁次郎和竹内广孝提出知识转化与创新的SECI模型：个人隐性知识通过观察、模仿和亲身实践的方式在个体之间共享，实现创造隐性知识的目的，这个过程也是群化的过程；个人隐性知识通过会谈、讨论等方式，使组织头脑中的隐性知识以明晰化的概念和语言表达出来，表达出来的显性知识可以供组织成员以及社会共享利用，从而增加显性知识的容量；个体显性知识经过系统化的处理，使得员工头脑中的零散的隐性知识变成格式化的语言，是个体专有知识向集体通用知识转化的过程；组织的显性知识被组织内部成员吸收、消化、升华，成为他们自己的隐性知识，从而拓宽、延伸和重构自己的隐性知识系统。通过这样的环节，实现了隐性知识与显性知识的相互转换，也基本上实现了组织内部知识共享与知识创新的全过程。

本书认为，知识是人类在认识世界和改造世界的过程中对事物本质的认识，知识是系统化的信息。

2.4 数据、信息与知识的关系

对于数据、信息与知识的关系有过很多种论述，存在不同的看法。乌家培在《正确认识信息与知识及其相互关系》一文中，总结了知识与信息间的五种关系：并列关系，为了强调知识的重要作用，把知识从信息中分离出来而与信息并列；转化关系，信息经过加工转化为知识；包含关系，认为知识包含于信息，而相反的观点则认为信息包含于知识；分立关系，认为信息仅仅是知识的“原料”或“燃料”，主张把知识从信息中分离出来，以突出知识的重要性；替代关系，由于信息与知识有不少共同的属性，两者在一定场合相互替代是可能的。郑彦宁在《数据、信息、知识与情报转化关系的探讨》中用“日本情报人员对我国大庆油田的分析”案例剖析了数据、信息、知识及情报之间的关系，认为数据强调形式，信息注重内容，知识反映规律性，在数据向信息以及信息向情报转化的过程都离不开知识。荆宁宁在《数据、信息、知识与智慧》中认为，数据是反映客观事物运动状态的信号，通过感觉器官或观测仪器感知，形成了文本、数字、事实或图像等形式的数据。它是最原始的记录，未被加工解释，没有回答特定的问题；它反映了客观事物的某种运动状态，除此以外没有其他意义；它与其他数据之间没有建立相互联系，是分散和孤立的。信息是大脑对数据进行加工处理，使数据之间建立相互联系，形成了回答某个特定问题的文本，以及被解释为具有某些意义的数字、事实、图像等形式的信息。它包含了某种类型可能的因果关系的理解，回答谁、什么、哪里、和/或、何时等问题。知识体现了信息的本质、原则和经验。它是人所拥有的真理和信念、视角和概念、判断和预期、方法论和技能等；回答怎样、为什么的问题；能够积极地指导任务的执行和管理，进行决策和解决问题。王子舟认为信息概念的范畴最大，它是具有普遍性的事物的运动状态和方式，一般指数据中包含的意义，这些意义能使数据中所描述的不确定性减少。信息包含了知识，知识是对普通信息进行加工提炼而形成的含有确切经验、评价、敏锐力的一种高级信息；数据是能够记录和存储在数据库中的已知事实。数据与知识是交集关系，知识分为客观知识与主观知识，规律及经验性的事实数据属于客观知识的范围。

本书认为，信息包含数据和知识。数据加上情境变为信息，数据是信息的原材料；信息是一种广义的知识，知识是系统化的信息。

本章思考题：

1.什么是数据？

2.从哲学层面上看,信息的概念怎样理解?

3.如何理解知识的概念?

4.如何通过显性知识与隐性知识的转化来实现知识的创新与共享?

5.怎样理解数据、信息与知识之间的关系?

第3章　信息资源与数字信息资源

3.1　信息资源

信息的飞速发展，使得信息资源化得到保障。随着信息时代的到来、知识经济的崛起，人们越来越意识到信息的重要性，对于信息资源的争夺越来越激烈。从20世纪80年代“开发信息资源，服务四化建设”，到现在的信息资源作为战略资源，无不彰显出信息资源成为推动社会发展的重要力量。

3.1.1　信息资源的概念

20世纪70年代初“Information Resource”概念的出现，揭开了信息资源相关研究的序幕。迄今为止学术界依旧无法就信息资源给出统一的定义。比较有代表性的观点有：美国信息管理专家霍顿（F.W. Horton）从政府文书管理的角度出发，认为信息资源具有两层意思：当资源为单数（resource）时，它是指某种内容的来源，即包含在文件和公文中的信息内容；当资源为复数（resources）时，信息资源指支持工具，包括供给、设备、环境、人员资金等。霍顿之后在另一本书中指出信息资源包括四个方面的内容：具有信息技能的人才；信息技术中的硬件与软件；信息机构，如图书馆、计算机中心、传播中心和信息中心等；信息操作和处理人员。波特拉认为信息资源包括信息的处理、操作、传递中所用到的一切人、机器、产品、服务……这些都是信息活动不可缺少的因素，这些资源若不加以控制、利用，要扩大信息活动是不可能的。德国信息管理专家斯特罗特曼认为，信息资源包括三个重要的组成部分：信息内容、信息系统和信息基础结构。

国内学者霍国庆认为：信息资源就是可以利用的信息集合……换言之，信息资源是经过人类开发与组织的信息集合。乌家培认为信息资源有两种理解。一种是狭义理解，指信息内容本身。另一种广义理解，指除信息内容本身外，还包括与其紧密相连的信息设备、信息人员、信息网络等。吴慰慈、高波将信息资源定义为:信息资源是经过人类采集、开发并组织的各种媒介信息的有机集合。这里强调的"各种媒介",就是指信息资源既包括制品型的文献资源,也包括非制品型的电子信息资源。

纵观以上相关概念,信息资源是一个具有丰富内涵和外延的概念,既可以从广义上界定信息资源,也可以在狭义上界定其概念。信息资源的内涵和外延主要包括以下几个方面:首先,信息资源是信息的集合,只有当信息的量和质达到一定程度时才能成为信息资源;其次,信息资源是对人类有意义的信息集合,对人类没有价值的信息不能算作信息资源;再次,信息资源是经过人类加工整理的、有序的、可存取的信息的集合,这也是信息资源区别于其他资源的显著特征;最后,信息资源是包括各种载体形式如文字、缩微、数字信息的集合。

本书认为,信息资源是经过人类筛选、分析整理、组织加工处理的有序化并可以存储的,具有使用价值和潜在使用价值的各类信息的集合。

3.1.2 信息资源的类型

信息资源的分类是一个复杂的问题,其划分标准并不固定,分类结果中存在一定的交叉和重复。信息资源按照不同的标准可以划分为不同的类别。

1.按照载体划分

为了有效记录、传递和保存信息资源,信息资源的载体随着科技的发展而发生变化。目前,信息资源按照载体形式可以划分为:印本信息资源、缩微信息资源、机读型信息资源、声像信息资源。

(1)印本信息资源

印本信息资源以纸张为记录载体,以手写、印刷、打字、复印等为记录手段。尽管其不受时间、地点的限制,便于阅读和保存,但是存储密度小、体积庞大、不易管理且依赖人工检索,难易实现自动检索。

(2)缩微信息资源

缩微信息资源指以感光材质为存储介质,以缩微照相生成的信息资源,包括缩微胶卷、缩微胶片、缩微卡片。其体积小、存储密度大,节省空间且易于传播,但是需借助相应的设备进行阅读。缩微技术的出现将促进信息工作的迅猛发展。

(3)机读型信息资源

机读型信息资源指以打字、穿孔或光学字符识别装置记录在磁性材料(磁带、磁盘或光盘等)上,通过计算机处理而产生的信息资源。它的优势是存储密度高、存储速度快、原有的记录可以修改。其劣势是需要借助技术设备才能阅读。

(4)声像信息资源

声像信息资源指以电磁转换或光电转换技术记录在磁性材料或是感光材料上,直观表现、记录信息,易于理解,传播效果好,不仅能表达复杂、罕见的信息内容,而且也适用于难以用文字描述的科技信息。

2.按照加工深度划分

信息资源按照加工的程度划分为:零次信息资源、一次信息资源、二次信息资源、三次信息资源。

(1)零次信息资源

零次信息资源指未形成一次文献前的信息,也就是未正式发表的最原始的文献集合,如未正式发表的书信、手稿、讨论稿、原始数据、草图、访谈记录等。其在新思想、新理论、产品更新中起到重要的作用。

(2)一次信息资源

一次信息资源指通过作者本人研究成果为基础而创造出来的原始信息资源。其一般记录信息比较具体、详细,且比较成系统;一般未经过他人的加工、提炼和压缩,是记录认识、知识和智慧的主体,是信息传播的实质部分。公开的信息资源有图书、期刊论文、科技报告、会议论文等;非公开的信息资源还包括实验记录、内部报告、日记等。

(3)二次信息资源

二次信息资源是对一次信息资源进行组织、加工、整理和有序化的检索型出版物,主要为用户及时、快速、全面、系统、准确地查找分散的一次信息资源。它以主题、字顺、分类、分子式等便于检索的方式,系统地记录、报道某一时期文献信息的出版情况或文献机构的收藏情况。其主要形式有索引、文摘、书目,载体形式有书本式、磁带式、光盘和互联网等。

(4)三次信息资源

三次信息资源指利用二次信息资源和一次信息资源根据用户的需求,对特定的主体信息进行收集、选择、分析、综合、浓缩形成的一类资源，常被看作是情报机构的研究成果，具有很强的针对性和目的性，主要用于向特定用户提供特定课题内容，如综述、述评、研究报告、词典、手册、百科全书等。

3.按照出版形式划分

信息资源按照出版形式可以划分为：图书、连续出版物、技术报告、专利文献、会议文献、标准文献、学位论文、政府出版物、产品资料及其他信息资源。

(1)图书

图书是最早出现的文献出版形式，是以文字、图像、公式、声频、代码等手段将信息、知识记录或描述在一定的物质载体上，并能起到存储和传播信息、知识作用的出版物。图书可以分为阅读型和工具型。因其内容系统全面，是知识入门的工具。图书主要依据 ISBN 号、书名、作者、出版社、地址、出版年等来识别。

(2)连续出版物

连续出版物是一种具有统一题名、印有编号或年月顺序号、定期或不定期在无限期内连续出版、发行的出版物，包括期刊、报纸、年鉴、年刊、指南、学会报告丛刊和会刊、连续出版的专著丛书和回忆录等，但不包括在一个预定有限期内以连续分册形式出版的著作。其中以期刊和报纸流行最广，影响最大。

期刊内容广泛、知识新颖、出版周期短、信息量大、流通范围广、作者与读者人数多，是传递信息、沟通交流思想最快的平面媒体。期刊内容涉及各个领域，可分为娱乐性期刊、学术性期刊、检索性期刊和报道性期刊等。其主要依据 ISSN 号、刊名、年卷、期号等特征识别。

(3)技术报告

技术报告主要是报道或记录科研或技术开发工作成果或进展的一种文献类型。其一般多为科技报告，比较著名的科技报告有美国政府的四大报告：AD 报告、PB 报告、NASA 报告、DOE 报告。其主要依据报告号加以识别。

(4)专利文献

专利文献是指专利形成过程中生成的各种文献，包括专利说明书、专利公报、专利文摘、专利索引、专利分类表等。其内容详尽、可靠、表现直观、技术成熟，具有新颖性和法律效力，是分析新技术和新产品的重要依据。专利号、专利国别、专利权人、专利有限日期、出版时间是专利文献的识别点。

(5)会议文献

会议文献是指在各种会议上宣读和交流的论文、报告或其他有关资料，具有专业性强、内容新、学术水平高、出版发行快的特点。会议文献大多是本专业领域的最新研究成果、理论或方法，且经过知名专家论证，再有作者修改后出版，可靠性较高。其主要依据会议名称、时间、地址、会议出版单位及地址、出版年份、会议录提供单位及其地址等识别。

(6)标准文献

标准是对重复性事物和概念所做的统一规定。它以科学、技术和试验的综合成果为基础，经有关方面协商一致，由主管机构批准，以特定形式发布，作为共同遵守的准则和依据。记载这些规定的文件就叫作标准文献，通常简称标准。我国的标准实行国家标准、行业标准、地方标准和企业标准四级标准。标准文献具有适用范围明确专一，编排格式、叙述方法准确严谨的特点。其主要靠标准号加以识别。

(7)学位论文

学位论文是高等院校和科研院所的学生在导师的指导下从事某一学术课题的研究，为获得某种学位而撰写的学术论文。其一般分为学士论文、硕士论文和博士论文。其内容专一，阐述较为系统、详细，情报价值不亚于科技报告，一般不公开出版，因而获取原件有一定的困难，可从学位、论文名称、颁发学位的单位及其地址、授予学位的时间等方面加以识别。

(8)政府出版物

政府出版物是指各国政府部门及其专设机构所发表出版的文献。其可分为行政性文件和科技文献，具有品种多、数量大的特点，并且在未列入政府出版物前，往往已经由所在单位出版过，因此与其他科技文献有一定的重复。该类文献有助于了解国家的政策演变。行政性文件一般包括会议记录、政府法令、政策和统计等，科技文献主要是科普资料、技术政策等。因其有多重形式，故其识别依据具体情况而定。

(9)产品资料

产品资料主要是指各国厂商为了推销产品而出版发行的一种商业性宣传资料，包括厂商介绍、产品目录、产品样本和产品说明书。其特点在于技术上比较成熟，数据比较可靠，有较多的外观照片和结构图，直观性强，甚至可通过对样本的测绘进行仿制。它对科研设备的选型和设计、对引进国外设备仪器具有参考价值，一般涉及产品的性能、结构、原理、用途、用法、维修和保管等方面的技术问题，具有一定的技术价值。产品资料一般从公司名称、地址、产品名称等方面加以识别。

(10)其他类信息资源

除去上述类型外，其他的文献还包括技术档案、工作札记、广播、电视、报纸等大众传媒、卫星资料，其中技术档案是指在生产建设和科研部门技术工作中形成的，有一定的工作对象的技术文件，如任务书、协议书、技术经济指标和审批文件、研究计划方案大纲和技术措施、有关的技术调查材料、实际计算实验基础上的方案数据和报告等。

3.1.3 信息资源的发展特征

科学技术的进步使得科研成果大量涌现，由此产生的信息资源飞速发展、累计规模巨大、包含内容异常丰富、作用影响深远。具体来说，信息资源的发展呈现以下几个特征：

1.数量急剧增长

据估算，最近 50 年，全世界生产的知识量约占人类社会知识总量的 90%，科学新发现和技术新发明的数量，远远超过过去 2000 年的总和。

据统计，全世界每 35 秒就有 1 篇论文发表，不到 1 分钟就有一本书问世，每小时出现近 20 项技术发明，每天约有 40 亿个信息单位的信息量向全世界发送……国际互联网与全球电信的迅猛发展使信息资源的“生产”“传播”与“消费”出现新的格局。

文献数据量的急剧增长，为信息资源建设提供了丰富的资源，却增加了科技人员阅读文献的时间，使科学交流淹没在信息的潮流之中，反而降低了信息资源传递的速度。信息的选择、鉴别与采集为信息资源的有序化带来了挑战。

2.载体形式多样，信息质量良莠不齐

随着科技的发展，信息资源的载体形式也发生了翻天覆地的变化。据测算，2002 年全球由非纸质存储介质所记录的信息量达到 5 万亿兆字节，其信息量相当于 50 万座美国国会图书馆的馆藏量。非纸质载体信息资源的发布具有很大的自由度和随意性，缺乏必要的监管与控制，正式出版物与非正式出版物混合，学术信息、商业信息和个人信息混乱，直接导致信息质量良莠不齐。这无形中加重了信息资源建设者的工作难度，同时也要求用户具有更高的信息检索能力。据有关人士对科技期刊利用情况的统计，49%的文章仅被引用过1次。

3.信息分布集中又分散

由于科学的不断分化和融合，各个学科的界限逐渐在模糊，这使得学术成果分布集中又分散。主要表现在：专业期刊不仅仅局限在本学科的论文发表，还扩展到相关或是相邻的学科上面。另外，同一篇文章也同样不只是出现在本专业的期刊上，还可以出现在许多不同的专业期刊上。

同时引文研究证明论文的发表符合离散规律，即在任何特定的领域里大部分论文集中在较少的期刊中，而其余部分则分散在大量的边缘学科或是其他学科的期刊中。马丁和吉尔克里斯特两人在研究英国期刊时也证实了这一规律。他们发现94%的引文出自9%的英国科学期刊，这就意味着剩下6%的引文分散在非常大量的期刊中。他们在同一研究中还发现，世界科技方面的核心期刊估计在2300—3200种之间。

此外，有人对美国的《化学文摘》进行过相似的统计分析，发现在其所摘引的12 000种期刊和连续出版物中，有500种期刊提供了全部论文的62%；而要取得全部论文的90%，则需要摘引3000种期刊；剩下10%的文章则来自9000种期刊和连续出版物中。

由此可见，掌握信息资源的分布特点，对于确定核心期刊，以有限的经费获取高质量、更全面的信息资源具有重要的意义。

4.内容重复交叉

多学科融合成为现在科学发展的一大特点，这一特点使文献出版出现相互交叉、彼此重复的问题，即：相似的科学选题，用同一文献的不同形式出版，同一文献同时用多种文字发表。据调查，会议文献有40%发表在期刊上，而且比会议录还出得早。专利文献的重复率就更大了，一般达50%—60%。科技报告的重复率也很大。例如，美国武装部队技术情报局60%的技术报告、科学基金会95%的技术报告、农业部80%的技术报告，既出单行本又发表在期刊上。

5.信息老化速度加快

信息资源老化是指信息资源使用价值的减少或使用的必要性越来越小。信息的爆炸式增长，以及科学技术的急速发展，使得信息的有效时间缩短，知识内容很快就被新的文献所代替。据有关资料显示，知识的平均老化周期，18 世纪为 80—90 年，19 世纪到 20 世纪初为 30 年，20 世纪末为 5—10 年。技术成果平均老化周期，20 世纪 30 年代为 25 年，50 年代为 15 年，70 年代为 8 年，90 年代为 3—5 年。信息的迅速老化、文献时效性缩短，都为文献检索者带来诸多不便，直接影响到用户的检索结果。

3.2 数字信息资源

3.2.1 数字信息资源的演变

数字信息资源，指的是以数字化的形式，将文字、图像、声音、动画等多种形式的信息存储在光、磁等非纸质载体中，以光信号、电信号的形式传输，并通过计算机和其他外部设备再现出来的信息资源。

美国国会图书馆在 1965 年 11 月 MARC Ⅰ 型机读目录实验的成功，标志着图书馆自动化的开始，也代表了数字信息资源的原始形式。数字信息新资源经过 50 多年的发展，已经大规模在图书馆使用，这极大地促进了传统图书馆向数字图书馆的转型。数字信息资源的出现从根本上改变了信息的组织、存储和传播方式，也改变了人们利用信息的观念和方式。计算机技术、现代信息技术、电子技术、通信技术和材料技术的发展，进一步促进了数字信息资源的快速发展。磁带、光盘等载体形式以及信息数字化技术的出现为信息资源的数字化提供了可能，多种信息技术的结合，形成了数据库形式的数字信息资源。1983 年，只读光盘(CD-ROM)的出现，解决了数字信息资源的实际问题。只读光盘具有体积小、存储容量大、保存方便等诸多优点，不仅解决了数字信息资源的存储和信息检索问题，而且促进了光盘数据库产业的飞速发展。

书目、索引和文摘类数据库的光盘版的出现，促进了二次数据库的发展。联机光盘检索的出现，使得用户不需要再通过国际联机检索系统就能检索到自己所需要的信息。这一改变致使相关国际联机检索服务商推出光盘版数据库，并得到用户的认可。

根据 Gale Directory of Database 统计，1996 年全世界共生产了商业性的 CD-

ROM数据库2971种，光盘数据库成为数字信息资源的主要类型。

计算机处理信息技术和电子化、数字化手段，同样也影响到出版行业，表现为电子化纸质出版物的排版，通过检索软件经计算机处理存储在磁盘或是只读型光盘上，以电子出版物的形式出版。电子图书、电子期刊在20世纪80年代相继诞生。电子图书和电子期刊的发展，使得各个类型的全文图书数据库和全文期刊数据库纷纷建立，促进了全文书库的快速发展。

互联网的普及推广，使得用户通过网络获得数字信息资源更加快捷和方便。许多出版商把自己出版的文献打包制作成全文数据库，网络出版、发行数字资源形成主流趋势。还有一些服务商通过打包其他出版商的文献，制作成索引、文摘和全文数据库，然后通过网络提供给用户，实现信息服务的虚拟传递。

我国数字信息资源尽管建设起步晚，但是发展迅速。中国知网数据库、中文科技期刊数据库、超星数字图书馆等全文数据库的纷纷建立，使得数字信息资源的利用率大大提高。近些年，高校部分重点大学图书馆引进数字信息资源的数量接近国外高校图书馆的水平，国外的全文数据库的使用率也很高。

3.2.2　数字信息资源的类型

随着计算机网络的普及推广，数字信息资源得到空前的发展。数字信息资源按照不同的标准可以划分为不同的类型。根据存储空间范围划分，数字信息资源可分为单机信息资源和网络信息资源。

1.单机数字信息资源

单机数字信息资源是这样一种资源，尽管它借助特殊的技术记录在特制的载体上，但是并不在网络上传输，只能利用解读机器阅读(因此也俗称机读资料)，即以代码形式和特定结构记录在计算机存储载体上的、计算机能够识别处理但不在网络上传输的信息资源。单机数字信息资源按其存储载体形式的不同，可分为磁带型单机数字信息资源、磁盘型单机数字信息资源以及光盘类型单机数字信息资源，其中磁盘和光盘类型的资源在单机数字信息资源中占主要的位置。

随着计算机存储设备容量的不断扩大以及计算机网络技术的不断发展，计算机间的联机访问越来越多，这两类信息资源的差别也越来越小。

2.网络数字信息资源

随着空间技术的发展，信息进入一个“信息—卫星通信—计算机”三位一体的新阶段，即网络时期。1983 年，美国、联邦德国和日本共同创建国际科技信息网络，使信息进入国际信息领域，促进了世界信息的快速传输和全球数字信息资源的共享。20 世纪 90 年代，随着公共数据通信、卫星通信、光纤通信技术以及信息高速公路的发展，网络数字信息资源应运而生。所谓网络数字信息资源，是指借助计算机网络（互联网）可以获取和利用的所有信息资源的总和。从信息资源建设角度出发，网络数字信息资源不是物理上的概念，也不是独立存在的实体，而是一个跨国家、跨地区的信息空间，一个网络数字信息资源库。

网络数字信息资源的划分标准也很多，且不固定，可以按照使用形式、对应的非网络的网络数字信息新资源、信息制度化程度、信息存取方式、互联网服务方式进行划分。

(1)按照使用形式划分

网络数字信息资源按照使用形式可以划分为联机检索信息资源和因特网信息资源两种类型。

①联机检索信息资源是通过主机和检索终端获取信息的联机数据库，即人们建立一台主机，通过通信线路带动多个终端实现信息互通，实现用户的信息检索。此种系统具有分式的操作能力，能够使许多相互独立的终端同时进行数字信息资源的处理、加工和使用。此类信息规模巨大，检索精度高，且信息覆盖面广泛。但其对用户有很高的要求，再加上用户界面不统一，检索的途径、方法也不尽相同，所以用户利用联机检索信息资源检索时，必须借助专业人员的帮助才能完成检索。

②因特网信息资源是最复杂的信息资源，汇集全球信息资源，将相互孤立的、散落在各个地方单台计算机或是计算机局域网上的信息，借助通信网络，通过一定的通信协议来实现更高层次的互联。其内容包罗万象，涉及农业、生物、化学、天文学等各个学科，生活、学术等各个领域，是知识、信息的巨大集合。用户界面统一在易用的界面上，消除了时间、地域、语言和文化的限制，利于用户的检索和存取利用。它在改变信息的生产、传递、存取模式的同时，也产生了一系列的问题，如版权问题、隐私保护问题、信息可靠性问题等。这就需要各方面的密切配合，净化互联网环境，使网络数字信息资源质量得以保证。

(2)按照对应的非网络的网络数字信息新资源划分

按照对应的非网络的网络数字信息新资源可以分为如下类型：

①联机公共目录。在因特网中，图书馆目录发展成为 OPAC，用户通过图书馆的 OPAC 就可以在自己的网络终端查询世界各地的图书馆馆藏资源。

②电子书刊。电子书刊指完全在网络环境下编辑、出版、传播的书刊，包括电子书籍、电子期刊和电子报纸。现有的信息技术为电子书刊的出版发行创造了良好的条件，网络上的电子书刊的数量正在急剧增加，从而创造了一种新型的科学出版和学术研究环境。

③参考工具书。许多传统的和现代的参考工具书都已经进入因特网，如大不列颠百科全书、牛津大字典、众多指南、名录、手册和索引等。这些网络版参考工具书使用起来非常方便，用户只需要键入待查询的词或词组，就可以找到相关定义和使用方法。

④数据库。网络数据库包括综合性和专业性数据库、专利数据库、标准数据库等信息资源。许多从事信息服务的机构都开发了各自的网络数据库。数据库作为高质量的学术、商业、政府和新闻信息的重要来源，由专门的信息公司专业制作或维护，成为网络信息资源的主体。在网络环境下，用户可直接联机检索有关数据库，快捷而又方便。

⑤其他类型的信息。除了上述几类型的信息外，电子邮件、电子公告、新闻组、用户组也成为信息交流的重要渠道，并成为网络信息资源的重要组成部分。

(3)按照信息制度化程度划分

按照信息制度化程度，网络数字信息资源可以划分为非正式出版物、半正式出版物、正式出版物。

①非正式出版物。如电子邮件、专题讨论小组和论坛、电子会议、电子布告等。

②半正式出版物，即“灰色文献”。如各种学术团体、教育机构、企业和商业部门、国际组织和政府机构、行业协会等在网上发布的，在正式出版物上无法得到的信息。

③正式出版物。通过万维网用户可以查询到的各种数据库、联机杂志和电子杂志、电子版工具书、报纸和专利信息等。

(4)按照信息存取方式划分

按照信息存取方式划分，网络数字信息资源可以划分为如下类型：

①邮件型。以电子邮件和电子邮件群体服务为代表的信息存取方式。

②电话型。以特定的个人或群体为对象即时传播信息的方式，如网络会话、Internet 中继对话。

③揭示板型。以不特定的大多数网络利用者为对象的非即时的信息传播方式，比较具有代表性的是网络新闻和匿名 FTP。

④广播型。目前正在开发的、可以在网络上向特定的、多数的利用者即时提供图像和声音的信息传播方式。

⑤图书馆型。在网络上提供类似于图书馆馆藏书那样既有一次文献也有二次文献的信息存取方式。

⑥书目型。主要用于检索网络信息资源的各种检索工具，是以提供二次文献为主的存取方式。

(5)按照互联网服务方式划分

按照互联网服务方式进行划分，网络信息资源可以分为 WWW 信息资源、FTP 信息资源、Telnet 信息资源、Usenet/Newsgroup 信息资源、Listserv/Mailing List 信息资源、Gopher 信息资源及 WAIS 信息资源。

①WWW 信息资源。WWW 的含义是环球信息网(World Wide Web)，又称万维网，它是一个基于超级文本(Hyper Text)方式的信息查询工具，是目前互联网上使用最广泛的信息存储与查询的数据格式和显示方式。WWW 将位于全世界互联网上不同网址的相关数据信息有机地编织在一起，通过浏览器(Browser)提供一个友好的查询界面，用户仅需要提出查询要求即可。

②FTP 信息资源。FTP(File Transfer Protocol)是互联网上广泛使用的一种服务，可被用来在两台位于互联网上的计算机之间传输文件。它是一种实时的联机服务，使用时，用户应登录到对方的主机上。登录成功后，它可以进行文件搜索和文件传送的操作。通过此项服务，用户可免费从网上获取别人的资源，达到信息共享的目的。

③Telnet 信息资源。Telnet 远程登录是把用户正在使用的终端或计算机变成互联网上某一远程主机的一台仿真终端，使用户在授予的权限内分享该主机的数据、文件等信息资源。Telnet 采用客户机/服务器工作模式。

④Usenet/Newsgroup 信息资源。Usenet 又称为 Netnews，可译为用户新闻

网、新闻论坛或网络新闻。它是一个包含成千上万个讨论组(Newsgroup)的全球系统,其讨论内容几乎覆盖了当今社会生活的各个方面,包括了人们所能想象的任何专题。Usenet 用户可以与众多的人开诚布公地沟通思想、获取信息,并随时就某一问题获取他人的帮助和点拨。

⑤Listserv/Mailing List 信息资源。邮件列表(Mailing List)是指一组成员的 E-mail 地址列表,又称为通信讨论组、邮件目录服务、邮件群等。邮件列表的主要功能是为有共同兴趣的一组用户建立一种关联,使用户彼此拥有一个网上交流的空间,其实质是一种"一对多"式的电子邮件通信服务。

⑥Gopher 信息资源。Gopher 是基于菜单驱动的互联网信息查询工具。Gopher 的菜单项可以是一个文件或一个目录,分别标以相应的标记。若是目录则可以继续跟踪进入下一级菜单;若是文件则可以用多种方式获取。在菜单指引下,用户通过选取自己感兴趣的信息资源,对互联网上远程联机信息系统进行实时访问。

⑦WAIS 信息资源。WAIS 称为广域信息服务,是一种数据库索引查询服务。WAIS 是通过文件内容(而不是文件名)进行查询。因此,如果打算寻找包含在某个或某些文件中的信息,WAIS 便是一个较好的选择。WAIS 是一种分布式文本搜索系统,用户通过给定索引关键词查询到所需的文本信息。

由于网络数字信息资源的高度动态性和庞杂性,我们很难掌握其内容和形式上的特点,因此,各种分类都是不完善的,无论采取哪一种标准都难以避免其概念的交叉。

3.2.3 数字信息资源的特征

数字信息资源自出现以来,就以独特的优势成为用户检索信息的重要组成部分,并对用户的信息检索起到越来越重要的作用。具体来说,数字信息资源具有如下特征:

1.数据量巨大,增长迅速,新颖性强

信息资源数字化的速度很快,再加上国外的数字资源的生产已成规模,向产业化发展,因此生产的网络数据库数据量巨大,包含的信息量也很多。数字信息资源与传统印刷型载体资源相比具有存储容量大、存取方便的特点。因为数字信息资源以一次盘、光盘等磁光介质为存储载体,所以其发布限制少、发布程序相对自由及出版周期较短。这是一个平等的信息传播平台,任何人和机构都可以将信息汇集到网络中,然后被整理入数字信息资源中。图书馆、网络服务商、媒体、高校、研究所等主导提供者,直接促使网络信息资源得到极大的增长,所以数字资源增长迅速。同时,数字信息资源处于不断生产、更新和淘汰中,具有高度的动态性,覆盖式的修改方式使得原始信息很难保存,所以数字信息资源具有很强的时效性。因此找出制止大量信息不被淹没在信息洪流之中的方法,形成准确、系统而完整的信息资源检索系统,制定出快速有效的检索策略,成为一项重要工作。

2.内容丰富多样,覆盖面广

数字信息资源是一个集声音、图像、文字、图形、动画、电影和音乐为一体的多媒体、多语种、多类型的混合信息资源集合,覆盖了不同的学科、不同的领域,不受时间、地点和语言的限制。如电子图书、电子期刊、电子报纸、学位论文、会议文献等。其内容涉及科学领域、大众日常生活、奇闻逸事、社会万象等。从数据库类型看,既包括索引、文摘等参考数据库,也包括 Elsevier 在内的全文数据库。从出版开发商看,既包括出版商,如 Springer 等,也包括代理商,如 ProQuest 等,还包括研究所、学会,如美国科技信息研究所等。数字信息资源分布在世界的各个角落。据有关资料统计,在全球 250 个国家和地区中,目前已有 240 多个国家和地区开通了互联网,这使得数字信息资源呈现全球化的分布特点。

3.使用方便快捷,且成本较低

数字信息资源大多数是以数据库形式通过互联网提供服务,实现资源的共享。同时这些网络数据库实现全天候的服务,没有时间和人数的限制。访问的界面通常生动直观、操作简单,易于查阅和保存,用户很快就能掌握其使用方法。

4.互动共享性高

互联网是交互性的,具有主动性、参与性、交流性和可操作性,不仅可以从中获取信息,也可以在网络上发布信息。以网络为主要传播渠道的数字信息资源同样也具有强大的互动功能,可以与用户高效互动。用户一方面从资源中获取信息,另一方面也可以通过对资源发表评论、完善资源内容,并且也可以发布相关议题,实现作者、用户和出版者的直接沟通。同时,用户自己也可以就某一问题开设专门的模块,为大家讨论提供平台,促进问题的交流解决。这些都极大地丰富了数字信息资源的内容。

计算机技术的飞速提高、网络的普及为数字信息资源提供了辐射全球范围的高速信息资源传输通道，使得信息资源的传输速度有了巨大的突破。同时它也解决了信息传输中的延迟，使数字信息资源实现全天候的检索，实现了真正意义上的资源共享。在网络环境下，时间和空间得到最大限度的延伸和扩展。一份数字信息资源上传之后，不仅本地用户可以使用，而且全球的每一个互联网终端都可以使用，用户无须等候就可以共享到同一份资源。高度的共享性使得信息资源得到有效的配置。

5.强大的检索功能

数字信息资源数据库通常都包括基本检索和高级检索，它既能满足初学者的一般检索，也能满足专业检索人员的高级检索。数据库提供多种检索途径，如关键词、主题检索、题名、字段检索等，各种检索技术都可以在系统中得以实现。由此可见其检索的灵活性、方便性与有效性。

综上所述，数字信息资源拥有传统信息资源所不能比拟的优势，在实现共享互动的同时，也使得信息资源的质量难以得到保证，这就为用户的信息检索带来了挑战。

本章思考题：

1.信息资源可以分为哪些类型？

2.数字信息资源有何特点？

第4章　数字信息检索基础理论

4.1　信息检索的含义及类型

检索是外来词，源于英语“retrieval”，这里引申为“查找”的意思。信息检索（Information Retrieval）又称为情报检索，萌芽于图书馆的参考咨询工作，20世纪50年代才固定成专用术语。随着信息爆炸和以计算机技术为核心的现代技术的迅速发展，信息检索不断被赋予新的内涵。

4.1.1　信息检索的含义

信息检索一词最早出现于20世纪中期。1950年，美国数学家莫尔斯（Calvin W.Mooers）在一次国际数学会议上发表的《把信息检索看作是时间性的通信》一文中提出了“信息检索”。这一时代正是计算机开始应用的时代，在此以前，信息存储和传播主要以纸质介质为载体，信息检索活动也主要围绕着纸质文献的获取和控制展开，信息检索关注的是如何检索利用文献中记载的信息，文献检索一度成为信息检索的同义词。随着计算机技术在检索领域的应用，计算机检索成为主流。在网络环境下，通信技术与计算机技术紧密地结伴同行，信息载体类型日趋多样化，传统的情报检索研究和文献检索研究逐渐归入信息检索研究这一更具兼容性的概念。

数字信息检索就是从各种数字信息资源集合中识别和获取信息的过程及其所采取的一系列的方法和策略。从信息检索是对信息集合与需求集合的匹配和选择的这一原理来看，它包括信息的储存和检索两个方面（即将信息按一定的方式组织和存贮起来，并根据信息用户的信息需求查找所需信息的过程和技术），所以信息检索的全称又叫“信息存贮与检索”。狭义的信息检索，仅指从信息集合中找出所需信息的过程，也是利用信息系统、检索工具或数据库查找所需信息的过程。本书立足于信息检索的狭义概念，研究从数字信息集合中找出所需信息的过程。

4.1.2　信息检索的类型

为便于理解信息检索的概念，可以根据不同的标准将信息检索划分为不同类型。

1. 根据检索内容或检索对象进行划分

根据检索内容或检索对象不同，可将信息检索分为文献检索、数据检索和事实检索。

(1)文献检索

文献检索是信息检索的主体部分，它以特定的文献为检索对象，包括全文、文摘、题录等。文献检索是一种相关性检索，它不直接回答用户所提技术问题的本身，只提供有关的文献供参考。

文献检索的结果可以是文献线索也可以是原文全文，但最终目的是为了得到原文，或至少为了得到能反映原文的文摘。从这一角度可将文献检索分为书目检索和全文检索。书目检索指以文献线索为检索对象的文献检索；全文检索指以文献的全部信息作为检索内容的文献检索，即检索系统存贮的是整篇文章、整部图书的全部内容，而不仅是关于文献的线索或其主要内容的介绍。随着计算机信息检索的发展，全文检索的地位越来越重要，大量数据库提供文献全文或至少提供订购、获取原文的快捷途径。

(2)数据检索

数据检索指以各种数据为检索对象的检索。其结果是数值性数据，准确可靠，可供用户直接使用。这些数值型数据各种各样，包括物理性能常数、公式、技术数据、化学结构式、人口数据、国民生产总值、外汇收支等。数据检索不仅能查出数据，而且能提供一定的运算、推导功能。用户获得各种经过整理、计算过的量化信息，从而为定量分析提供依据。例如，它可以回答“9·11 事件前美国纽约世贸大厦有多高?”“2005 年中国经济增长率是多少?”之类的问题。

(3)事实检索

事实检索以特定的事实为检索对象，如有关某一事件发生的时间、地点、人物和过程等。事实检索也是一种确定性检索，一般能够直接提供用户所需的确定的事实。但其有时需要对所得到的事实进行必要的分析和推理，才能得到最终的答案。

文献检索、数据检索与事实检索在原理和方法上没有本质的区别，在信息服务过程中，它们也常常是相互配合、相辅相成的。一般在检索结果中往往既包含文献，也包括数据和事实。不过需要强调的是，文献检索、数据检索与事实检索之间还是存在着本质上的不同：文献检索是一种"相关性"检索，系统不直接解答用户所提出的问题本身，而只是提供与问题相关的文献供用户参考；数据检索和事实检索是一种"确定性"检索，系统直接提供用户所需要的确切的数据或事实，检索的结果要么是有，要么是无，要么是对，要么是错。

2. 根据检索对象的信息组织方式进行划分

根据检索对象的信息组织方式不同，可分为全文检索、超文本检索和超媒体检索。

(1)全文检索

全文检索是将存储于数据库中整本书、整篇文章中的任意内容信息查找出来的检索。它可以根据需要获得全文中有关章、节、段、句、词等的信息，也可进行各种统计和分析。例如，它可以回答"《三国演义》一书中'吕布'一共出现多少次?"等这样的问题。

(2)超文本检索

超文本检索，是对每个结点中所存信息以及信息链构成的网络中信息的检索。与传统文本的线形顺序检索不同，超文本检索强调中心结点之间的语义联结结构，靠系统提供的复杂工具进行图示穿行和结点展示，提供浏览式查询，可以进行跨库检索。

(3)超媒体检索

超媒体检索是对存储的文本、图像、声音等多种媒体信息的检索。它是多维存储结构，有向的链接，与超文本检索一样，可以提供浏览式查询和跨库检索。

3.按检索方式进行划分

按检索方式进行划分，可分为手工检索和机器检索。

(1)手工检索

手工检索是指以手工操作的方式，利用检索工具书进行信息检索。手工检索是信息检索的传统方式，其优点是直观、灵活，无须各种设备和上机费用。在查找某些信息时，其仍然是一种非常有效的检索方式。其缺点是查找较复杂、较大课题的资料信息时，费时费力，效率不高，有的甚至无从查找。

(2)机器检索

机器检索主要指计算机检索，是通过机器对已经数字化的信息按照设计好的程序进行查找和输出的过程。按机器检索的处理方式进行分类，可分为脱机检索和联机检索；按存储方式进行分类，可分为光盘检索和网络检索。机器检索不仅大大提高了检索效率，而且拓展了信息检索领域，丰富了信息检索的研究内容。机器检索是在手工检索的基础上发展起来的，并日益成为信息检索的主流方式。

4.按检索对象的形式进行划分

按检索对象的形式划分，可分为文本检索和多媒体检索。

(1)文本检索

文本检索指查找含有特定信息的文本案例文献的检索，其结果是以文本形式反映特定信息的文献。这是一种传统的信息检索类型，在信息检索中至今依然占据着主要地位。

(2)多媒体检索

多媒体是相对于单媒体而言的，指将声音、图像、通信等在内的多种媒体的功能有机结合在一起，并用某种新媒体来代替传统媒体的多种媒体。多媒体信息检索与文本信息检索相比，其主要特点是：信息类型多样化，存储与检索技术复杂，具有交互性、同步性，在技术的实现上亟待研究和突破。

5.按检索的时间跨度进行划分

按检索的时间跨度划分，可分为定题检索和回溯检索。

(1)定题检索

定题检索是查找有关特定主题最新信息的检索，又称为SDI(Selective Dissemination of Information)检索。其特点是只检索最新的信息，时间跨度小。这种检索模式非常适合于信息跟踪，便于及时了解有关主题领域的最新发展动态。

(2)回溯检索

回溯检索是查找一段时间内有关特定主题信息的检索，也称为追溯检索。其特点是既可以查找过去某一段时间的特定主题信息，也可以查找最近的特定主题信息。与每个定题检索需要多次运行有所不同，每个回溯检索一般只运行一次，从已有的文献信息库中查找出某个时间段内特定主题的信息，并提供给用户。

到目前为止,用户利用最多的是回溯检索,但定题检索也日益得到企业用户的广泛运用。

4.2 信息检索的基本原理

根据广义的信息检索定义我们可以这样理解,信息检索是人们借助于信息系统进行知识信息有效传递的全过程,这个过程包括信息存储与信息检索两个环节。信息存储是一种信息集合的形成过程,而信息检索就是针对用户需求集合,将信息用户的每一项信息请求同信息集合中的信息单元进行匹配与选择的过程。这个过程所遵循的检索原理就是利用共同一致的标志特征获取有效信息,涉及信息系统原理、数据库原理、检索语言构成原理等。将信息检索基本原理加以细化,就可以得到如图 4-1 所示的信息存储与检索过程的示意图。

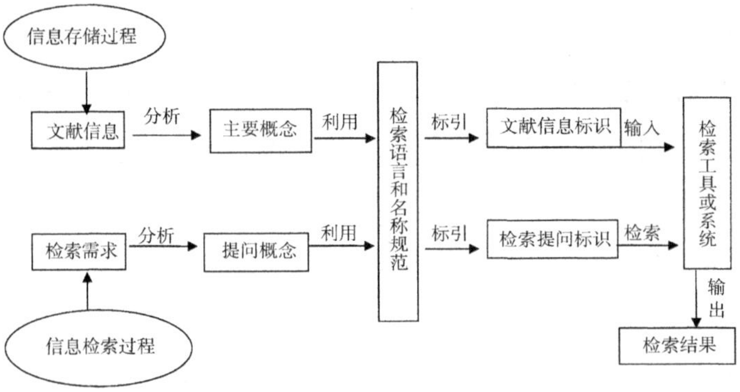

图 4-1 信息检索基本原理

信息存贮时,信息著录和标引人员首先对各种原始信息单元从外表到内容进行分析,将原始信息中的主题内容提取出来,形成若干能代表原始信息主题的概念,并转换成预先约定的检索语言(即标引标识,如主题词、分类号等)或名称规范标引出来,然后将这些文献信息标引标识按一定规则、方式存入信息系统,即形成检索工具或检索系统。

信息检索时,信息用户首先对检索课题进行内容分析,提炼出检索提问信息;然后根据信息存储过程中所采用的同一种检索语言,将检索提问信息转换成检索提问标识(如主题词、分类号等);再然后将检索提问标识输入信息系统,并与信息系统中已有的文献信息标识进行比较、匹配和选择;最后找出匹配度高的文献信息单元作为检索结果传递给用户,满足用户特定的信息需求。

所谓数字信息检索原理,简单地讲,就是将检索提问标志与存储在检索工具中的文献特征标志进行比较或匹配,然后提取相符合的文献信息的检索方法。在机器检索中所采用的检索原理通常是依靠逻辑运算的布尔检索方式,这种方法是运用以"与"(AND)、"或"(OR)以及"非"(NOT)为主的逻辑运算来检索所需信息的。

通过分析得出,信息检索的实质就是将信息检索提问与信息系统中的特征标识进行比较匹配,使信息的存储与检索两个过程所采用的特征标识最终达到一致。同时,从信息检索的基本原理不难看出,检索语言在信息传递的全过程中起到了非常重要的作用,它是信息集合与信息需求匹配与选择的标准,是连接信息存储和检索两个过程的桥梁和纽带,它的正确使用决定信息系统的检索效率和效果。

4.3　信息检索语言

4.3.1　检索语言概述

检索语言又称标引语言、索引语言等,是用于描述信息系统中信息的内容特征(如分类、主题)及外部特征(题名、著者等)和表达信息用户检索提问的一种专门的标识系统,是协调统一信息标引人员与检索人员检索用语一致性的规范,是沟通信息存储与信息检索过程的桥梁。检索语言的基本构成单元是检索词(索引词、标引词)。检索词不仅包括名词术语、专业词汇,也包括符号、代码等。检索语言除表达事物的不同概念外,有时还要揭示概念间的逻辑关系。

4.3.2　检索语言的功能与类型

1.检索语言的功能

从检索语言的含义,可将检索语言的主要功能概括为:

(1)表达或描述信息内容和信息需求

存储信息时,对信息内容进行分析,概括出代表信息主要内容的若干主题概念,用检索语言对这些概念标引，再存入信息系统中；检索信息时，对课题进行分析，形成能代表信息需求的若干语词，并根据检索语言转换为提问标识，然后在信息系统中匹配出标识相同的文献信息。

(2)词汇或术语的规范和控制

它对标引、检索用词进行控制和管理，便于将标引用语和检索用语进行相符性比较，保证标引和检索用词的一致性，使同一主题概念的信息或与主题相关的信息，能集中或得到揭示，表述其同一性或相关性。

(3)信息的组织和整序

它使同一主题概念的信息或与主题相关的信息有序集中或得到揭示，保证信息存储的系统化和组织化。

2.检索语言的类型

检索语言根据不同的标准可以分为多种类别，但目前常用的主要有：先组式检索语言、后组式检索语言，规范的人工语言、非规范化的自然语言，描述文献信息外部特征的语言、描述文献内容特征的语言。

(1)按语词标识的组配特点进行划分

按语词标识的组配特点，信息检索语言可以分为先组式语言和后组式语言。

①先组式语言。先组式语言指表达信息主题概念的标识已事先用固定关系组配好，并编制在词表中，标引人员在标引信息或用户在检索信息时，必须根据词表选用组配好的主题标识进行操作。体系分类法和标题词法均属于此类。先组式语言有较好的直接性和专指性，但灵活度差。

②后组式语言。后组式语言指表达信息主题概念的标识在编制词表时不曾预先规定组配关系，当标引信息时，只能根据词表选用单独的主题词来描述信息的主题概念。检索时，用户可以根据需要将不同的检索词组配在一起，用来表达复杂的主题概念。单元词、叙词、关键词均属于这一类。后组式语言提供了灵活的组配方式，在计算机检索中得到了广泛应用。

(2)按检索词的规范程度进行划分

按检索词的规范化程度，信息检索语言可以分为人工语言和自然语言。

①人工语言。人工语言又称受控语言，也叫规范化语言，是一种采用经过人为控制和规范化的词语或符号作为检索标识，来专指或网罗相应的概念的一种检索语

言。这些规范化的检索标识能较好地对检索用语中的同义词、近义词、同物异名词等进行规范化处理，使意义相近的概念只能用唯一的检索标识标引。

②自然语言。自然语言又称非受控语言，是采用未经人工控制的词语或符号作为检索标识的一种检索语言。该语言对主题概念中的同义词、多义词等不加处理，取其自然状态，有较大的灵活性，使用随意，专指性强，查准率高。它能及时反映最新出现的词汇，反映规范词难于表达的特定概念或新概念。检索中常用的关键词语言、著者语言等就属此类范畴。

(3)按文献信息资源的特征进行划分

按文献信息资源的特征，信息检索语言可以分为描述信息资源外部特征的语言、描述信息资源内容特征的语言。

①描述文献信息外部特征的语言。描述文献信息外部特征的语言是采用文献信息的外部特征，如题名、责任者、编号、机构名称和引文等作为信息存储和检索的标识的索引语言。

描述信息资源外部特征的检索语言可以简要概括为：题名索引、著者索引、文献编号(报告号索引、合同号索引、存取号索引及其他。

②描述信息资源内容特征的检索语言。描述信息资源内容特征的检索语言主要是指所论述的主题、观点、见解和结论等。与外部特征语言相比，其在揭示信息特征与信息提问方面更具有深度。

描述信息资源内容特征的检索语言可以简要概括为分类语言和主题语言(标题词语言、叙词语言、单元词语言、关键词语言)。

(4)按结构原理进行划分

按结构原理，信息检索语言可以分为分类语言、主题语言、分类主题一体化语言、代码语言、引文语言等。

①分类语言。分类语言是检索语言的一种主要类型，它包括等级体系型分类语言、分面组配型分类语言以及混合分类语言三种形式。分类语言是用分类号和类名来表达信息内容的主题概念，并按知识门类的逻辑次序将信息资源系统地加以划分和组织的语言。分类语言集中体现学科的系统性，反映事物的从属、派生关系，由上至下，从总体到局部层层展开，构成一种等级体系，成为一个完整的分类类目表。

等级体系型分类语言是一种传统的分类语言，是一个直接体现知识分类和概念逻辑的标识系统，具有列举式类目、分类符号标识、登记制结构、直线性序列等特点。等级体系型分类语言由于在编制体系分类表时列举了所有类目，并加以固定组配，因此它是一种先组式检索语言。

分面组配型分类语言是在体系分类语言的基础上发展起来的一种检索语言。它克服了体系分类法中不能容纳主题概念发展的局限性以及直线性序列造成的集中与分散的矛盾。分面组配型分类语言按照学科范畴分为若干组面，每个组面包括若干类目，每个类目表示一个简单的主题概念，用分类符号作为组面和类目的标记。在标引文献信息时，按文献信息的主题概念，选择相应的类目进行组配，组配后分类号所表达的概念与文献信息的主题概念基本一致。分面组配型分类语言是在标引文献的时候进行组配的，因此它也是一种先组式检索语言。

混合分类语言是介于上述两种分类法之间的检索语言。它是在应用概念划分与概括原理和概念分析与综合的原理的基础上编制的分类法。实际上，现代的文献分类法几乎都要应用概念划分的概括、概念分析和综合的原理，只是应用的程度不同而已。因此，混合分类法具有较强的实用性。

等级体系型分类语言是图书信息界普遍使用的逻辑标识系统。我国的图书情报机构目前采用的体系分类法主要有中国图书馆图书分类法和中国科学院图书馆图书分类法等。中国图书馆图书分类法（如表 4-1 所示）是我国应用最广泛的图书分类法，它把人类知识和事物划分为五个基本部类。第一部类：马列主义、毛泽东思想、邓小平理论；第二部类：哲学、宗教；第三部类：社会科学；第四部类：自然科学；第五部类：综合性图书。在基本部类的基础上，又划分出 22 个基本大类，作为分类法的第一级类目。

表4-1　中国图书馆图书分类法

基本部类	基本大类
马列主义、毛泽东思想、邓小平理论	A 马克思主义、列宁主义、毛泽东思想、邓小平理论
哲学、宗教	B 哲学、宗教
社会科学	C 社会科学总论 D 政治、法律 E 军事 F 经济 G 文化、科学、教育、体育 H 语言、文字 I 文学 J 艺术 K 历史、地理
自然科学	N 自然科学总论 O 数理科学和化学 P 天文学、地球科学 Q 生物科学 R 医药、卫生 S 农业科学 T 工业技术 U 交通运输 V 航空、航天 X 环境科学安全科学
综合性图书	Z 综合性图书

②主题语言。主题语言是用规范化的自然语言作为揭示文献信息主题的标目，并按照字顺组成文献信息或检索文献信息的一种检索语言。它用主题词汇来表达各种概念，将各种概念忽略其相关关系而按字顺进行排列，这样表达的概念较为准确。主题词表中通过参照系统反映词汇之间的关系，具有较好的灵活性和专指性。它通常包括标题词语言、单元词语言、叙词语言和关键词语言四种形式。

标题词语言，是采用经过词汇控制的自然语言，以经过规范化处理的名词术语为标识，直接表达文献和提问的主题。它是文献信息工作中最早出现，并得到广泛使用的一种主题语言。

单元词语言，是在标题词语言的基础上发展起来的，目的是为了克服标题词语言先组式标识的不足，采用最小的字面单元——单元词来标引文献信息，即通过单元词的组配来检索文献信息。它是主题词语言中最早出现的一种后组式检索语言。

叙词语言，是以表达文献主题内容的概念单元为基础，经过规范化处理，可以进行逻辑组配的一种主题语言。叙词语言是一种性能较为优异、检索效率较为理想的检索语言类型，它对单元词语言的单词组配原理、标题词语言的词汇规范和参照系统及分类语言知识分类的方法进行了继承和发展，是当代受控检索语言的主流。叙词语言的基本原理是概念组配，与元词语言的字面组配有着本质的区别。前者是词语概念意义的拆分和组合，其本质是语义层次上的组合；后者是词语字面的拆分和组合，其本质是字符层次上的组合。

关键词语言，是直接遴选文献信息标题或内容中具有实质意义的自然语言作为标引和检索文献信息主题概念的检索语言。它是未经规范化处理的自然语言，若按严格的主题检索语言的意义来衡量，是不属于主题检索语言范畴的，但是其在文献信息标引和检索中起着主题法检索语言的作用，因此它是一种准主题检索语言。关键词语言不必编制专门的词表，不进行词汇控制或只进行少量控制，也不显示词间关系，可利用计算机进行自动抽词标引，已经成为手工检索特别是计算机检索广泛采用的信息检索语言。

③分类主题一体化语言。分类主题一体化语言是分类语言和主题语言的有机结合，指在一个检索系统中，对它们的分类表部分和叙词表部分的术语、参照、标识、索引实行统一控制，即一个分类系统和一个主题系统互相兼容，既能充分发挥各自独特的功能，满足分类或主题标引和检索的需要，又能融为一体，发挥最佳的整体效应。

④代码语言。代码语言是用某种符号代码系统来标引信息特征并排列组织信息的语言。如美国《化学文摘》中的分子式索引，即为用代码语言编制的索引。

⑤引文语言。引文语言是利用文献之间引用与被引用的关系作为文献内容主题标识，并以此标引和检索文献的语言。文献间的这种引证关系，不仅反映了科学技术的交流和反馈，也启发人们通过追溯这种引证关系，找到一系列内容相关的文献。

4.4　信息检索的方法和途径

4.4.1　信息检索的方法

数字信息检索的核心是数据库，包括目录数据库、文摘数据库、全文数据库、超文本数据库和多媒体数据库等，所以计算机检索方法就是指在特定计算机检索系统的检索界面下，从数据库中检出用户所需信息的过程。计算机检索的对象是以光、电、磁为存储介质的现代电子信息产品，包括磁盘、磁带、光盘等脱机数据库和DIALOG、ORBIT、ESA等大型联机数据库，以及Internet、Chinanet、CERNET、ChinaGBN等网络信息资源。计算机检索方便快捷，信息用户只要熟悉信息检索的基本原理和方法技巧，就可以轻松获取所需信息。计算机检索自动执行并简化和优化了手工检索的原理和基本方法，所以从使用现状和发展前景等方面看，计算机检索必然会成为现代信息检索的主流。

1.命令检索

由于不同的计算机检索系统所使用的计算机编程语言、操作系统、系统设计、用户界面等方面都各有差异，所以信息用户在检索所需信息时，必须使用一些特定的操作命令（包括操作指令和检索表达式）来实施检索。命令检索无论是在光盘信息检索，还是在联机信息检索和网络信息检索中都是最基本的检索方法。命令检索适用于有经验的用户，但对于一般用户而言，也是必须熟悉的，否则既浪费时间，也花费金钱（除免费共享信息外，大多数检索系统的数据库是有偿的），有时也会因错误操作出现死机、乱码等不良现象。尤其对于一些大型的网络或联机信息检索系统，用户准确而熟练地使用命令检索方法就显得相当重要。除了使用一般操作命令外，其中关键的一环是如何准确使用“检索表达式”。

2.菜单检索

菜单检索是一种方便且易于掌握的检索方法。由于各种类型和功能的菜单被广泛应用于计算机检索系统，用户只要根据菜单的引导，通过确定适合的选项和功能键，就能一步一步地轻松完成检索操作。计算机检索中，光盘信息检索应用菜单检索的方法最多，其次是联机信息检索。菜单检索的最大优点是简单、明确、易学易用,不足之处是菜单操作步骤繁多,而且检索速度、查准效果和查全效果都大大低于命令检索方法。当然菜单检索过程不可能完全脱离命令检索操作,只是优化和精简了烦琐的命令检索操作而已,一些简捷的命令操作仍是必要的。

3.超文本检索

超文本检索是一种查找网络信息资源的重要形式,是计算机网络技术发展的必然结果。超文本是相对于传统文本而言的,它突破了传统文本对信息(或知识)的线性组织结构,指在正文中嵌入其他相关参照项文本并建立链接关系,从而形成信息(或知识)网状结构的文本。在检索过程中,只需轻松使用鼠标点击所需的信息单元(参照链接文本标题),就可以追踪查找到所需文本信息内容。

4.超媒体检索

命令检索、菜单检索和超文本检索从用户开始进入检索界面,到计算机对数据的系列自动化处理过程,再到用户获得最终检索结果,都是对文本信息的需求满足过程。由于数量日益丰富的多媒体电子信息产品(多媒体数据库)大量应用于科学研究、学习、教育、艺术与生活以及经贸领域等,使人们对多媒体信息的特定需求与种类复杂的多媒体信息资源之间产生了尖锐的矛盾。超媒体信息存储与检索较好地解决了这一问题。超媒体就是在超文本正文中嵌入非文本参照项,并彼此链接成网状结构的文档形式。这些参照文档是集文字、声音、图表、色彩和动画等于一体的多媒体信息。在 Internet 国际互联网的服务体系中,使用 WWW 检索工具就可轻松实现多台计算机之间超媒体信息的链接、查找和传输,达到多媒体信息资源的真正共享与交流利用。由于超媒体检索既可查找多媒体信息,也可查找一般文本信息,且检索过程又包含了命令检索、菜单检索等检索操作方法,所以又称“综合法”或“多元法”。

4.4.2 信息检索的途径

在开始信息检索前,必须先确定使用什么检索途径。使用一定的检索途径就是把所需信息的某种特征标识转换为检索标识,根据信息资源外部特征和内容特征的不同标识进行检索。各种检索途径如图 4-2 所示。

- 检索途径
  - 信息资源外部特征
    - 著者途径
    - 题名途径
    - 机构途径
    - 代码途径
    - 信息源类型途径
    - 其他途径
  - 信息资源内容特征
    - 分类途径
    - 主题途径
    - 关键词途径

图 4-2　信息检索途径

1.基于信息资源外部特征的检索途径

(1)著者途径

从著者途径检索信息是一个重要的外部检索途径。著者包括个人著者和团体著者。使用“著者索引”可检索出与某个著者相关的信息内容。很多检索工具都附有“著者索引”,它将所收录信息的所有著者按其姓名的字顺排列,并在其后对应附有信息的地址。检索方法是按已知著者姓名的字顺查找对应的信息地址,再由信息地址(文摘号、记录号、文档号或页码号等)查得相应的信息线索或原始信息全文(如果查找全文数据库可直接获得原始信息全文)。

(2)题名途径

题名途径是直接利用信息的题名查找所需信息的方法。题名包括信息标题名(或篇名)、图书名、刊名、标准名、文档名、数据库名等。检索时可使用适宜的“题名索引”或“题名目录”进行查找。在计算机检索系统中应用题名途径较多。

(3)机构途径

机构途径是利用“机构索引”,通过机构名称获取相关信息的方法。“机构索引”中的机构名称包括著者工作单位名称、图书或刊物的出版社或发行单位名称、数据库的开发建设单位名称,特定网络系统的维护和信息服务单位的名称(例如网络计算机域名)等。“机构索引”按机构名称的字顺编排,机构名称后附有对应的信息地址和某些著者姓名。提供机构检索途径的检索工具,以计算机检索工具为主,一般手工检索工具较少。

(4)代码途径

和商品的商标号、人的身份证号一样,不同的信息类型和某一特定的信息内容都有其自己的代码。尽管人们不是对每种代码的含义和组成规则都理解,但代码途径仍是人们从信息外部特征查找信息的一种重要途径。例如图书的标准书号、刊物的标准刊号、专利号、报告号、合同号、馆藏号、文档号和 IP 地址代码等。代码途径有利于对特定信息的准确查找,但在检索活动中使用不多,因为人们难以准确理解代码的含义和具体信息的特定代码。

(5)信息源类型途径

信息源类型途径是将具体信息所属的特定信息集合的类型(例如图书、期刊、专利、科技报告、技术标准、会议录和数据库类型等)作为检索入口的方法。检索时只需使用相应的辅助索引(例如会议索引、图书索引、专利索引等)即可,这些辅助检索工具在数据库中有专门的索引文档,在手工检索工具中多数直接附于正文之后,以满足用户从不同途径对同一信息的需求。

(6)其他检索途径

其他检索途径是根据某些信息的特殊标识进行检索的方法,它们构成了又一辅助检索途径。这些特殊标识很多,如化学分子式、地域名称、生物属种、图案色彩、声音强度等。在不同的检索系统中编制有专门的特殊标识索引,专门技术人员对此利用较多,一般信息用户却很少利用。

2.基于信息资源内容特征的检索途径

(1)分类途径

分类途径是以学科性质和内容的相应类目、类号为特征标识的检索方法。检索时根据所需课题内容的学科属性,利用相应检索工具的"分类目录"或"分类索引",获得分类号或分类类名,进而依据类号或类名可检索到相关信息内容。分类途径有利于族性检索和信息查全率的提高,当用户所需课题范围较宽或比较复杂时,主要应采用分类检索途径。分类途径是通过信息内容特征标识获取原始信息全文的主要检索途径之一。如果用户对一些分类检索语言的分类规则和分类方法比较熟悉,那么利用分类途径查找信息则是十分高效的。

(2)主题途径

主题途径是根据学科内容的主题性质而进行的检索,检索入口能反映所需课题的主题词。主题途径的最大优点是：主题概念易于被用户理解、熟悉和掌握，而且它把同类主题性质的事物集中起来，突破了分类途径的严格框架限制，检索时更易于选用合适的主题词。此外，由于它的灵活组配功能，适应了用户复杂(例如多学科或多主题的交叉融合现象)的检索需要，因而主题检索途径深受用户欢迎，是目前最主要的信息检索途径。

(3)关键词途径

关键词途径的基本规则是把表达信息主题内容起关键作用的词组或单词抽取出来，编制成“关键词索引”。通过关键词途径可以直接从关键词索引中查找所需关键词。关键词是一种很灵活的词组或单词，它不需规范化词表，使用比较方便。目前，许多检索刊物均采用了关键词索引，尤其在各类计算机检索系统中关键词索引应用得更为广泛。

4.5　数字信息检索的基本步骤

第一步，确定检索策略。

检索步骤的科学组织和合理安排称为检索策略。检索策略是为实现检索目的而制定的全盘计划和方案。要完成某项课题的检索，需要分若干步骤执行。检索步骤一般应包括课题主题分析、选择检索系统、确定检索工具、选择检索途径、制定检索表达式、结果输出、用户评价等几个环节。检索策略尤其是机器检索策略对于检索过程具有非常重要的指导作用。

第二步，主题分析。

主题分析是整个检索策略的基础，也是检索效率高低的关键，其目的是弄清楚信息需求所要解决的实质问题。具体来讲，要弄清楚以下五个问题：需求所包含的主题概念和各概念之间的内在关系；信息需求所涉及的学科性质；所需信息的内容特征和外部特征；信息需求的类型；信息需求对查新、查准、查全和检索速度的指标要求。从总体上看，对于简单或比较熟悉的课题，其分析过程是隐含而迅速的；对于复杂课题则要进行全面而详尽的分析。

第三步，选择检索系统和检索工具。

选择检索系统指在主题概念分析的基础上，明确检索系统的类型是选择综合性检索系统还是专业性的检索系统，是手工检索系统还是计算机检索系统。在选择了检索系统的基础上进一步确定合适的具体检索工具。如果所查课题内容较多，涉及面较宽，可选用综合性检索工具，否则应选用专业性检索工具；如果光盘检索工具比较完备，则应选用光盘检索工具，而不用手工检索工具，当然选用时首先应选择全文光盘检索工具，其次是文摘或题录性的光盘检索工具；如果对检索课题有特定的要求并且条件具备，则应选用联机检索系统和网络检索系统对联机数据库或网络数据库进行检索。

第四步，选择检索途径。

根据对课题主题分析所得到的信息内容或外部特征，并结合已经确定的特定检索工具所能提供的多种辅助检索功能，选用最佳的检索途径。一般优先选用主题词和关键词途径，其次是分类途径；如果明确所需信息的特定代码、著者、题名或结构名称等，则直接依据信息的外部特征途径进行检索。

第五步，制定检索表达式。

检索表达式是人与检索系统进行交流的入口语言，是检索步骤中最重要的一环，集中体现着检索者对检索理论和检索方法的掌握和应用能力，同时直接影响检索效率。如果制定的检索表达式准确度差，那么检索出的无关信息或冗余信息就多。检索表达式分为两种：简单表达式和复合表达式。

简单表达式。简单表达式指单独使用一个检索词所进行的检索。一个检索词指一位著者、一个关键词、一个分类号、一个标题名（刊名、篇名、书名）等单个信息特征标识。在手工检索系统中全部使用简单表达式进行检索，在计算机检索系统中简单表达式指使用单个字段属性值所进行的检索（如著者字段中的一位具体著者姓名，题名字段中的一篇论文标题名等）。

复合表达式。复合表达式指由两个或两个以上的检索词按现代检索技术所构成的复杂检索字符串。它是专门应用于计算机检索系统的检索技术，最早应用于联机检索系统，后来被广泛应用于计算机缩微检索、光盘检索和网络信息资源检索。制定复合检索表达式要应用到布尔逻辑检索技术、截词检索技术、限制检索技术、加权检索技术和全文检索技术等现代检索技术。

第六步，结果输出和用户评价。

制定了检索表达式之后，对于手工检索系统而言，要获得所需信息的线索和原始信息全文，需靠手工操作去处理；对于计算机检索系统而言，其执行检索和结果输出是自动完成的。如果检出的信息满足了用户需求，那么对该课题的检索过程就圆满结束。如果用户认为在查全、查准或有效性等指标要求方面没有获得满意效果，那么就应及时调整检索方案（包括重新对课题主题进行分析、提高检索词的专指度、增加限制性检索词、调整检索表达式等步骤）。

4.6　数字信息检索效果评价

评价一次信息检索过程的效果，是广大专业检索人员密切关注的问题。评价指标主要有质量标准、费用标准和时间标准。质量标准主要通过查全率与查准率进行评价。费用标准即检索费用，指用户为检索课题所投入的费用。时间标准是指检索课题所花费的时间，包括检索准备时间、检索过程时间、获取文献时间等。

对于检索效果的评价，我们首先必须考虑的是对检索结果进行评价。查全率和查准率是判定信息检索效果的两个常用标准。为了清楚起见，用表 4-2 来显示检索结果：

表 4-2　检索效率评价

用户相关性判断 / 系统相关性判定	相关	不相关	合计
已检出	a	b	a+b
未检出	c	d	c+d
总计	a+c	b+d	a+b+c+d

表中：a 为检出的相关信息数；b 为检出的非相关信息数，为误检出的信息，也称检索噪声；c 为未检出的相关信息数，为遗漏的信息；d 为未检出的非相关信息数，为系统根据检索提问正当拒绝的信息。

当用户要全面检索某一信息库时，检出的成功度可用检出的所有相关信息在信息库所有相关信息中所占的比例来表示。这种对信息库检索全面性的测量指标即为查全率，可定义为：

查全率=[检出相关文献信息量/系统中相关文献信息总量]×100%=[a/(a+

c)]×100%

查准率指检出的相关文献信息量与检出文献信息总量的比率，它反映出信息检索系统的精确度，说明系统排除干扰、减少噪声的能力。具体公式如下：

查准率=[检出相关文献信息量/检出文献信息总量]×100%=[a/(a+b)]×100%

高查全率和查准率难以同时获得，两者必须结合使用，单独使用其中的任何一个都不能全面说明检索效果的好坏。

查全率和查准率是评价检索效果好坏的指标，而漏检率和误检率则是测量检索误差的指标。

误检率为检出的结果中不相关信息占检出信息的比例，可定义为：

误检率=[检出的非相关信息数/检出的信息总数]×100%=[b/(a+b)]×100%

漏检率为系统未检出的相关信息占库中相关信息总数的比例，可定义为：

漏检率=[未检出的相关信息数/信息库中相关信息总数]×100%=[c/(a+c)]×100%

其实，查全率+漏检率是互补的；查准率和误检率也是互补的。即：

查全率+漏检率=1；查准率+误检率=1。

尽管查全率和查准率在信息检索效果评价中是通用的，但它们都有一定的局限性，不同的用户对查全率和查准率的要求是不同的。如一个正在从事某项研究的用户，可能需要高查全率，允许较低的查准率，以保证不遗漏任何重要的信息；而对于查新人员来说，为了找到与查新项目、查新点内容一致的信息，他可能要求高查准率。不同的用户，根据从事工作的性质不同，以及研究阶段的不同，对查全率和查准率将有所侧重。在一般的情况下，不必过分地求全求准，以免造成顾此失彼的后果。

4.7 数字信息检索技术

在当今信息社会里，科技人员单靠手工检索工具和方法已经很难从大量无序的信息资源里准确获取所需信息资料。因此，计算机信息检索便成为信息检索的发展方向和主要手段。人们通过网络、计算机及数据库等，便可在办公室或者家里查找图书馆或信息机构的文献资料和其他各种信息。因此，掌握计算机信息检索技术是一种重要的学习技能。

4.7.1　数字信息检索的含义

简单来说，计算机信息检索就是指人们在计算机或计算机检索网络的终端上，使用特定的检索指令、检索词和检索策略，从计算机检索系统的数据库中检索出所需要的信息，然后再由终端设备显示和打印的过程。

计算机信息检索用户对检索课题加以分析，明确检索范围，弄清主题概念，然后用系统语言来表示主题概念，形成检索标识及检索策略，输入到计算机进行查找。这一查找的过程实际上是计算机自动比较、匹配的过程，当检索标识、检索策略与数据库中的信息的特征标识及其逻辑组配关系相一致时，则属"检索命中"，即找到了符合要求的信息。所以，从这一点来讲，计算机信息检索的本质就是信息用户的提问标识和信息集合数据库特征标识相匹配的过程。由于计算机信息检索系统有其特定的检索语法、检索技术、检索策略和检索途径，克服了检索人员的一些主观判断，因此检索能够达到较高的查全率和查准率。目前，计算机信息检索技术已经从基本的布尔逻辑检索、截词检索、邻近检索、短语检索、字段检索发展为高级的加权检索、自然语言检索、模糊检索、概念检索和相关检索等。由于每一种信息检索系统都有自己特定的检索技术，因此，计算机信息检索技术的掌握是进行计算机信息检索的基础。

4.7.2　数字信息检索技术简介

1.布尔逻辑检索

逻辑检索是一种开发较早、比较成熟、在信息检索系统中广泛应用的技术。布尔逻辑检索就是采用布尔关系运算符来表达检索词与检索词之间逻辑关系的检索方法。目前最常用的布尔逻辑运算符主要包括"与""或""非"。

(1)逻辑"与"

逻辑"与"(用"AND"或" * "表示)是一种用于交叉概念或限定关系的组配，可用来表示其所连接的两个检索项的交叉部分。它可以缩小检索范围，有利于提高检索的专指性。如果用"AND"连接检索词 A 和检索词 B，则检索式为：A AND B(或

A * B)，表示让系统检索同时包含检索词 A 和检索词 B 的信息集合。如图 4-3 所示，图中阴影部分即为同时包含 A 和 B 两个概念的命中信息集合。例如：查找“胰岛素治疗糖尿病”的检索式为“Insulin(胰岛素)AND Diabetes(糖尿病)”。

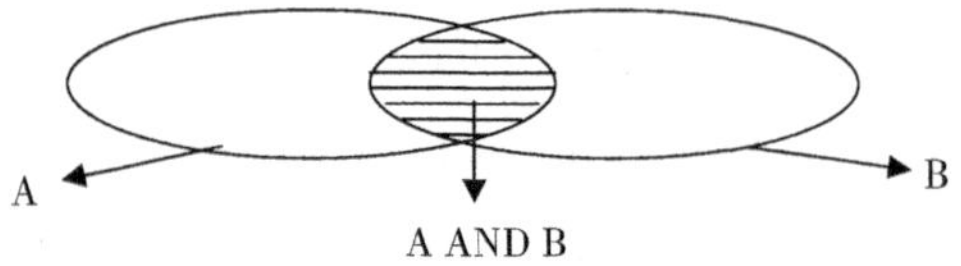

图 4-3 逻辑“与”

(2)逻辑“或”

逻辑“或”(用“OR”或“+”表示)是用于具有并列概念关系的组配。这种组配可以扩大检索范围，提高查全率。用“OR”连接检索词 A 和检索词 B，则检索式为：A OR B(或 A+B)，表示让系统查找含有检索词 A、B 之一，或同时包括检索词 A 和检索词 B 的信息。如图 4-4 所示，图中阴影部分即为包含 A 或 B 的命中信息集合。

例如，要查找“聚氯乙烯”方面的信息，因为“聚氯乙烯”在英语中可以用 PVC 或者 Polyvinyl chloride 两个同义词来表达，采用逻辑“或”组配，即：PVC OR Polyvinyl chloride(或 Polyvinyl + chloride)。运算的结果是含有 PVC 或者 Polyvinyl chloride 任意一个或者同时两个的信息均被检索出来。

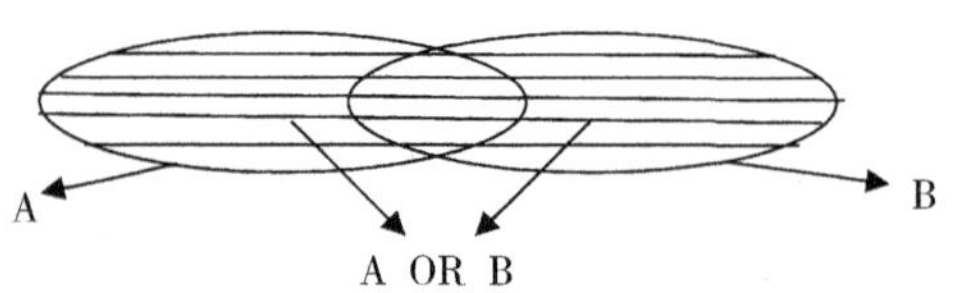

图 4-4 逻辑“或”

(3)逻辑“非”

逻辑“非”(用“NOT”或“－”表示)是用于具有概念删除关系的一种组配。逻辑“非”连接的两个检索词中应从第一个概念中排除第二个概念，可表示为：“A NOT B”或“A－B”。使用逻辑“非”，可用于排除不希望出现的检索词。这种组配可缩小主题内容，减少信息资源量，提高查准率。如图 4-5 所示，图中阴影部分即为含有 A

而不含 B 的信息集合。

例如，检索“不包括核能的能源”方面的信息，检索词 Energy、Nuclear 采用逻辑“非”组配，即：Energy NOT Nuclear，表示从 Energy 检索出的信息集合中排除含有 Nuclear 的信息。

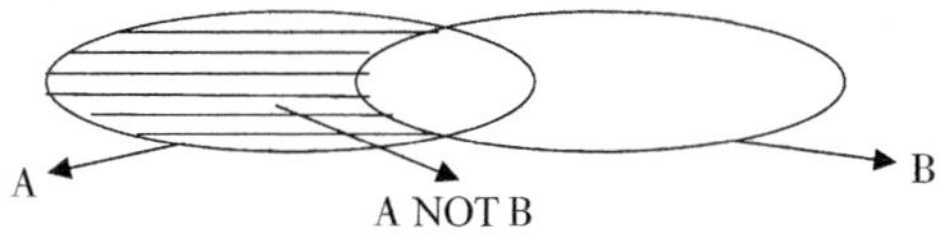

图 4-5　逻辑“非”

上述三种检索逻辑式是最为简单的布尔逻辑运算。在检索实践中，可以根据实际需要，组合使用多个布尔逻辑运算符，以准确表达检索主题。例如，(A OR B) NOT(C AND D)，表示先运算“A OR B”和“C AND D”，最后运算 NOT 算式。

布尔逻辑检索与人们的思维习惯一致，检索匹配机制清晰，方便用户进行扩检和缩检，易于计算机实现。但由于只采用形式上的精确匹配，无法反映检索词对于检索的重要性，无法反映概念之间内在的语义联系，因而检索结果有时难免会不切合实际，达不到用户的具体要求。

2.截词检索

截词检索是利用检索词的词语或不完整的词形查找信息的一种检索方法，是计算机检索系统中应用非常普遍的一种技术。由于英文的构词特性，在检索中经常会遇到名词的单复数形式不一致；同一个意思的词，英美拼法不一致；词干加上不同性质的前缀和后缀就可以派生出许多意义相近的词等。为了保证查全率，就得在检索式中加上这些具有各种变化形式的相关意义的检索词，这样就会导致检索式过于冗长，输入检索词的时间太久，同时也占太多机时。截词检索就是为了解决这个问题而设计的，它用相应的截词符(如“?”“ * ”等)代替检索词的可变化部分，让计算机按照检索词的部分片断同标引词进行对比匹配，这样可以简化检索程序，扩大检索范围，以提供族性检索的功能，提高查全率。截词检索按照截断的位置划分，可分为右截断(前方一致)、左截断(后方一致)、左右截断(中间一致)、中间截断四种方法。

(1)右截断

右截断即将检索词的词尾部分截断，要求对比匹配检索词的前面部分，是一种前方一致的检索。这种方法可以省略输入各种词尾有变化的检索词的麻烦，有助于提高查全率。

例如，输入检索词"defici *"("*"为截断符号)可以检索出任何以 defici 开头的检索词的文献，如 dificit、deficient、deficiency 等。

一些计算机检索系统规定了右截断的限度，可在截断符号后加入一个限定字母数的值，例如"comput * 3"可检出包括 compute、computer、computing 但不包括 computation、computerisation 的文献。

(2)左截断

左截断即将检索词的词头部分截断，要求对比、匹配检索词的后面部分，是一种后方一致的检索。这种方法可以省略输入各种词头有变化的检索词的麻烦，有助于提高查全率。

例如，输入检索词"* magnetic"("*"为截断符号)，可以检索出任何以 magnetic 结尾的检索词的文献，如 electromagnetic、paramagnetic、thermomagnetic 等。

(3)左右截断

左右截断即将检索词词头、词尾部分同时截断，检索词中间一致，只要检索词中含有指定的词干即为合法检索词。

例如，输入检索词"* ter *"可以检索出含有该词干的所有索引词的文献，如 watery、waterfall、material、caterer 等。这种检索方式在检索较广泛课题的资料时比较有用，可以获得较高的查全率。

(4)中间截断

中间截断即在检索词中间嵌入截断符，允许检索词中间有若干形式的变化。检索时，检索词中嵌入的字母与截断符号数相同即为合法检索词。

例如，输入检索词"wom * n"，可以检索出包含 woman、women 的文献。

不同检索工具有自己的截词规则，使用时要注意。有的是自动截词，有的是在一定条件下才能截词。在允许截词的检索工具中，一般是指右截词，部分支持中间截词，前截词较少。有的需要限定截断的字符数量，有的是无限制截断。检索工具中使用的截词符没有统一标准，如 Dialog 用"?"，BRS 系统用"$"，ORBIT 系统用"#"等。

3.位置检索

位置检索也叫全文检索、邻近检索。所谓位置检索，就是利用记录中的自然语言进行检索，词与词之间的逻辑关系用位置算符组配，对检索词之间的相对位置进行限制。这是一种可以不依赖主题词表而直接使用自由词进行检索的技术方法。不同的检索系统其位置算符的表示方法不尽相同，美国 DIALOG 检索系统的位置算符的用法意义如下：

(1)(W)——With

(W)表示该算符两侧的检索词相邻，且两者之间只允许有一个空格或标点符号，不允许有任何字母或词，顺序不能颠倒。(W)也可以简写为()。

例如：Aircraft()design 可检索出含有 Aircraft design 的文献记录。

Computer()aided()design 可检索出含有 Computer aided design 的文献记录。

(2)(nW)——nWords

(nW)表示在此算符两侧的检索词之间最多允许间隔 n 个词(实词或虚词)，且两者的相对位置不能颠倒。

例如：laser(1w)printer 可检出含有 laser printer 和 laser color printer 的文献记录。

(3)(N)——Near

(N)表示该算符两侧的检索词相邻，但两者的相对位置可以颠倒。

例如：computer(N)network 可检出含有 computer network、network computer 形式的文献记录。

(4)(nN)——nNear

(nN)表示此算符两侧的检索词之间允许间隔最多 n 个词，且两者的顺序可以颠倒。

例如：computer(2N)system 可检出含有 computer system-computer code system、computer aided design system、system using modern computer 等形式的文献记录。

(5)(S)——Subfield

(S)表示其两侧的检索词必须是在文献记录的同一子字段中，而不限定它们在该子字段中的相对次序和相对位置的距离。在文摘字段中，一个句子就是一个子字段。

例如：computer ( ) control (S) system 可检出文摘中含有"This paper is concerned with an application of the computer control technique in a intelligent system for testing inner walls of pipes."这样一句话的文献记录。

(6)(F)——Field

(F)表示其两侧的检索词必须是在文献记录的同一字段中，而它们在该字段中的相对次序和相对位置的距离不限。

例如：water()pollution(F)control 表示在同一个字段中(如篇名、文摘、叙词等)同时含有 water、pollution 和 control 的文献记录均可被检索出来。

相邻位置算符、字段位置算符、句子位置算符可连用，顺序为 A(W)B(S)C(F)D。在同一检索式中，如果两个检索词之间的位置算符为(W)—(S)—(F)，说明检索范围越大，查全率相应提高；反之，检索范围小，查准率提高。位置检索对提高检索的查准率和查全率有重要作用，但网络检索中基本只支持(W)和(N)。

4.限制检索

限制检索是通过限制检索范围，达到优化检索结果的方法。限制检索的方式有多种，例如字段检索、使用限制符、采用限制检索指令等，这些限制检索方法既可以独立使用，又可以混合使用。

(1)字段检索

把检索词限定在某个(些)字段中，如果记录的相应字段中含有输入的检索词则为命中记录，否则就为检不中。联机、光盘信息检索系统的数据库记录都是由各种字段组成的，检索的时候可以限定检索词出现的字段范围，以缩小检索范围，提高查准率。对于网络信息而言，网络信息一般不分字段，但是一些网络信息检索工具设计了类似于字段检索的功能，依据这类功能，用户可把查询 WWW 信息的检索范围限制在标题、统一资源定位地址(URL)或超链接等部分。例如"TITLE：北京大学"这一检索提问可以查得网页题名中含有"北京大学"的网页。

(2)使用限制符

用表示语种(LA)、文献类型(DT)、出版年代(PY)等标识符来限制检索范围。例如，要查找 1999 年出版的英文或法文的个人计算机方面的期刊，检索式可表示为"(personal computer/ti，ab)AND PY＝1999 AND(LA＝EN OR FR)AND DT＝

Serial”。

(3)使用范围符号

用符号如 Lessthan、Greaterthan、Fromto 等标识符来限制检索范围。如查找 1979—1999 年的文献,检索式可表示为:“PY=1979:1999”或者“PY=1979 to PY=1999”。又如,查找 2001 年以来的计算机方面的文献,检索式可表示为“computer?? And Greater than 2000”。

(4)使用限制指令

限制指令可以分为:一般限制指令 Limit(它对事先生成的检索集合进行限制)和全限制指令 Limit all(它是在输入检索式之前向系统发出的,它把检索的全过程限制在某些指定的字段内)。Dialog 系统的检索指令就包括了 Limit 命令。

例如:“Limit S5/338000—560000”表示把先前生成的第 5 个检索集合限定在指定的文摘号内。又如,“Limit all/de,ti”表示将后续检索限定在叙词和题名字段。

5.词组检索

词组检索(phrase),也称为短语检索,或字符串检索。它是将一个词组或短语用双引号括起(“”)作为一个独立运算单元,进行严格匹配,以提高检索准确度的一种方法。几乎所有的搜索引擎都支持词组检索。例如,以“热点新闻”作为提问关键词检索时,检索结果则仅反馈热点新闻的内容。

6.加权检索

加权检索是某些检索系统中提供的一种定量检索技术。加权检索同布尔检索、截词检索等一样,也是文献检索的一个基本检索手段,但与它们不同的是,加权检索的侧重点不在于判定检索词或字符串是不是在数据库中存在、与别的检索词或字符串是什么关系,而是在于判定检索词或字符串在满足检索逻辑后对文献命中与否的影响程度。加权检索的基本方法是:在每个提问词后面给定一个数值表示其重要程度,这个数值称为权。在检索时,先查找这些检索词在数据库记录中是否存在,然后计算存在的检索词的权值总和。权值之和达到或超过预先给定的阈值,该记录即为命中记录。

运用加权检索可以命中核心概念文献,因此它是一种缩小检索范围、提高查准率的有效方法。但并不是所有系统都能提供加权检索这种检索技术,而能提供加权检索的系统,对权的定义、加权方式、权值计算和检索结果的判定等方面,又有不同的技术规范。

7.自然语言检索

自然语言检索就是一种直接采用自然语言中的字、词甚至整个句子作为提问式进行检索的方法。在检索过程中，检索工具收到用户的提问后，首先利用一个禁用词表从提问式中剔除那些没有实质主题意义的词汇，然后将余下的词汇作为关键词进行检索。

8.模糊检索

模糊检索允许被检索信息和检索提问式之间存在一定的差异。这种差异一部分来自用户在输入检索提问式时的输入错误，例如，少输入一个字，打错一个字母等，另一部分差异来自某些词汇在不同国家的不同表现形式。检索工具能够估计到这些词汇的正确形式或者其他变形，使用户能够检索到正确词汇或者以其他变形形式标引的结果。

9.概念检索

概念检索是指使用某一检索提问词进行检索时，能同时对该词的同义词、近义词、广义词、狭义词进行检索，以达到扩大检索，避免漏检的目的。例如，检索 automobile 时能找出包含 automobile、car、trunk、van、bus 等词汇的结果。又如，当你使用“自行车”检索时，检索结果不仅包括自行车的内容，还包含脚踏车、单车等内容。

10.相关检索

相关检索是目前大多数搜索引擎提供的一种检索技术。当输入关键词检索时，除了得到相应的检索结果之外，在结果页面的上方或者下方还会出现与检索词相关的一些关键词，单击这些关键词，就可以得到其相应的搜索结果。例如，直接输入汉语拼音，搜索引擎“百度”会返回最相符的关键词供参考，如输入“mihoutao”，百度将提示“您要找的是不是：猕猴桃”；输入“苹果”，百度会列出“苹果手机”“苹果电脑”“青苹果”“红苹果”等众多的相关检索概念供选择。相关检索可以避免重复输入搜索关键词，并给出选择的范围，使用户更容易地找到真正想得到的信息，大大提高搜索效率，减少找到有效信息所花费的时间。

在实际的检索实践中，往往可将上述多种计算机信息检索技术混合使用，从而构造一个适当的检索提问式，最大限度地提高检索结果的查全率和查准率。

本书涉及的信息检索指的是狭义的信息检索，即信息用户为处理解决各种问题而查找、识别、获取相关信息的过程。数字信息检索的本质是一个匹配的过程，即信息用户的需求和一定的信息集合的比较和选择的过程，也就是用户根据自己的需求提出的主题概念或提问表达式与一定的信息资源系统的检索语言相适应的过程，如果两者相匹配，则检索命中，否则检索失败。因此，满足信息检索需求的前提是熟悉信息检索的基本原理，了解信息检索语言，掌握信息检索的方法，特别是常用的计算机检索技术。但需要注意的是，本章所涉及的概念仅是一家之言，目的在于抛砖引玉，读者在学习过程中一定要灵活掌握，举一反三。

本章思考题

1.什么是信息检索？信息检索的基本原理是什么？

2.计算机检索常用的检索技术有哪些？

3.已知有 A、B、C 三个集合，它们之间的关系图示如下。请问图中 7 个区域的布尔逻辑表达式分别是什么？

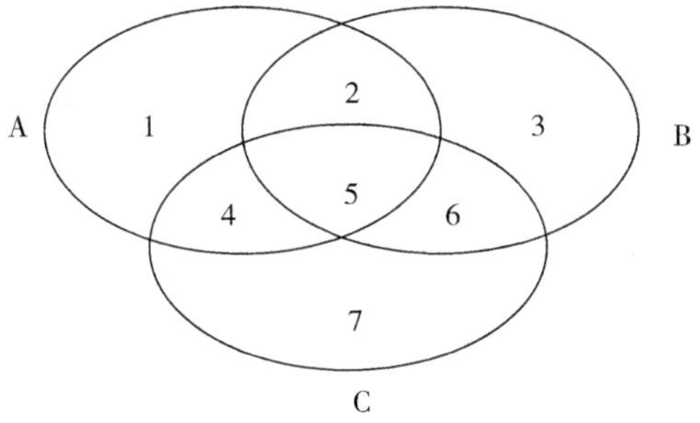

4.结合本人专业实际，简述信息检索在提高个人信息素养方面的作用。

第 5 章　国内重要数字资源数据库

5.1　中国期刊全文数据库

5.1.1　中国期刊全文数据库概况

中国期刊全文数据库（China Journal Full-text Database，CJFD）（http://dlib.cnki.net）是中国知识基础设施工程（China National Knowledge Infrastructure，CNKI）的一个重要组成部分，于 1999 年 6 月正式启动，由中国学术期刊（光盘版）电子杂志社及清华同方知网（北京）技术有限公司联合主办。

中国期刊全文数据库是我国第一个连续的、大规模的、集成化的多功能学术期刊全文检索系统，也是目前世界上最大的连续动态更新的中文期刊全文数据库，收录了国内 8200 多种重要期刊，以学术、技术、政策指导、高等科普及教育类为主，同时收录部分基础教育、大众科普、大众文化和文艺作品类刊物，内容覆盖自然科学、工程技术、农业、哲学、医学、人文社会科学等各个领域，全文文献总量 2200 多万篇。全部期刊分为十大专辑：理工 A、理工 B、理工 C、农业、医药卫生、文史哲、政治军事与法律、教育与社会科学综合、电子技术与信息科学、经济与管理。十大专辑下分为 168 个专题和近 3600 个子栏目。

理工 A 辑　所含专题有：自然科学综合，数学，非线性科学与系统科学，力学，物理学，生物学，天文学，地理学、测绘学，气象、水文与海洋学，地质学，地球物理学，资源科学。

理工 B 辑　所含专题有：化学，无机化工，有机化工，材料科学，燃料化工，一般化学工业，石油、天然气工业，矿业工程，金属学，冶金及其他金属工艺，轻工业，手工业，传统服务业，劳动保护，环境科学与资源利用，新能源技术。

理工 C 辑　所含专题有：工业通用技术及设备，机械工业，仪器仪表工业，航空、航天技术,军事技术与工程,交通运输,水利工程,农业工程,建筑科学与工程,动力工程,原子能技术,电工技术。

农业辑 所含专题有:农业基础科学,农田水利工程,农艺学,植物保护,农作物,园艺,林业、野生动物保护,畜牧,动物医学,狩猎,蚕蜂,水产、渔业。

医药卫生辑 所含专题有:医学科学综合,预防医学与卫生学,中医学,中药学,中西医结合,基础医学,临床医学,内科学基础,传染病等感染性疾病,心血管系统疾病,呼吸系统疾病,消化系统疾病,内分泌腺及全身性疾病,外科学基础及全身性疾病,骨科、整形外科,泌尿科学,妇产科学,儿科学,神经病学,精神病学,肿瘤疾病与防治,眼科、耳鼻咽喉科,口腔科学,性病与皮肤病,特种医学,急救医学,军事医学与卫生,药学,生物医学工程。

文史哲辑 所含专题有:文学史及创作理论,世界各国文学,中国文学,汉语与语言学,外语研究与教学,艺术理论,音乐、舞蹈,戏剧、电影及电视艺术,书画美术等艺术,人文地理,旅游文化,各国历史,史学理论,中国通史,中国民族史志,中国地方史志,中国古代史,中国近、现代史,人物传记,哲学,逻辑学,伦理学,心理学,美学,宗教,文化学。

政治军事与法律辑 所含专题有:政治学,行政学,政党及群众组织,中国政治、国际政治,思想政治教育,军事,国家行政管理,法理、法史,国际法,宪法、行政法及地方法制,民法、商法,刑法,诉讼法、司法。

教育与社会科学综合辑 所含专题有:社会科学综合,社会学,民族学,人口学与计划生育,人才学,教育理论,教育管理,幼儿教育,初等教育,中等教育,高等教育,职业教育,继续教育,体育。

电子技术与信息科学辑 所含专题有:无线电电子学,电信技术,计算机硬件技术,计算机软件及计算机应用,互联网技术,自动化技术,新闻与传媒,出版事业,图书情报与数字图书馆,档案及博物馆学。

经济与管理辑 所含专题有:宏观经济管理与可持续发展,经济理论及经济思想史,经济体制改革,农业经济,工业经济,交通运输经济,文化经济,信息经济,服务业经济,贸易经济,财政与税收,金融,证券,保险,投资学,会计,审计,统计,企业经济,市场研究与信息,管理学,领导学与决策学,系统学,科学研究管理。

中国期刊全文数据库的特点:

海量数据的高度整合，集题录、文摘、全文文献信息于一体，实现一站式文献信息检索(One-stop Access)；

参照国内外通行的知识分类体系组织知识内容，数据库具有知识分类导航功能；

设有包括全文检索在内的众多检索入口，用户可以通过某个检索入口进行初级检索，也可以运用布尔算符等灵活组织检索提问式进行高级检索；

具有引文连接功能，除了可以构建成相关的知识网络外，还可用于个人、机构、论文、期刊等方面的计量与评价；

全文信息完全的数字化，通过免费下载的最先进的浏览器，可实现期刊论文原始版面结构与样式不失真的显示与打印；

数据库内的每篇论文都已获得清晰的电子出版授权；

多样化的产品形式，及时的数据更新，可满足不同类型、不同行业、不同规模用户个性化的信息需求。

5.1.2 中国期刊全文数据库的检索

1.检索途径

中国期刊全文数据库分为左、右两个窗口，左侧为专辑导航区，右侧为检索区。默认使用篇名检索，可以查出篇名中的检索词；支持布尔逻辑检索。检索途径包括：导航检索、逻辑检索、智能检索等。如图 5-1 所示。

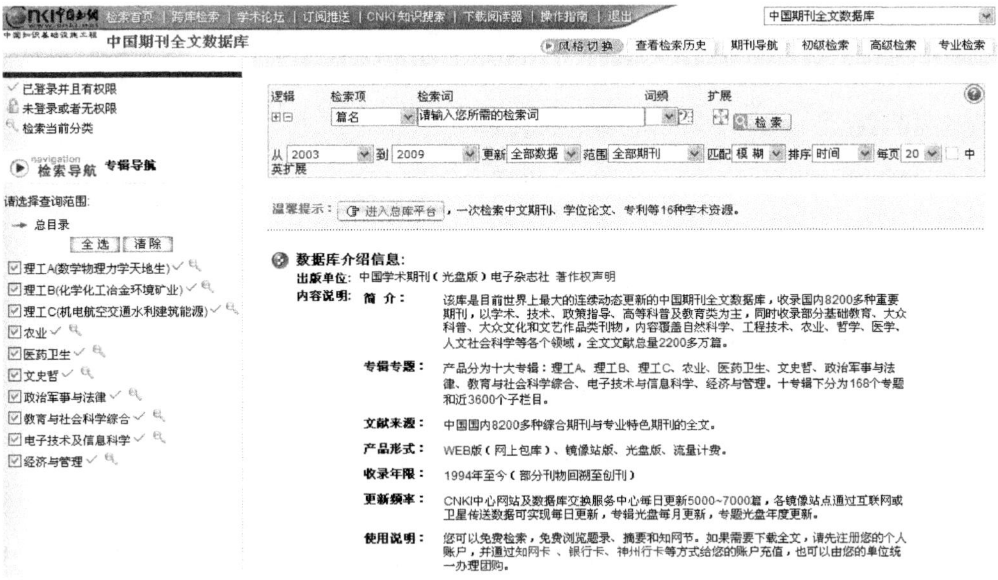

图 5-1　中国期刊全文数据库初始检索界面

(1)导航检索

导航检索是指通过数据库提供的各种导航逐层点击逐步缩小范围,最后检索出某一最小单元中的所有文章。导航检索包括分类导航和期刊导航。

①分类导航。根据学科属性将中国期刊全文数据库所报道的学科分为十大专辑、168 个专题,各专题下又细分各类目。用户利用知识导航(专辑导航)查找某一单元文献,只要根据学科属性分类一层一层点击即可快速查找到所需文献。例如:需要查找"情报工作"的相关文献,只需在检索导航中依次点击"电子技术及信息科学"→"图书情报与数字图书馆"→"情报学、情报工作"→"情报工作",点击"情报工作"类目后即可得到大量相关文献。分类导航检索方式的特点是检索者不必输入任何检索词,只需通过点击即可得到检索结果,其检索结果又比较全面,保证了检索的查全率。这种检索适合把握性差的课题的学科分类,或者希望全面掌握某一专题文献的用户使用。分类导航检索通过逐层缩小范围得出庞大的检索结果,相对于检索者的要求来说其查准率是不高的,用户可以在检索结果中进行二次检索来进一步检索所需文献,如图 5-2 所示。

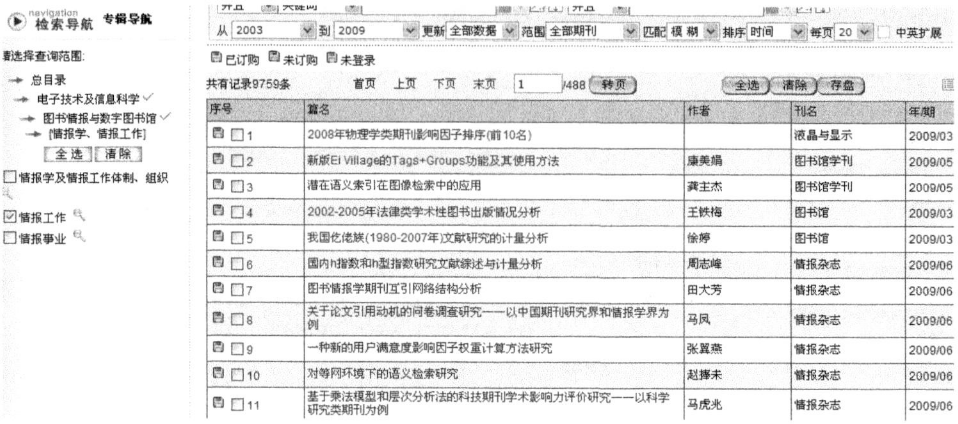

图 5-2 中国期刊全文数据库分类导航

②期刊导航。用户可直接浏览期刊基本信息,按期查找期刊文章。期刊导航中提供了多种导航方式:专辑导航、数据库刊源导航、刊期导航、出版地导航、主办单位导航、发行系统导航、期刊荣誉榜导航、世纪期刊导航、核心期刊导航、中国高校精品科技期刊等,如图 5-3 所示。

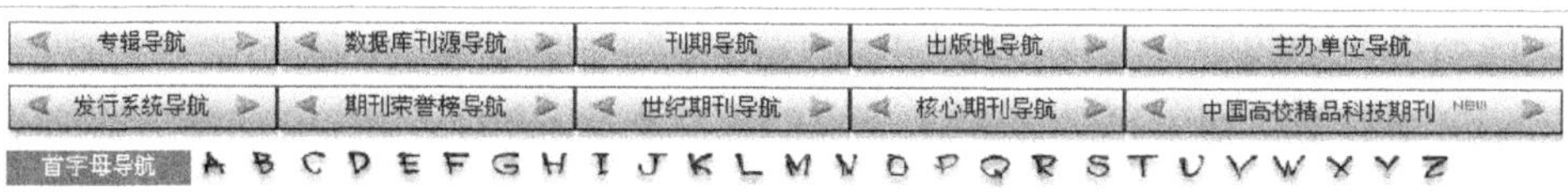

图 5-3 中国期刊全文数据库期刊导航

(2)逻辑检索

逻辑检索包括初级检索、高级检索和专业检索三种类型。

①初级检索。初级检索是一种简单检索,方便快捷、效率高,它设置了篇名、主题、关键词、摘要、作者、第一作者、单位、刊名、参考文献、全文、年、期、基金、中图分类号、ISSN、统一刊号等 16 种检索字段,用户选择检索字段,输入检索词,点击“检索”按钮,即可得出检索结果。如果想得到更为精确的检索结果,用户可在点击“检索”按钮前对输入的检索词设置词频,利用扩展功能为检索词配置相近词、相关词、上位词、下位词等,可设置检索时间或选择模糊、精确检索,可选择检索结果排序方式,设置检索条件后,点击“检索”按钮,得出检索结果。如果检索结果还有很大的冗

余，那么检索者还可通过“在结果中检索”，即二次检索，来得到更为精确的检索结果。初级检索还具有多项检索词逻辑组合检索功能。默认状态下为一组检索行，提供一个检索词输入框，通过点击“逻辑”下的“＋”“－”按钮，增加或减少逻辑检索行，检索行最多可增加到 5 行；每行检索词之间的逻辑关系有并且（逻辑与）、或者（逻辑或）、不包括（逻辑非），逻辑关系的优先级按先后顺序进行检索，如图 5-4 所示。

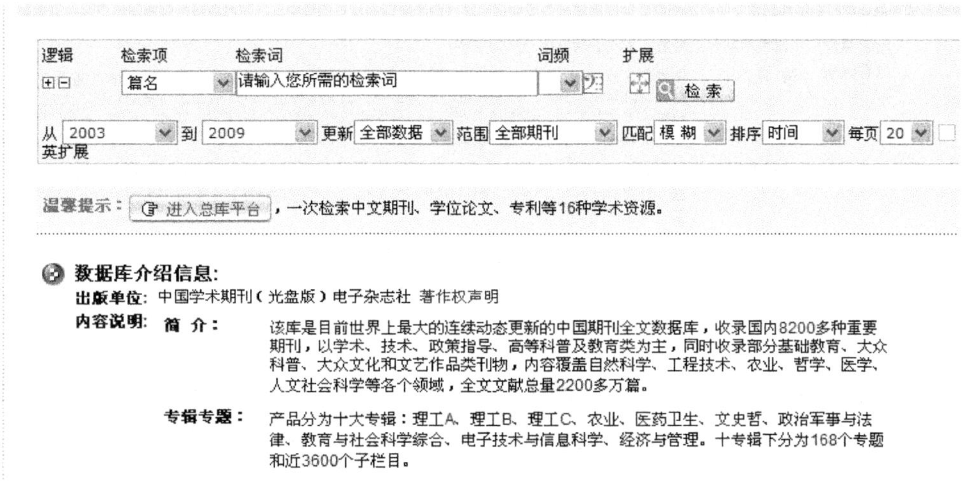

图 5-4　中国期刊全文数据库简单检索

②高级检索。高级检索的特有功能是：多项双词逻辑组合检索、双词频控制。多项是指可选择多个检索项；双词是指一个检索项中可输入 2 个检索词（在 2 个输入框中输入），每个检索项中的 2 个词之间可进行 5 种组合：并且、或者、不包含、同句、同段，每个检索项中的 2 个检索词可分别使用词频、最近词、扩展词；逻辑是指每一个检索项之间可使用逻辑与、逻辑或、逻辑非进行项间组合。高级检索中需要注意的是同行之间（即 2 个检索词输入框之间）的关系组合具有优先运算功能，也就是说检索时系统会先运算行内（即 2 个检索词输入框之间）的逻辑关系，再按先后顺序运算各行之间的逻辑关系。高级检索的检索字段和检索选项与初级检索基本一致，高级检索字段选项少了“智能检索”。同初级检索相比，高级检索结果冗余少、命中率高，但对用户检索技能要求较高，如图 5-5 所示。

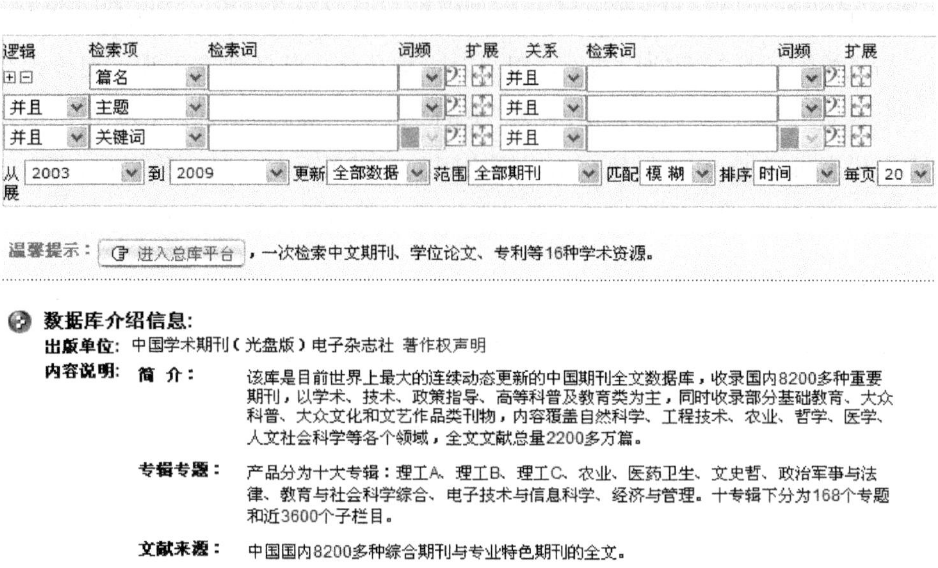

图 5-5 中国期刊全文数据库高级检索

③专业检索。专业检索比高级检索功能更强大，但需要用户根据系统的检索语法编制检索式进行检索，适用于熟悉掌握检索技术的专业检索人员（如图 5-6 所示）。专业检索可进行检索时间、期刊范围、检索结果排序、每页显示检索结果数量等检索条件设置，其语法要求如下：

• 专业检索提供题名、主题、关键词、摘要、作者、第一作者、机构、刊名、参考文献、全文、年、期、基金、中图分类号、ISSN、统一刊号 16 个可检索字段。构造检索式时采用“()”前的检索项名称，而不要用“()”括起来的名称。“()”内的名称是在初级检索、高级检索的下拉检索框中出现的检索项名称。

• 所有符号和英文字母都必须使用英文半角字符。

• 逻辑运算符“与”“或”“非”，“AND”“OR”“NOT”前、后均需留一个空格。

• 运算符“＝”前、后不能有空格，而“＃”和“＄”运算符前、后均需留一个空格。

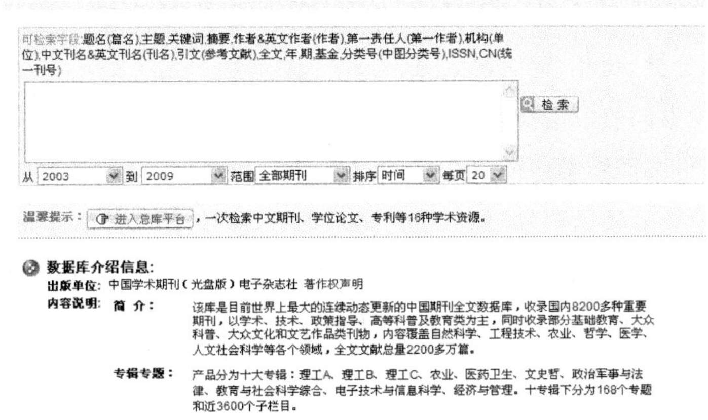

图 5-6　中国期刊全文数据库专业检索

注意:简单检索、高级检索和专业检索后,都可再进行二次检索。二次检索是在当前检索结果内进行的检索,主要作用是进一步精选文献。当检索结果太多,想从中精选出一部分时,可使用二次检索。

(3)智能辅助检索

智能辅助检索是指通过数据库的辅助系统,可以帮助用户发现同义检索词,查找同名作者的其他文献,以及智能查找该文献的相关文献等。例如,通过输入“知识服务”,在所得检索结果界面的左栏下方,有若干系统智能识别的同义检索词,可以在一定程度上扩充用户对检索词的认识范围,帮助用户查检是否有漏检现象(如图 5-7 所示)。

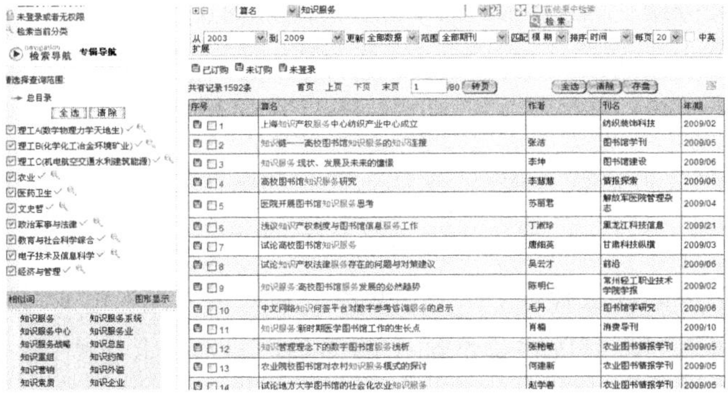

图 5-7　中国期刊全文数据库智能检索

2.检索技巧

(1)利用分类导航限定检索范围

在输入检索词前根据检索课题的学科属性，首先在分类导航系统中选择合适的专题和类目，再选择检索途径和检索词，使检索结果更贴近要求，减少检索结果的冗余。特别注意不要将学科属性作为检索词使用，如检索情报学方面的文献，“情报学”应作为学科范围在分类导航中选择，然后将所需具体问题的检索词限定在“主题”字段中进行查找，绝不能将“情报学”作为检索词输入检索，否则会造成漏检。

(2)根据需要，合理选择检索途径

中国期刊全文数据库提供了分类、篇名、关键词、作者、机构、刊名、基金、ISSN、引文等多种检索入口，读者应该充分利用数据库提供的这些途径从不同角度配合检索，以达到查全与查准的最佳效果。其中作者、机构、刊名、基金、ISSN 等是描述文献外部特征的检索入口，具有专指性，从这些入口检索查全率高，相互组配检索查准率较高。例如，检索数据库收录的某一作者的所有文献，选择作者途径，检索词输入作者姓名，单击“检索”即检出该作者的所有文献。但由于有同姓名因素，所以查准率可能不高。但是，如果结合“机构”途径检索，即输入所检作者的工作单位，检索结果会更接近检索要求。另外，机构检索时，注意过去有些作者因没有注明其单位而漏检。分类检索可以查找某一类目或同时查找同位的几个类目的文献，按照帮助系统中介绍的方法查到读者所需的类目并选择，点击检索即可查到本类目的所有文献。

在检索实践中，用户大部分检索要求是主题检索。主题检索有篇名、关键词、主题词、文摘、全文等途径，篇名、关键词是主题检索的主要途径。科技文献篇名的特点是能够反映文献论述的主题甚至副主题，缺点是信息反映不足；关键词反映文献论述的主题较全，但数据库收录的关键词是原文作者提供的，有一定的不规范性和不完整性，且有些文献并没有提供关键词，因此利用关键词途径检索时，容易造成漏检；文摘提供了较多的信息，可以作为篇名和关键词的补充；全文往往是在利用以上途径检出文献过少时才选择，一般使用不多。需强调的是“主题”字段，中国期刊全文数据库中并没有对文献进行规范的主题词标引，选择“主题”字段检索是将标题、关键词和文摘进行检索。由于主题字段综合了标题、关键词和文摘 3 个字段的优点，在实际检索时若没有特殊要求，一般选择系统默认的“主题”字段。中国期刊全文数据库中无文献类型字段，而读者往往有检索综述性文献的需求。综述类文献篇名中往往有“进展”“概述”“概况”“近况”“现状”等词语，将这些词通过篇名途径用“OR”组配检索能达到较好的检索效果。

(3)通过选择检索词，提高检索效果

在确定了检索途径后，检索词的选择就具有了特别重要的意义。检索途径是数据库事先已经设定好的，用户只需根据需要选择即可，而检索词需要用户自己选定，难度较大，在很大程度上决定检索结果的效果。该数据库检索是任意词检索，即任何一个字、词、语句都可以作为检索词，检索字段内容中输入的检索词的所有文献都可被检索并显示出来。由于检索词是不经词表规范的自由词，读者可以根据对检索课题的认知自己选择检索词，使用起来很方便。但用户的知识毕竟有限，而且检索词有同义词、近义词、多义词，从而造成漏检和误检的可能性加大，因此检索词的选择必须非常仔细，才能避免漏检、误检。首先，检索词应尽量选择无法再细分的单元词和具有检索意义的单汉字，用“AND”组配检索或二次检索，以减少和避免因输入的检索词与字段内容中原词语法结构不同、组词形式不同造成的漏检；其次，应尽可能分析出课题包含的所有概念和选全表述同一概念的各种词及相关词，将它们分别或用“OR”组配检索，减少漏检，提高查全率。

综上所述，在利用中国期刊全文数据库进行检索时，不必拘泥于用一种检索方式，而是要从自身的检索要求出发，把各种检索方式结合起来使用，以达到检索效率的最大化。

5.2　万方数字化期刊全文数据库

5.2.1　万方数字化期刊全文数据库概况

万方数字化期刊全文数据库是万方数据资源系统(http://www.wanfangdata.cn/)的重要组成部分，由中国科技信息研究所开发制作，收录自1998年以来国内出版的各类期刊6000余种，其中核心期刊2500余种，论文总数量达1000余万篇，每年约增加200万篇，每周更新两次。

5.2.2 万方数字化期刊全文数据库的检索

万方数字化期刊全文数据库的检索途径包括导航检索、论文检索及刊名检索，如图 5-8 所示。

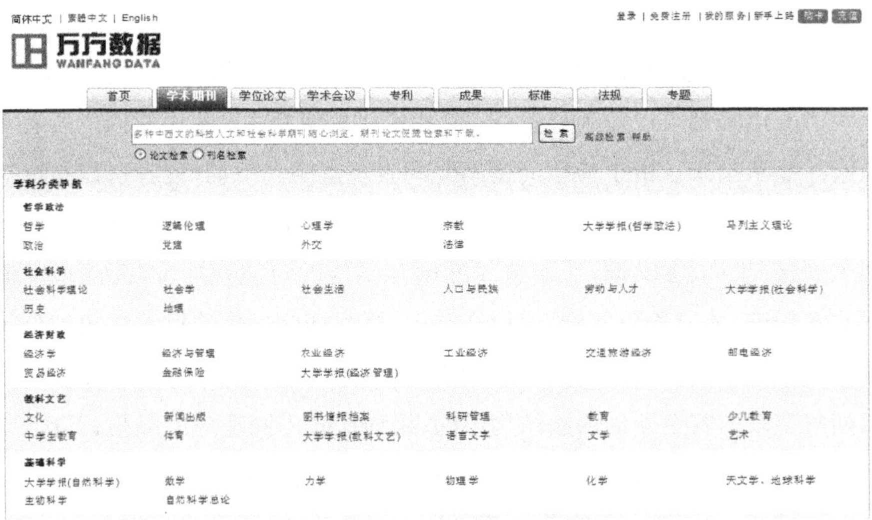

图 5-8 万方数字化全文数据库初始检索界面

1.导航检索

万方数字化期刊全文数据库的导航检索，是通过数据库提供的各种导航逐层点击逐步缩小范围，最后检索出某一最小单元中的文章。导航检索包括学科分类导航、地区分类导航及首字母导航。

学科分类导航将所收录期刊分为八大类目，即哲学政法、社会科学、经济财政、教育文艺、基础科学、医药卫生、农业科学、工业技术，每一大类目下设若干子类目，共 94 个子类目，如图 5-9 所示。地区分类导航依照收录期刊所属的省、自治区、直辖市，将所有期刊分为 31 类，如图 5-10 所示。首字母导航是指将所收录期刊以其刊名首字母进行归类，包括 A—Z 的 23 个大写字母（O、U、V 除外）及“2”为首的数字，如图 5-11 所示。

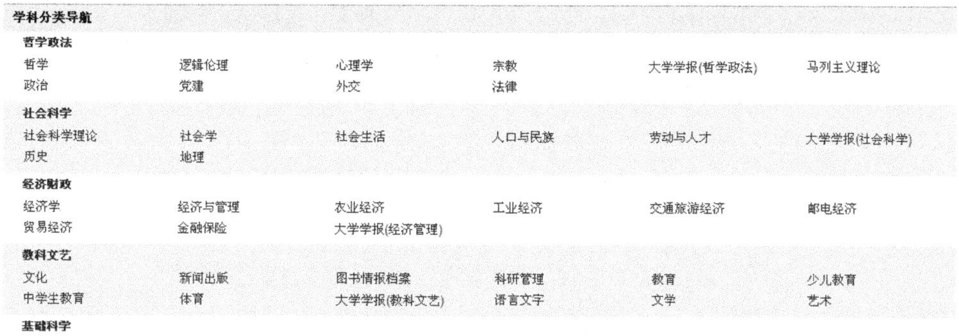

图 5-9　万方数字化全文数据库学科分类导航

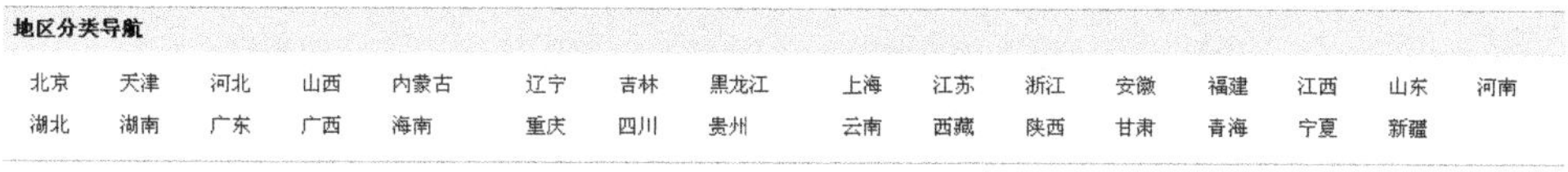

图 5-10　万方数字化全文数据库地区分类导航

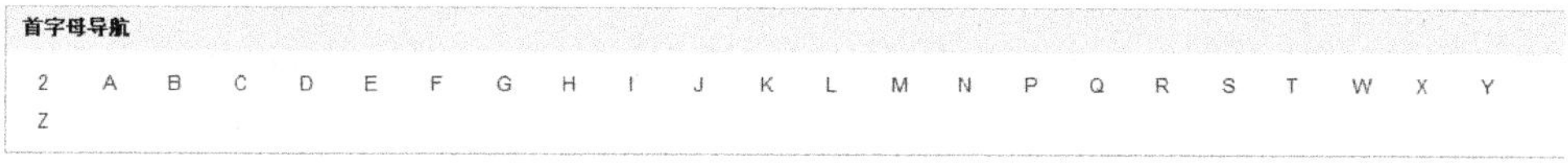

图 5-11　万方数字化全文数据库首字母导航

2.逻辑检索

(1)初级检索

直接在初始检索界面的检索框中输入检索的主题词,点击“检索”按钮后进入。初级检索支持逻辑与、逻辑或、逻辑非,逻辑关系的优先级按先后顺序进行检索。例如,检索与“情报学方法”相关的文献,可输入检索式“情报学 AND 方法”,如图 5-12 所示。

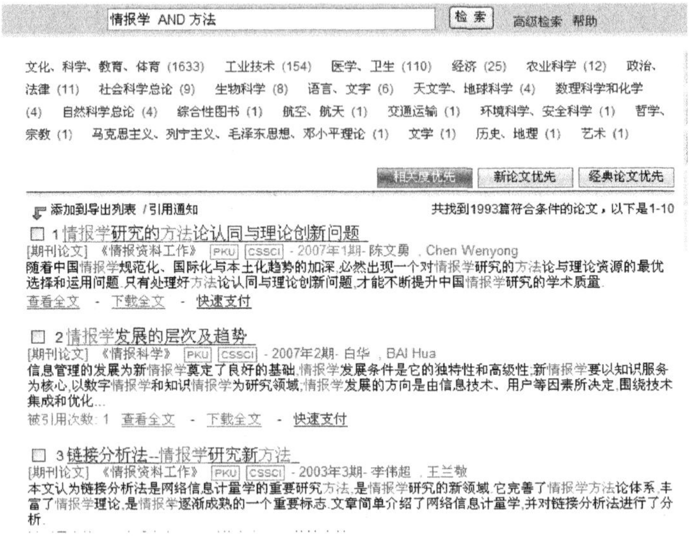

图 5-12 万方数字化全文数据库初级检索

(2)高级检索

高级检索用于多个检索词的组合检索，可以从多途径联合进行模糊检索。打开"高级检索"界面，利用"标题""作者""刊名""关键词""摘要"等多种检索途径，进行组合检索，如图 5-13 所示。

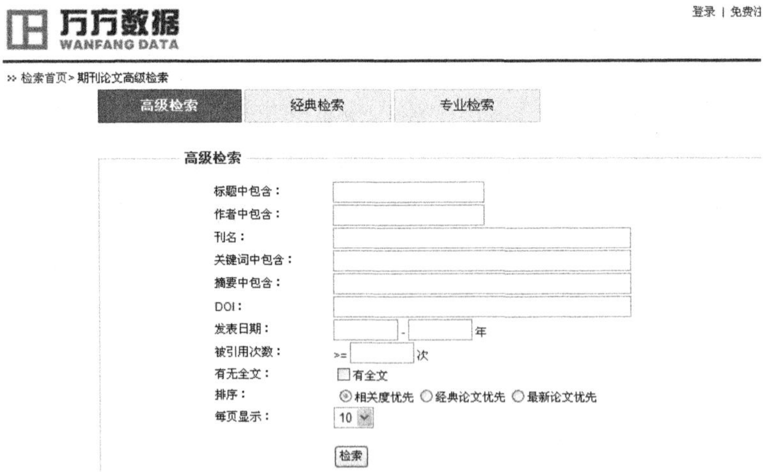

图 5-13 万方数字化全文数据库高级检索

(3)经典检索

经典检索提供"标题""作者""作者单位""刊名""期""中图分类号""关键词""摘要"等精确检索项,各项之间是"逻辑与"的关系,如图 5-14 所示。

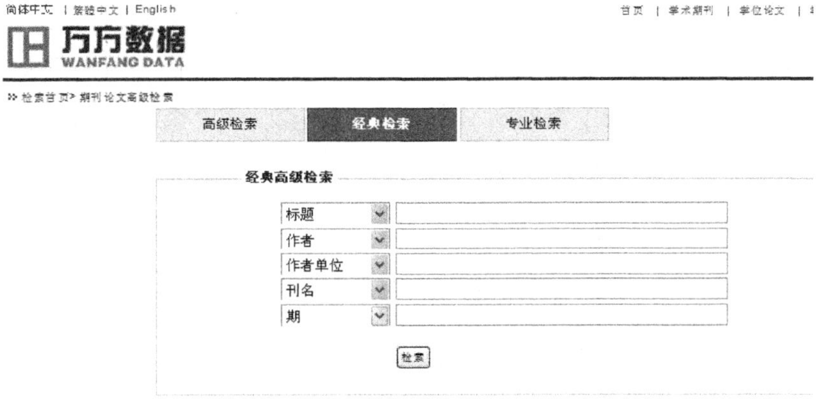

图 5-14　万方数字化全文数据库经典检索

(4)专业检索

专业检索比高级检索功能更强大,但需要用户根据系统的检索语法编制检索式进行检索,适用于熟悉掌握检索技术的专业检索人员,如图 5-15 所示。

图 5-15　万方数字化全文数据库专业检索

5.3 中文科技期刊数据库

5.3.1 中文科技期刊数据库概况

中文科技期刊数据库由重庆维普资讯有限公司开发，是目前国内最大的综合性文献数据库之一。其收录中文期刊 12 000 余种，全文 2300 余万篇，引文 3000 余万条，分 3 个版本（全文版、文摘版、引文版）和 8 个专辑（社会科学、自然科学、工程技术、农业科学、医药卫生、经济管理、教育科学、图书情报）定期出版。

5.3.2 中文科技期刊数据库的检索

中文科技期刊数据库的检索途径包括快速检索、传统检索、高级检索、期刊导航。

1.快速检索

打开中文科技期刊数据库，当前页面默认的是一站式的“快速检索”。点击“检索入口”下拉菜单，有 11 个检索入口供选择，包括“题名、关键词、文摘、作者、机构、刊名、参考文献、作者简介、基金资助、栏目信息、任意字段”，选定某一检索入口后，在检索框内输入检索词，点击“检索”按钮后，即可方便快捷地实现相应检索，如图 5-16 所示。

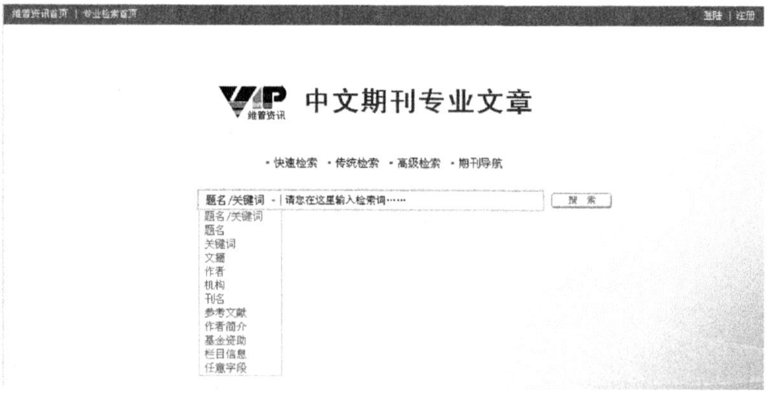

图 5-16 中文科技期刊数据库快速检索

2.传统检索

中文科技期刊数据库传统检索界面分为检索区、学科分类导航区、检出题录粗览区、检出题录细览区。例如，以“竞争情报”为题名，所得检索结果如图 5-17 所示：

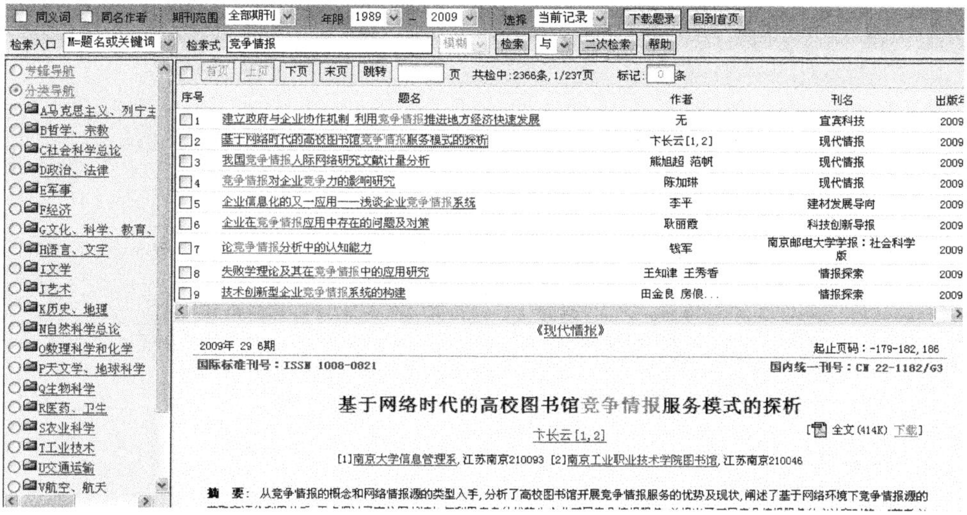

图 5-17　中文科技期刊数据库传统检索

3.高级检索

高级检索用于多个检索词的组合检索，可以从多途径联合检索。检索时先在检索项的下拉框选择检索入口，然后在对应的检索框输入检索词，多个检索词组配后执行检索，或者直接输入复合检索式，如图 5-18 所示。这种检索途径需要用户根据系统的检索语法编制检索式进行检索，更适用于熟悉掌握检索技术的专业检索人员。

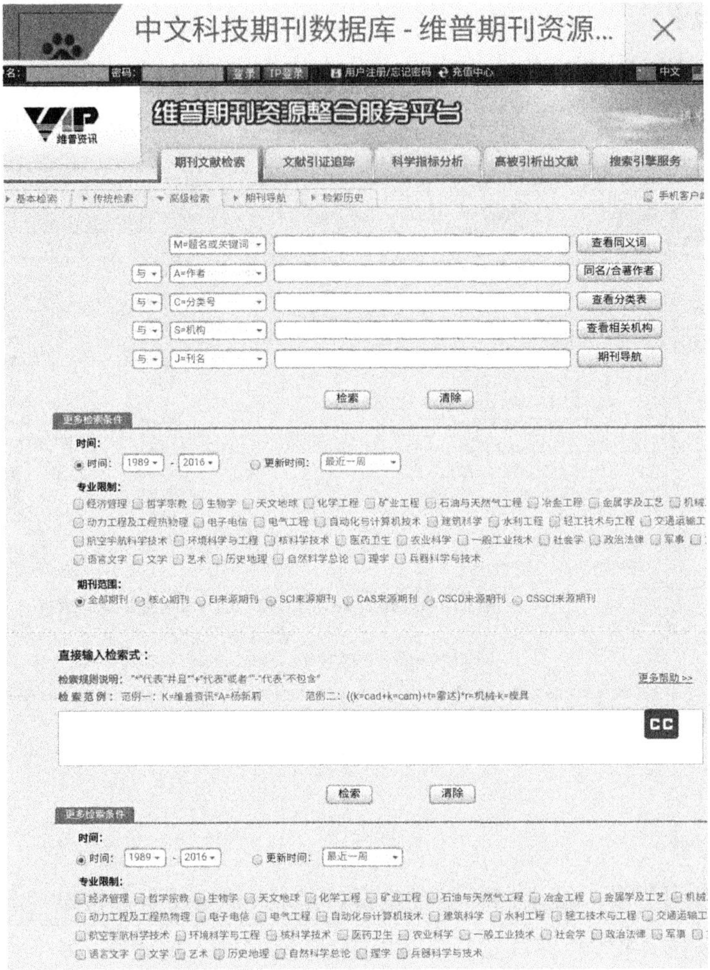

图 5-18　中文科技期刊数据库高级检索

4.期刊导航

根据期刊名称字顺或学科类别对中文科技期刊数据库中收录的所有期刊进行浏览，或者通过期刊名或 ISSN 号查找某一特定刊，并可按期查看该刊的收录文献，如图 5-19 所示。

图 5-19　中文科技期刊数据库期刊导航

5.4　中国重要报纸全文数据库

5.4.1　中国重要报纸全文数据库概况

中国重要报纸全文数据库(China Core Newspapers Full-text Database,CCND)是中国知识基础设施工程的一个重要组成部分,是目前国内少有的以重要报纸刊载的学术性、资料性文献为收录对象的连续动态更新的数据库。文献来源于国内公开发行的近 500 种重要报纸,累计出版报纸全文文献近 740 万篇。

5.4.2　中国重要报纸全文数据库的检索

1.导航检索

(1)分类导航

中国重要报纸全文数据库的分类体系与中国期刊全文数据库近似,将所收录的报纸分为以下十大专辑:理工 A、理工 B、理工 C、农业、医药卫生、文史哲、政治军事与法律、教育与社会科学综合、电子技术与信息科学、经济与管理。如图 5-20 所示。十大专辑下又分为 168 个专题文献数据库。用户可以通过数据库提供的分类逐层点击缩小范围,最后检索出某一最小单元中的所有报纸。

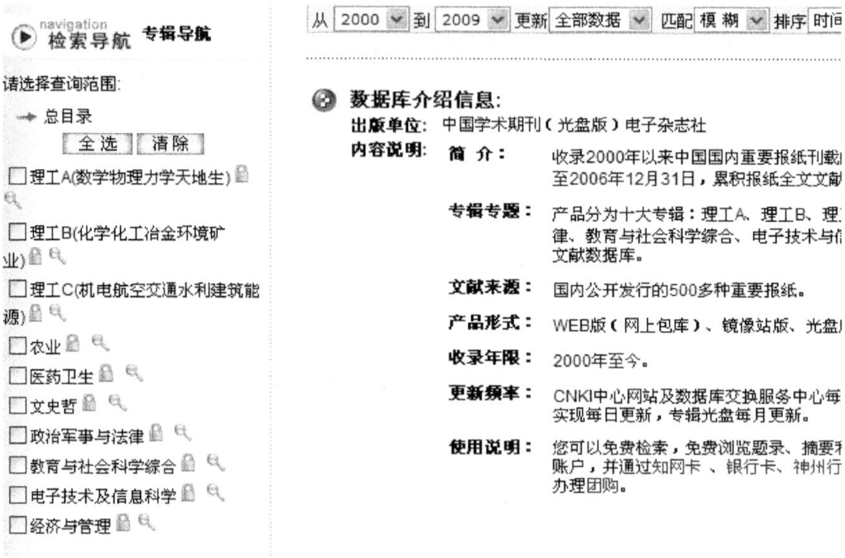

图 5-20　中国重要报纸全文数据库分类导航

(2)级别导航

中国重要报纸全文数据库将所收录的报纸,按照中央级和地方级(省)加以分类,如图 5-21 所示。

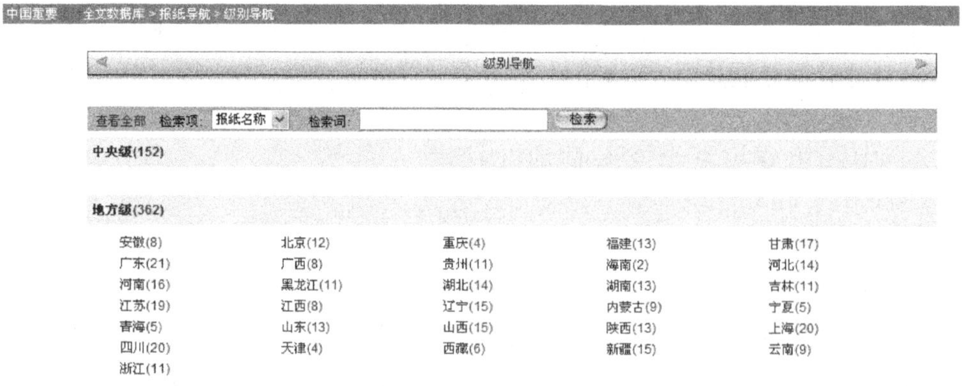

图 5-21　中国重要报纸全文数据库级别导航

2.逻辑检索

中国重要报纸全文数据库的初级检索、高级检索和专业检索方式与中国期刊全文数据库(CNKI)基本相同,如图 5-22、图 5-23、图 5-24 所示。

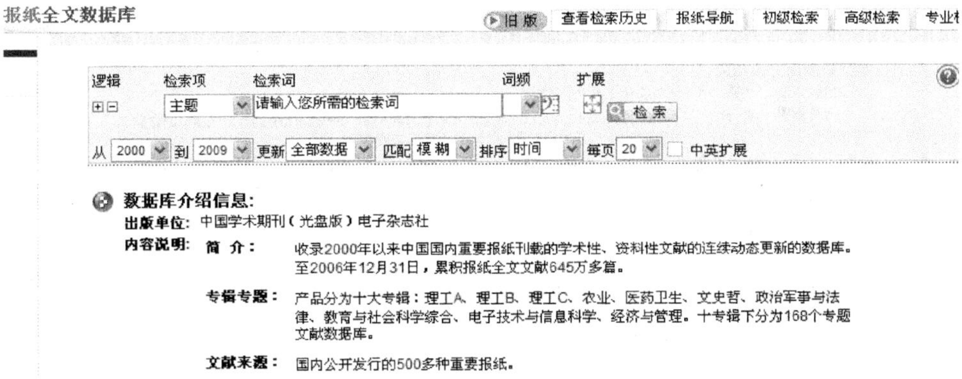

5-22　中国重要报纸全文数据库初级检索

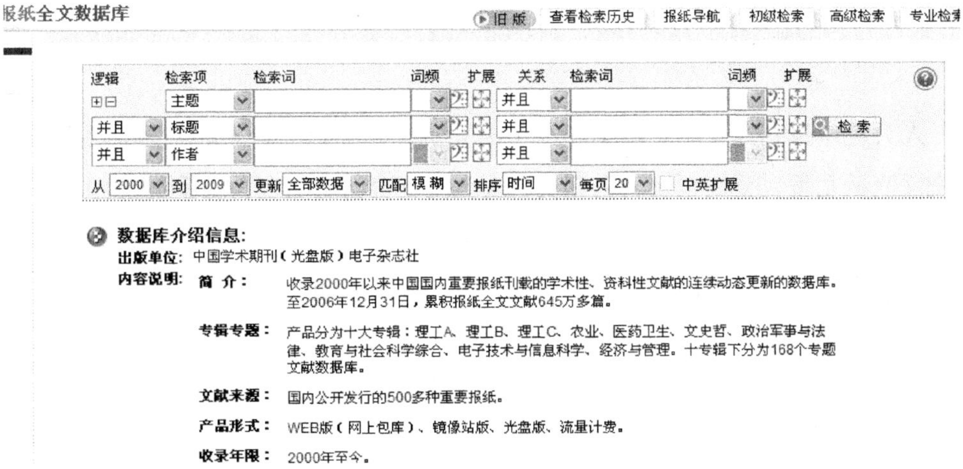

图 5-23　中国重要报纸全文数据库高级检索

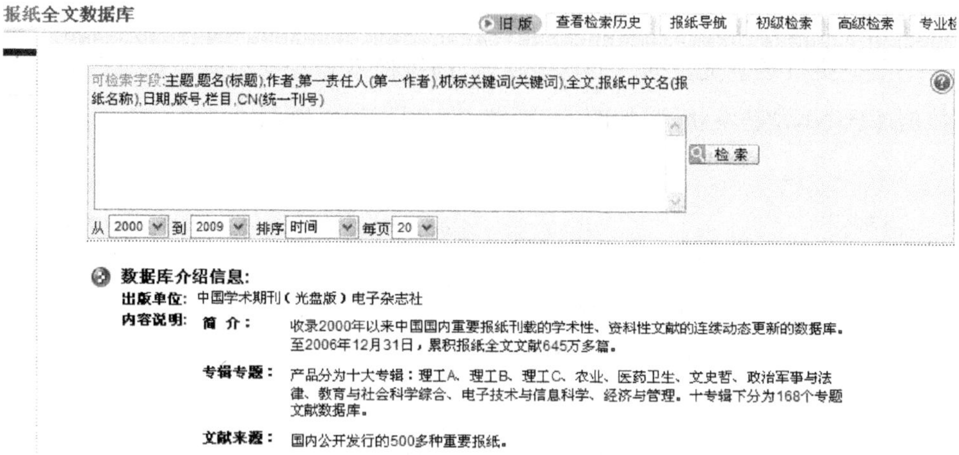

图 5-24 中国重要报纸全文数据库专业检索

5.5 人大复印报刊资料全文数据库

5.5.1 人大复印报刊资料全文数据库概况

人大复印报刊资料全文数据库由中国人民大学书报资料中心开发，是目前国内相关资源最完备、收录质量最高、最具权威性、连续动态更新的社科类全文数据库。它收录了复印报刊资料系列刊 1999 年至今的全部原文，其信息资源涵盖了人文科学和社会科学等领域国内公开出版的 3000 多种核心期刊和报刊，其中部分专题已经回溯到其创刊年度，累计信息量达 20 多万篇文献。它设有原文出处、原刊地名、分类号、分类名、复印期号、作者、任意词等检索入口，用户可以通过某个检索入口进行初级检索，也可以运用布尔逻辑算符等灵活组织检索提问式进行高级检索。如图 5-25 所示。

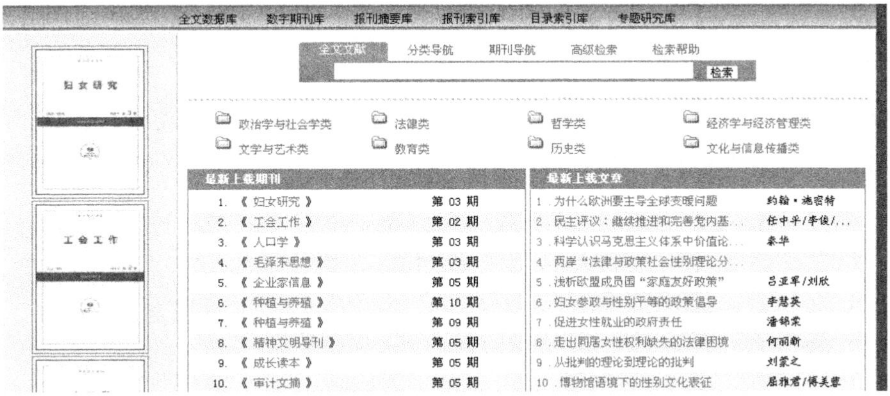

5-25　人大复印报刊资料全文数据初始检索界面

5.5.2　人大复印报刊资料全文数据的检索

人大复印报刊资料全文数据的检索包括导航检索和逻辑检索。

1.导航检索

导航检索可以通过学科专业分类导航系统逐步缩小范围，最后检索出某一知识单元中的文献。例如，在学科专业导航中点击"资源目录"→"文化信息传播类刊"→"2008 年"，单击"检索"，即可得出该数据库所收录的 2008 年出版的文化信息传播类的文章，如图 5-26 所示。

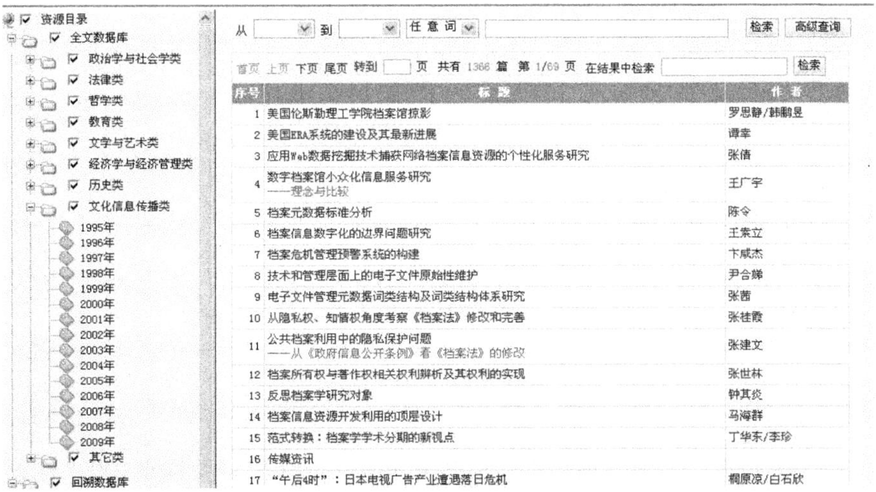

图 5-26　人大复印报刊资料全文数据库分类导航

2.逻辑检索

(1)初级检索

初级检索的特点是方便快捷、效率高,但查询结果冗余相对较大,适用于不熟悉多条件组合查询或SQL语句查询的用户。如图5-27所示。

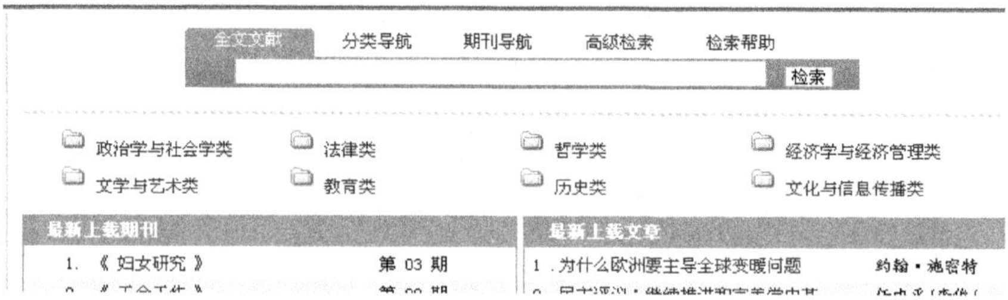

图5-27 人大复印报刊资料全文数据库初级检索

(2)高级检索

利用高级检索,系统能进行快速有效的组合查询,优点是查询结果冗余少、命中率高。对于命中率要求较高的查询,建议使用该检索系统。如图5-28所示。

图5-28 人大复印报刊资料全文数据库高级检索

(3)二次检索

二次检索是在上次检索结果的范围内进行检索,可与分类检索、初级检索、高级检索联用,以进一步精选文献。如图5-29所示。

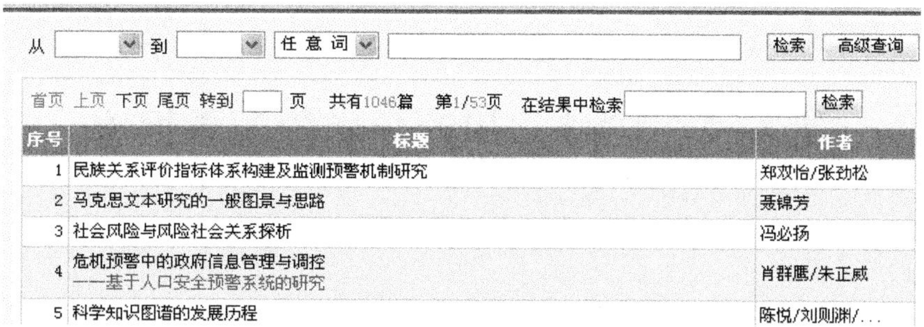

图 5-29　人大复印报刊资料全文数据库二次检索

本章思考题：

1.请介绍中国期刊全文数据库的特点。

2.请用中国期刊全文数据库查出："信息资源开发与利用的十个热点问题(吴慰慈)"的原文，并写明检索步骤，标明刊名、刊期起止页。

3.利用万方数字化期刊全文数据库查检与"信息分析"相关的 5 篇文献，并写出文献的外部特征(篇名、作者、刊名、出版日期)。

4.利用中文科技期刊数据库查检其所收录的刊名包含"图书情报"的期刊。

5.利用中国重要报纸全文数据库，分别用篇名、关键词和主题途径检索与"莎士比亚"相关的文献，得出检索结果的篇数。

6.利用人大复印报刊资料数据库，查找下列课题相关的文献资料信息，并写出具体检索步骤：①可持续发展战略研究；②中国当代文学思潮研究；③情报学进展。

第 6 章　国外常用的数字资源数据库

6.1　Web of Science

美国科学信息所(The Institute for Scientific Information,ISI)是尤金·加菲尔德在 1958 年创建的,为当前国际上最具影响的数据库生产商之一。它拥有世界上最全面、检索与评价功能强大的科学研究数据库。ISI 通过 Web of Science(http://isiknowledge.com)的网络平台提供服务。该平台除了提供其数据库产品的检索功能外,还提供链接功能,能将各种来源的信息产品和服务加以整合,使读者获得对所检索内容的全面了解。

6.1.1　Web of Science 概述

Web of Science 是 Thomson Reuters 公司出版的大型、综合性、多学科核心期刊引文索引数据库,是《科学引文索引(Sciences Citation Index,SCI)》的网络版,其收录范围包括医学、数学、通信与信息科学、自动化、综合、工程技术、航空航天、环境科学、矿业、农业、能源、物理、天文、计算机、人文与社会科学、生物、材料科学、地理、地质、电子、化学与化工等学科。Web of Science 所建立的整合数字研究环境能为不同层次、不同学科领域的研究人员提供学术信息服务。此外,该平台还推出了跨库联合检索功能,使用户不仅能够检索所在机构订购的基于 Web of Science 平台上的所有资源,还可以通过 Web Feat 提供的跨库联合检索功能检索数据不在 Web of Science 平台上但对研究者来说非常重要的学术信息资源。

6.1.2　Web of Science 的主要内容

Web of Science 主要包括 ISI 旗下的三大引文数据库,即科学引文索引扩展版(Science Citation Index Expanded,SCIE)、社会科学引文索引(Social Sciences Citation Index，SSCI）和艺术与人文引文索引（Arts & Humanities Citation Index，A&HCI），其范围涵盖了自然科学、工程技术、社会科学、艺术与人文等诸多学科领域的8500多种学术期刊。这三个相对独立的引文数据库既可以分库检索，也可以多库联合检索。具体而言，Web of Science平台目前能提供如下22个数据库的检索功能：

1.艺术与人文引文索引（Arts & Humanities Citation Index，A&HCI）

2.生物学文摘（Biological Abstracts，BA）

3.BIOSIS引文索引（BIOSIS是"美国生物科学信息服务社（Biosciences Information Service）"的简称）

4.BIOSIS预览（BIOSIS Previews，BP）

5.书籍引文索引（Book Citation Index，BCI）

6.CAB文摘（CAB Abstracts）

7.CAB环球健康（CAB Global Health）

8.中国科学引文数据库（Chinese Science Citation Database，CSCD）

9.会议文献引文索引（Conference Proceedings Citation Idex，CPCI）

10.当前化学反应（Current Chemical Reactions，CCR）

11.期刊题录快讯（Current Contents Connect，CCC）

12.研究数据引文索引（Data Citation Index，DCI）

13.德温特世界专利索引（Derwent Innovations Index，DII）

14.食品科学与技术文摘（Food Science and Technology Abstracts，FSTA）

15.化合物索引（Index Chemicus，IC）

16.物理、电子技术、计算机和控制中的信息服务（Information Service in Physics，Electro-Technology，Computer and Control，INSPEC）

17.KCI-韩国期刊数据库（KCI是"韩国引文索引（Korean Citation Index）"的简称）

18.在线医学文献分析与检索系统（Medical Literature Analysis and Retrieval System Online，简称Medline或MEDLARS Online）

19.SciELO引文索引（SciELO为"科技电子在线图书馆（Scientific ElectronicLibrary Online）"的简称）

20.科学引文索引扩展版(Science Citation Index Expanded,SCI-E)

21.社会科学引文索引(Social Sciences Citation Index,SSCI)

22.动物学记录(Zoological Record)

通过科学引文索引扩展版(SCI-E)(1900 至今)、社会科学引文索引(SSCI)(1983 至今)、艺术与人文引文索引(&HCI)(1983 至今)、会议文献引文索引(CPCI)(1996 至今)、会议文献引文索引—社会科学和人文学(CPCI-SSH)(1996 至今)、当前化学反应(CCR)(1985 至今)和化合物索引(IC)(1993 至今)7 个数据库可了解世界领先的自然科学、社会科学、艺术和人文领域的权威学术文献,也可研究和分析国际会议、专题讨论会、研讨会、座谈会、研习会和代表会议的会议文集,因此这些被称为 Web of Science 的核心库。

6.1.3 Web of Science 的引文索引

Web of Science 是引文数据库,即提供各学科的引文索引。所谓引文是指一篇学术论文中所引用的参考文献,通常是以脚注或尾注的形式出现。引文索引是一种将科技期刊、专刊、专题、技术报告等文献资料所发表的论文后所附的参考文献(cited literature/article)的作者、题目、出处等项目按照引证与被引证的关系进行排列而编制的索引。

引文索引能从文献之间相互引证关系的角度提供新的检索途径,既能揭示作者何时在何刊物上发表了何论文,又能揭示某篇论文曾经被哪些研究人员在哪些文献中引用过,具有根据文献间的引证关系由远及近地追溯查阅文献的功能,从而有效地揭示该领域中过去、现在和将来的科学研究之间的内在联系,协助研究人员迅速地掌握课题的历史和发展。此外,研究人员还可以利用该平台提供的分析工具从各种角度分析检索结果,从而全面把握该研究方向的来龙去脉和发展趋势,在研究者感兴趣的方向上获得十分全面的信息。

6.1.4 Web of Science 收录期刊的选择标准

Web of Science 即 ISI 收录期刊的选择标准,包括基本标准(期刊的出版期限、国际化的编辑规范、英文题目、文摘和关键词和同行评议等)、国际化程度、期刊编委会和编辑部状况、引文分析指标(影响因子、即年指标、期刊作者尤其是编委会成员撰写论文的被引次数)等。当前ISI已成为国内外评价科研能力和水平的主要工具,其参考指标主要有在ISI收录刊物中发文数量、来源文献中列出的被引文数量等。遗憾的是,我国被收录到ISI的刊物数量还有待进一步提高。

6.1.5 Web of Science 的收录特点

由 Web of Science 期刊的收录标准不难发现,其主要特色在于收录期刊的严谨性。正因如此,目前许多国家的政府、科研机构和高等院校等都将 Web of Science 的信息产品(如 SCI-E、SSCI、A&HCI 和 ISTP 等)作为评价科研成果水平和价值的重要依据。

6.1.6 Web of Science 的主要作用

1.检索功能

检索功能指检索各学科的学术期刊、科技文献、引文、发明专利、学术著作和学术会议等。

2.分析功能

分析功能指根据检索结果分析国际上相关领域的研究趋势和前沿动态,发现技术热点,揭示不同研究间的潜在联系,并得出引文报告。

3.管理功能

该平台能与 Endnoted 等参考文献管理软件相结合,提供更加便捷的文献管理、检索策略和定题/引文跟踪。

4.写作功能

能够实现在 Microsoft Word 中边写作边引用、自动生成文中和文后参考文献,且能提供数千种期刊的参考文献格式。

6.1.7 Web of Science 的检索方法

Web of Science 提供基本检索、被引参考文献检索和高级检索三种检索方法,具体检索方式的选择如图 6-1 所示。

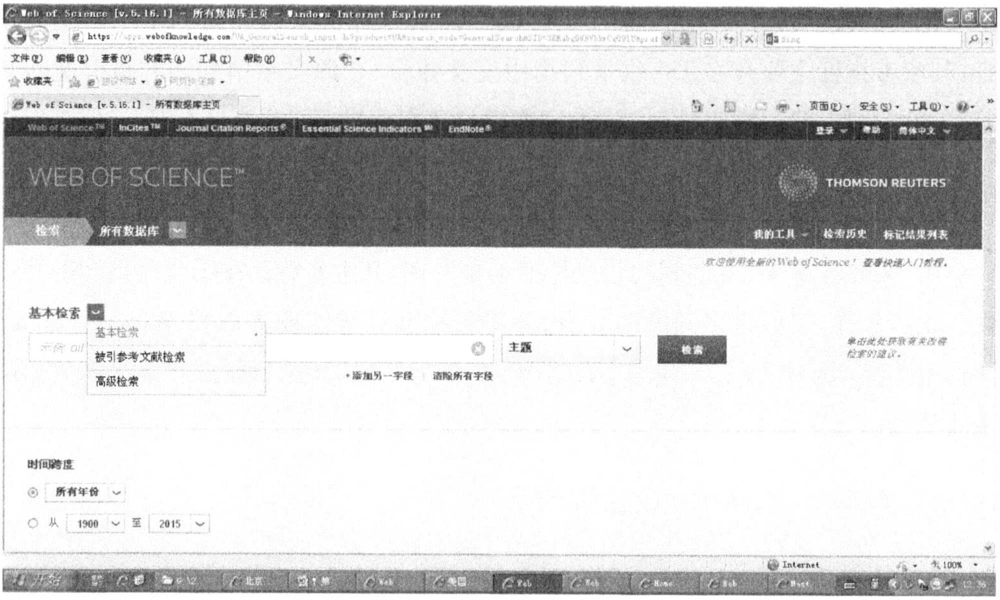

图 6-1 检索方式的选择

1.基本检索

基本检索是常规检索方法之一。首先打开基本检索主界面(如图 6-2 所示),在所有数据库按钮处选择要查询的数据库(如图 6-3 所示),在基本检索按钮下方的文本框中填入待检索的信息,设定检索字段(如主题、标题、作者、作者识别号、编者、团体作者、出版物名称、DOI、出版年和地址等)的类型(如图 6-4 所示),设定时间跨度(起止时间)。打开更多设置按钮可进一步设定自动建议的出版物名称(打开、关闭)、要使用的检索语言(自动、英语和朝鲜语)和默认情况下选择的检索字段数(1 个字段或 3 个字段)(如图 6-5 所示),在登录后还可保存对这些设置的修改。设定上述检索限制条件后,点击检索按钮即可从所选择的数据平台中得到符合条件的检索记录,并将所有成功的检索记录均添加至检索历史表。

图 6-2　基本检索主界面

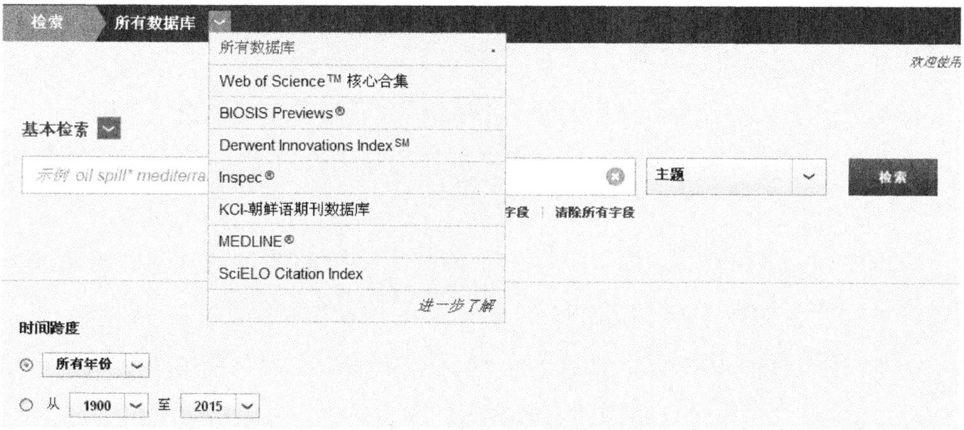

图 6-3　选择数据库

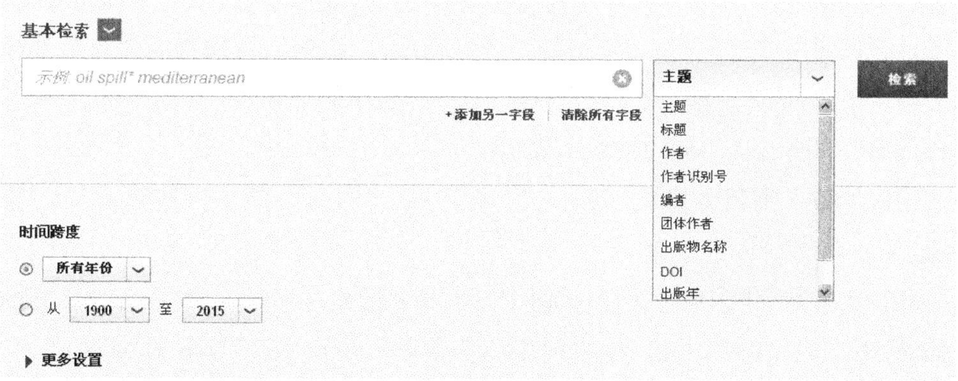

图 6-4　选择检索字段

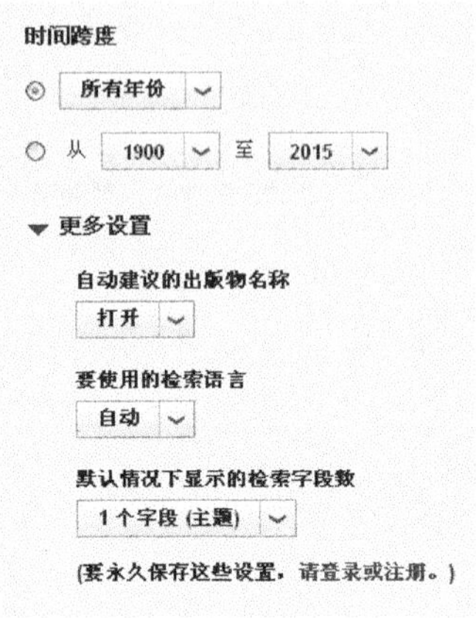

图 6-5　可供选择的其他限定条件

(1)检索规则和注意事项

在基本检索设定检索条件和创建检索式时，应严格遵循如下检索规则：

①在基本检索界面最多可选择 3 个字段作为默认检索字段，在检索式中最多可输入 6000 个检索词。

②添加另一字段会将新添加的字段与前一个字段的关系默认设置为 AND，也可以将 AND 运算符改为 OR 或 NOT。

③数据库的管理员可以设置显示 1—3 个检索字段作为其整个机构的默认检索字段，且该设置会应用于订阅范围内的所有产品数据库(如图 6-5 所示)。

④默认情况下显示的检索字段数(如图 6-5 所示)用于选择开始新检索时显示的检索字段数，可根据需要向检索添加更多的字段，或者可从“检索”页面删除检索字段。可供使用的选项包括：1 个检索字段(默认为“主题”，可根据需要自行选择不同的检索字段)或 3 个检索字段(默认字段始终是“主题”“作者”和“出版物名称”，可以根据需要自行选择不同的检索字段)。

⑤添加另一字段的默认字段为“主题”，可以根据需要自行选择不同的检索字段。

⑥在大多数字段中输入两个或两个以上相邻的检索词时，会默认各词之间的关系为 AND。例如：在“主题”检索时输入“glioma stem cell”与输入“glioma AND stem AND cell”是等效的，会返回相同数量的检索结果。

2.基本检索的检索步骤

(1)在所有数据库下拉列表中选择拟检索的数据库。值得注意的是,如果研究者所在机构订阅了两个或两个以上的产品数据库时可以使用"所有数据库"检索选项限定检索的数据库范围;如果所在机构仅订阅了一个产品数据库(如 Web of Science 核心合集)则不会显示所有数据库按钮。

(2)根据需要选择要查询的数据库(如图 6-3 所示),在基本检索下方的文本框中输入一个或多个检索字段作为检索词。注意默认各词之间的关系为 AND。

(3)"添加另一字段"按钮用于向"基本检索"页面添加更多的检索字段。注意新添加的字段与前一个字段的关系默认设置为 AND,必要时根据需要更改为 OR 或 NOT。

(4)"清除所有字段"按钮用于清除已输入的任何检索式,将检索页面重置为原始检索字段,适用于"作者"检索和"被引参考文献"检索。

(5)主题下拉列表可供选择的检索字段包括主题、标题、作者、作者标识符、团体作者、编者、出版物名称、DOI、出版年和地址(如图 6-4 所示)。

(6)索引选择按钮可进入"出版物名称索引"的检索模式(如图 6-6 所示)或在"作者"检索时选择一个项目(例如出版物名称或作者姓名)。

(7)"时间跨度"按钮可自行设置起止年限(如图 6-5 所示)。

(8)"更多设置"按钮打开后,可进一步在"自动建议的出版物名称"(打开、关闭)、"要使用的检索语言"(自动、英语和朝鲜语)和"默认情况下显示的检索字段数"(1 个字段或 3 个字段)的下拉列表中设置相应的限定条件(图 6-5 所示),并根据情况决定是否需要永久保留这些条件设置。

①"自动建议的出版物名称"选项用于打开或关闭出版物名称。当开启此功能时,将根据检索字段中输入的字符提供出版物名称的列表。如图 6-6 所示。例如,输入 CANC 会显示以这 4 个字符开头的出版物列表,如 *Cancer Biology Therapy* 和 *Cancer Investigation*。

②"要使用的检索语言"选项用于设置语言为自动、英语或朝鲜语。

③"默认情况下显示的检索字段数"选项允许仅选择 1 个检索字段(默认为"主题",可根据需要自行选择不同的检索字段)或 3 个检索字段(默认字段始终是"主题""作者"和"出版物名称",可以根据需要自行选择不同的检索字段)。

④"保存设置"选项用于保存已设置的限定条件供将来的检索会话使用,但必须

是注册用户并且已经登录时才能保存检索设置。

⑤单击检索按钮转至“检索结果”页面。

a.“您是不是要检索”按钮是 Web of Science 平台自带的用于检查拼写错误的工具，用于对照常见的拼写形式及其变体检查检索式，以确定是否存在替代的拼写方式，可用于改进检索结果。如果系统判定存在替代的拼写方式，则会显示一个“您是不是要检索”的文本框，在其中提供替代的检索式。值得注意的是，“您是不是要检索”功能只能用于“主题”和“标题”检索，且仅检查完整的单词而不检查截断的或带引号的检索词。如果您选择了“您是不是要检索”功能给出的建议，系统则将重新检索并转至“检索结果”页面。原检索和通过“您是不是要检索”功能进行的检索都将显示在“检索历史”中。例如：输入“sttem cell”后没有发现检索记录，提示应将主题词改为”stem cell”（如图 6-7 所示）。

b. 创建引文跟踪（如图 6-8、6-9）限于已经登录的注册用户，其作用在于出现新文献引用该文档时 Thomson Reuters 会通过电子邮件进行通知，跟踪服务有效期为一年。在跟踪服务即将到期时可续订跟踪服务。值得注意的是，“创建引文报告”功能不适用于包含 10000 个以上记录的检索结果。检索结果超出此限制时会出现“引文报告功能不可用[?]”字样，此时需进一步细化限定条件。

c. 此平台的检索运算符优先顺序依次为：NEAR/x、SAME、NOT、AND、OR。

图 6-6　索引选择选项

图 6-7　您是不是要检索

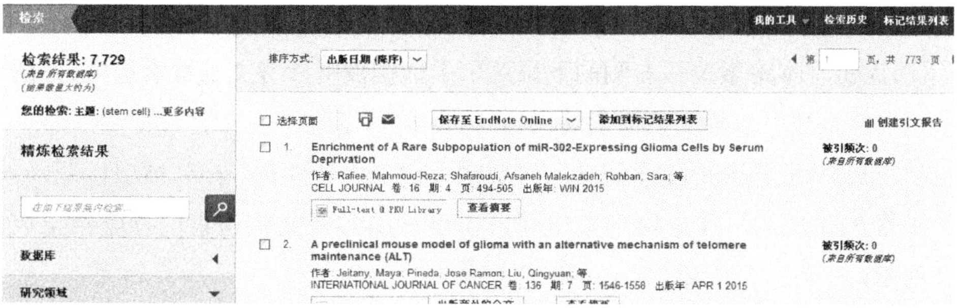

图 6-8　创建引文报告

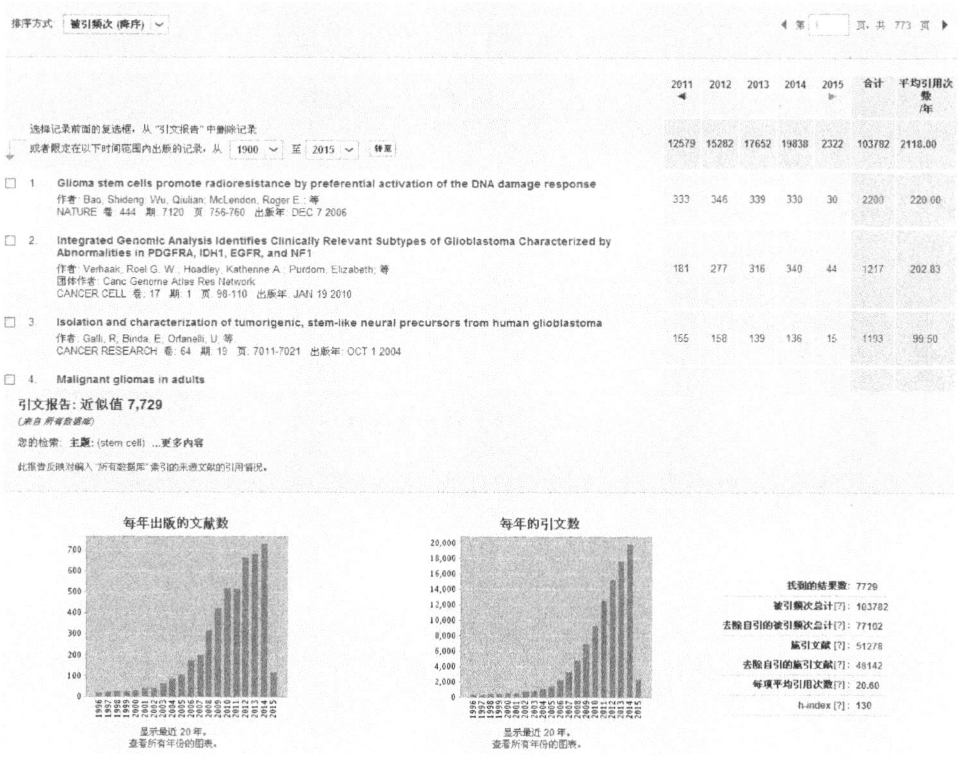

图 6-9　引文报告结果

3.被引参考文献检索

“被引参考文献检索”仅限于在“Web of Science™核心合集”中使用，具体检索方式如下：

(1)在检索标签右侧的所有数据库下拉菜单中选择“Web of Science™核心合集”选项(如图 6-3 所示)。

(2)点击基本检索按钮右侧的下拉菜单中选择被引参考文献检索选项(如图 6-1 所示),切换至被引参考文献检索模式(如图 6-10 所示)。

(3)在此页面输入待检索信息。例如输入被引作者＝Fan CG,被引标题＝stem cell(如图 6-11 所示),点击检索按钮即可得出被引参考文献检索的检索结果(如图 6-12 所示)。

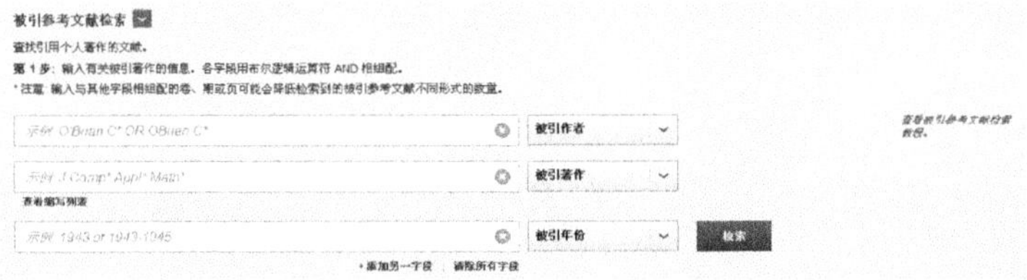

图 6-10　引文报告结果

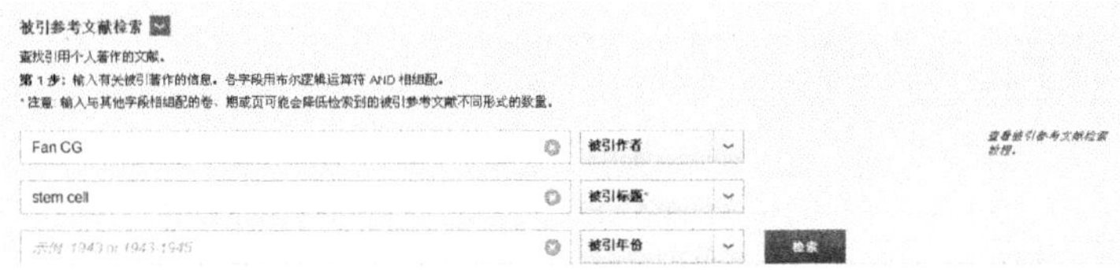

图 6-11　输入待检索信息

图 6-12　被引参考文献检索结果

4.高级检索

在检索方式处选择高级检索(如图 6-1 所示),进入高级检索主界面(如图 6-13 所示)。高级检索可供选择的限定条件与基本检索相似,如需更改设置,可点击更多设置下拉列表(如图 6-14 所示)。页面底部的检索历史表格显示您在当前会话期间所有成功运行的检索。检索式按倒序数字顺序显示在“检索历史”表中,即最近创建的检索式显示在表顶部。

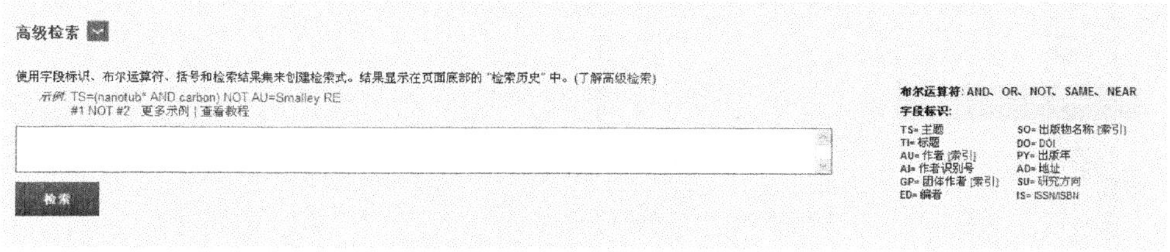

图 6-13　高级检索主界面

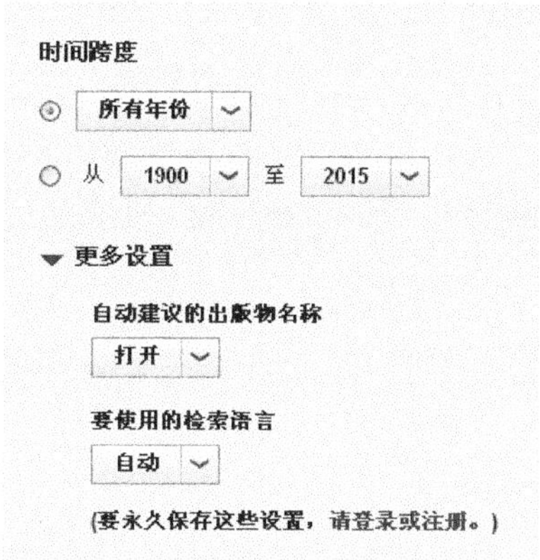

图 6-14　高级检索可供选择的限定条件

(1)字段标识。高级检索通常以至少两个检索开始,其中包含检索词以及它们之前的字段标识。使用字段标识可以检索记录中相应的数据字段。高级检索中常用的字段标识详见表 6-1。

(2)字段标识的使用。使用上述任意两个字母的字段标识,在“高级检索”的文本框中输入检索式。单击检索,然后在“检索历史”表中(如图 6-15 所示,输入 AU=

Fan CG 后即可得出♯14 检索历史）单击“检索结果”栏中的按钮即可进入“检索结果”页面查看检索结果。

表 6-1 Web of Science 高级检索的字段标识及作用

字段标志	含义	说明及举例
AD	地址	检索记录中“地址”字段内的机构名称和/或地点名称。
AI	作者标识符	检索记录内“作者标识符”中的 Researcher ID 号和 ORCID 标识符。
AU	作者	在“作者”和“机构作者”字段检索期刊论文和书籍的作者姓名。index 检索包含空格的姓氏时应同时使用带空格和不带空格的形式，以确保返回所有相关记录。例如：AU=（Fan CG OR FanCG）
GP	团体作者	检索记录中的“团体作者”和“书籍团体作者”字段。
ED	编者	检索记录中“编者”字段内的编者姓名。
PY	出版年	检索记录中的出版年份字段，必须通过运算符 AND 或 NOT 和其他字段标识组配使用。例如：TS=stem cell AND PY=2015。输入年份范围时，建议将该范围限制在五年以内，以免影响处理速度或返回过多的无效结果。例如：TS=glioma stem cell cell AND PY=(2010-2015)
IS	ISSN	检索定期刊物（包括纸版和电子版）记录中的“ISSN（国际标准序列号）”字段，能同时显示印刷版和电子版 ISSN。
IS	ISBN	检索书籍记录中的“ISBN（国际标准书号）”。该书号是一种机器读取的唯一标识符，可准确无误地标识书籍。其格式为包含 3 个连字号(-) 的10位数字，最后一个数字是校验字符（可能是数字或 X），各 ISBN 标识符的连字号位置可能不同。
SO	出版物名称	检索记录中“来源出版物”字段的出版物名称（书籍标题和期刊标题）。
SU	研究方向	检索全记录中的“研究方向”字段。
TI	标题	检索记录中的标题字段。

图 6-15 高级检索的检索式组配

(3)组配检索式的使用。在高级检索中,检索式按倒序数字顺序显示在检索历史表中,即最近创建的检索式显示在表顶部。根据检索需要单击"组配检索式"栏下的 AND 或 OR 选项组配两个或多个检索式。在"组配检索式"栏下,选中要组配的各个检索式的复选框,单击"组配"按钮即可得到检索结果。单击"检索结果"栏中的链接,即可查看检索结果。在"高级检索"中可以创建检索式并对其进行组配。

例如:检索式#11 找到被引作者包含"Fan CG"并且被引标题含有"stem cell"字段的文献(103 篇),检索式#12 找到主题含有"glioma"的文献(118 465 篇),检索式#13 找到被引作者包含"Fan CG"且被引标题含有"stem cell"主题含有"glioma"字段的文献(1 篇)。如表 6-2 所示。

表 6-2　Web of Science 的高级检索(在基本检索基础上创建的检索式)

检索式	检索结果	
#13	1	#12 AND #11
#12	118, 465	主题=glioma
#11	103	被引作者="Fan CG" AND 被引标题="stem cell"

又如:检索式#14 找到 AU(作者)包含"Fan CG"字段的文献(214 篇),检索式#15 找到 TI(标题)含有"stem cell"的文献(326 683 篇),检索式#16 找到 AU(作者)包含"Fan CG"且 TI(标题)包含"stem cell"字段的文献(5 篇)。如表 6-3 所示。

表 6-3　Web of Science 的高级检索(在高级检索基础上创建的检索式)

检索式	检索结果	
#16	5	#15 AND #14
#15	326, 683	TI=stem cell
#14	214	AU="Fan CG"

6.2　Elsevier 全文数据库

荷兰爱思唯尔(Elsevier)是世界著名的学术期刊和书籍的出版发行商,主要经营科学、技术和医学信息产品及出版服务,为科学家、研究人员、学生、医学以及信息处理的专业人士提供信息产品和革新性工具。该公司始创于 1880 年,现属于 Reed

Elsevier 集团，其总部设在荷兰的阿姆斯特丹。Elsevier 的网址为 www.elsevier.com/，图 6-16 为 Elsevier 主页。该公司于 2001 年成立了北京代表处，目前通过 http://china.elsevier.com/网络平台提供中文服务，对我国的科学研究工作具有重要的促进作用，图 6-17 为 Elsevier 中国主界面。

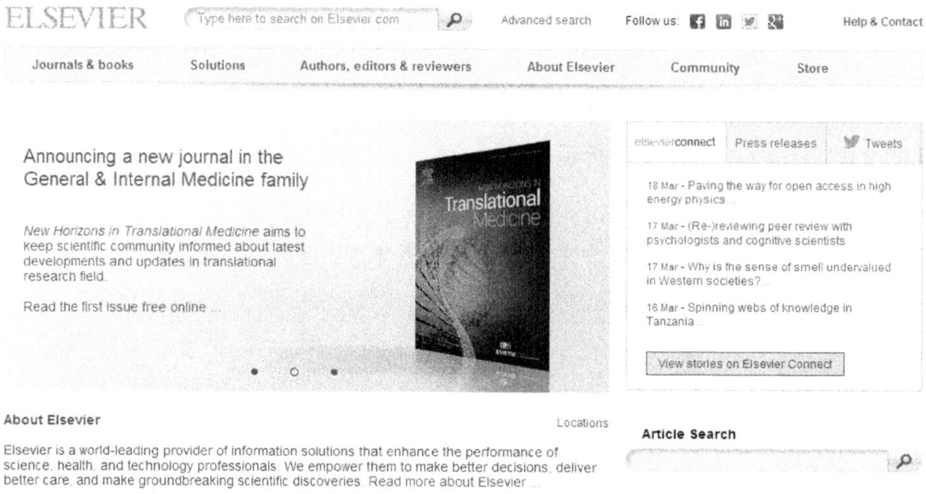

图 6-16　Elsevier 主页

图 6-17　Elsevier 中国主界面

6.2.1　Elsevier 数据库概述

Elsevier 公司出版的期刊和图书是业界公认的高质量学术出版物，每年出版超过 2500 种期刊（包括《柳叶刀》和《细胞》等世界著名期刊）和 30 000 余种图书（包括 Mosby 和 Saunders 等著名出版品牌的参考工具书），提供 1300 余万篇文献的检索服务。

Elsevier 出版的期刊大多数为同行评审的核心期刊，被许多著名的二次文献数据库所收录，其中大部分期刊被 ISI 收录。Elsevier 的期刊范围涵盖物理科学与工程学（Physical Sciences and Engineering）、生命科学（Life Sciences）、健康科学（Health Sciences）及社会科学和人文学（Social Sciences and Humanities）四大领域的数学、物理、生命科学、化学、计算机科学、临床科学、环境科学、材料科学、航空航天、工程与能源技术、地球科学、天文学、经济、商业管理、社会科学等 24 个学科（如图 6-18 所示）。目前 Elsevier 已成为全球最大的科技与医学文献的跨国出版发行商之一。

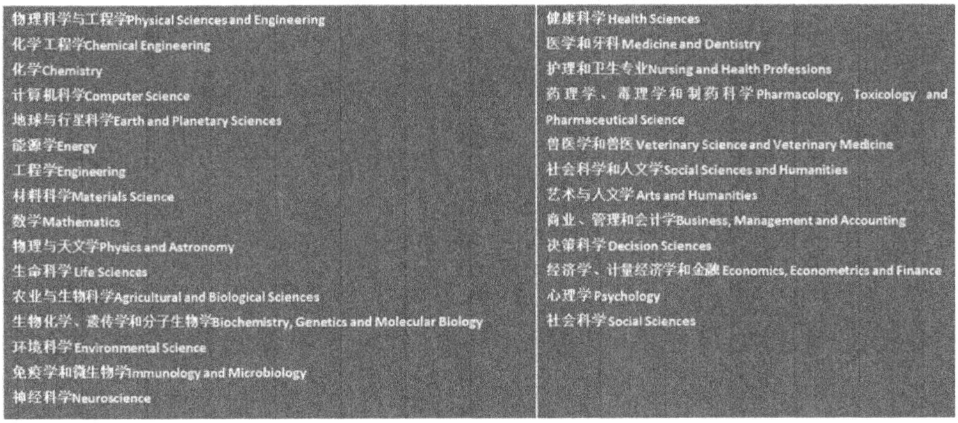

图 6-18　Elsevier 的期刊收录范围

自 1997 年以来，Elsevier 公司推出名为 ScienceDirect 的电子平台计划，将旗下 1995 年以来出版的所有期刊及图书系列转化为电子版，推出了 ScienceDirect 全文数据库。目前 ScienceDirect 已成为 Elsevier 公司的核心产品，其网址为 http://www.sciencedirect.com/。通过 ScienceDirect 全文数据库可以链接到 Elsevier 出版社丰富的电子资源,包括期刊全文、单行本电子书、参考工具书、手册以及图书系列等。需要说明的是,与其他在线数据库相似,ScienceDirect 网上浏览期刊全文(PDF格式)需要下载安装 Acrobat Reader。利用 Acrobat Reader 可以将阅览到的全文直接打印和存盘。存盘的文件仍需要用 PDF 软件浏览。

除 ScienceDirect 外,Elsevier 公司还推出了 Scopus、REAXYS、ClinicalKey、Knovel 和 Evovle 等一系列电子产品。

6.2.2 ScienceDirect 的文献浏览

通过 ScienceDirect 的网址(http://www.sciencedirect.com/)进入其网络平台的主页,即可根据需要按出版物的学科分类浏览(Browse publication by subject)或按出版物的名称浏览(Browse publication by title)。

1.按出版物的学科分类浏览

通过 ScienceDirect 网址 http://www.sciencedirect.com/进入其主页后,用户即可在浏览页面左侧导航栏的按出版物的学科分类浏览(Browse publication by subject)下方按物理科学与工程学(Physical Sciences and Engineering)、生命科学(Life Sciences)、健康科学(Health Sciences)及社会科学和人文学(Social Sciences and Humanities)四大领域、24 个学科分类逐层浏览所需的期刊(或书籍)。找到所需刊名(或书名)后点击即可逐卷、逐期(或逐章)地浏览该期刊的论文。

2.按出版物的名称浏览

在 ScienceDirect 主页浏览页面右侧导航栏的按期刊名称浏览(Browse publication by title)下方,单击 A—Z 字母列表中的字母链接,即可显示该字母开头的刊名(或书名)列表。找到所需刊名或书名后点击即可逐卷、逐期(或逐章)地浏览该期刊(或书籍)的论文(或章节)。

3.出版物的获取权限

由于 ScienceDirect 数据库十分庞大,订阅价格也较为昂贵,因此绝大多数院校和科研单位仅订购本单位所需相关专业的出版物。浏览出版物时,可根据出版物右侧的图标和提示信息了解该出版物提供的期刊名称,进入期刊的内容页面后,注意获取途径的图标信息(如表 6-4、图 6-18 所示)。

表 6-4　出版物获取权限说明

图标类型	可以开放获取
全为黄色图标	免费开放的全文获取
半绿半黄图标	用户所在机构购买了该出版物的部分卷期的全文 另有部分卷期为免费开放获取
全为绿色图标	用户所在机构购买了该出版物的全部卷期的全文
全为灰色图标	该出版物仅提供论文摘要服务，不能获取全文

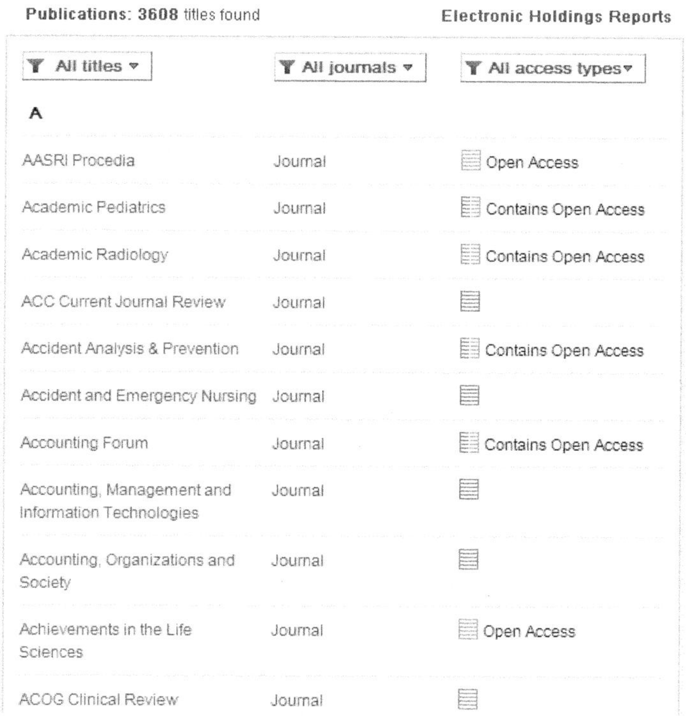

图 6-19　Elsevier 的文献获取权限

6.2.3　ScienceDirect 的检索指南

1.普通检索

ScienceDirect 主页页面上方即为普通检索框，可在作者姓名(Author name)、期刊名或书名(Journal or book title)、卷(Volume)、期(Issue)和页码(Page)等对应的

栏目中输入相关检索信息，然后点击右侧查找图标或按回车键即可执行快速检索。例如，在字段处输入“stem cell”点击搜索即可获得如图 6-20 所示检索结果。研究者还可在结果左侧的“Refine filters(定义筛选条件)”处进一步对文献的年代(Year)、出版物名称(Publication title)、主题(Topic)和内容类型(Content type)等进行限定，也可选择文献导出格式(Export)、文献排列顺序(Relevance)和获取文献的类型(All access types)进行设定。

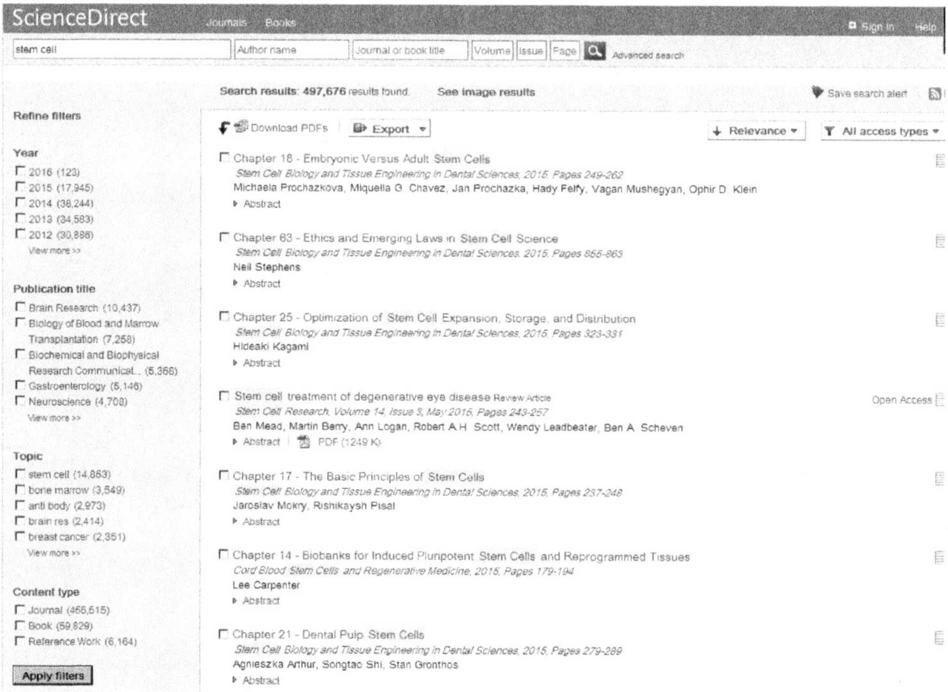

图 6-20 Elsevier 的普通检索

2.高级检索

单击主页页面上方普通检索(查找图标)右侧的高级检索(Advanced search)链接，进入高级检索界面，如图 6-21 所示。高级检索界面分为两个部分，即资源类型限定区和检索策略限定区。资源类型分为“All”“Journals”“Books”“Images”四个资源类型。研究者可在“Search for”处输入待检索内容，并选择“All Fields(所有字段)”“Abstract, Title, Keywords(摘要、题目、关键词)”“Authors(作者)”“Specific

Author(特定作者)”“Source Title(文献来源的出版物名称)”“Title(题目)”“Keywords(关键词)”“Abstract(摘要)”“ISSN(国际标准连续出版物号)”“ISBN(国际标准书号)”“Affiliation(机构)”和“Full Text(全文)”等限定条件。随后可输入第二个检索字段并进行相应设定。需要指出的是,高级检索系统默认各检索字段间为“AND(与)”的关系,如需更改可根据情况所需改为 OR(或)、NOT(非)等布尔逻辑算符来限定检索词之间的关系。在检索词尾部加截字符“ * ”,表示检索同输入词起始部分一致的词。

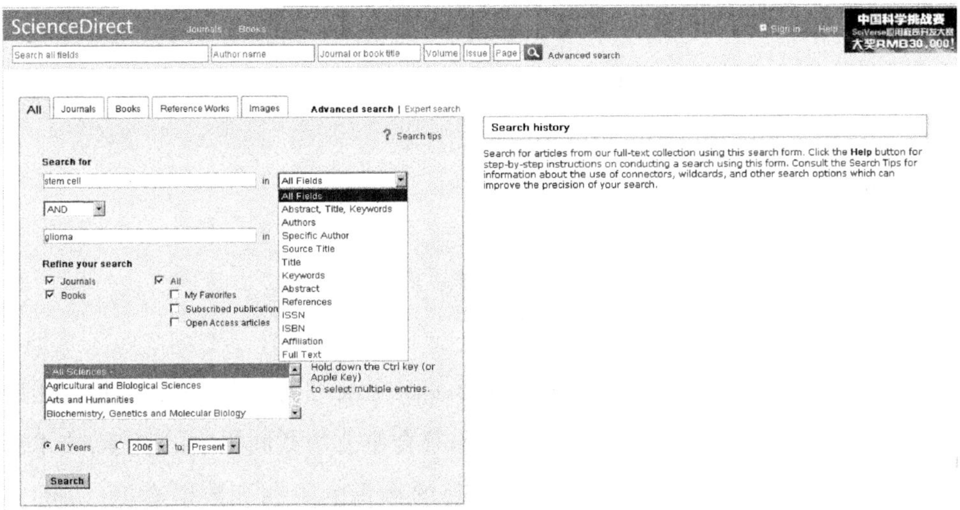

图 6-21　Elsevier 的高级检索

3.专业检索

如高级检索仍不能满足需要,拟进行更专业的检索时,在高级检索的界面点击右边的“Expert search(专业检索)”进入专业检索界面,如图 6-22 所示。

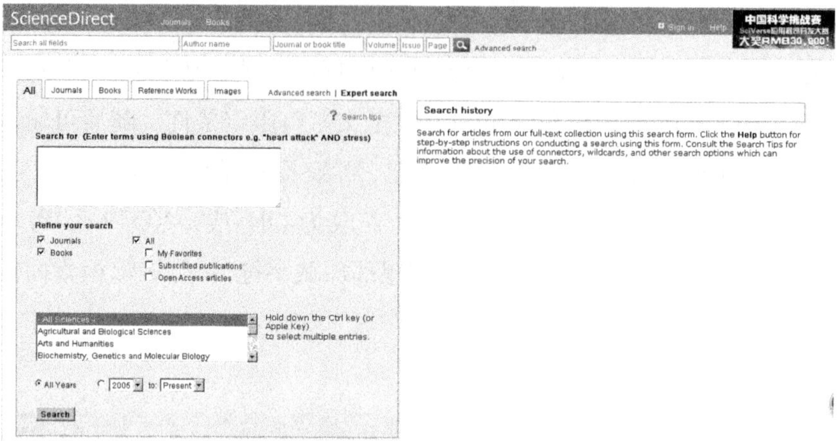

图 6-22　Elsevier 的专业检索

6.3　Springer 全文数据库

6.3.1　Springer 全文数据库简介

德国 Springer-Verlag，简写为 Springer，即施普林格，是国际著名的科技出版集团，Springer Link 数据库是 Springer 公司与其合作公司共同推出的科学、技术和医学（Science，technology，and medicine，STM）的重要电子期刊数据库，可访问 2600 余种期刊，其中全文期刊数量为 1300 余种，全文年限回溯至 1995 年。

2005 年 Springer 与荷兰著名学术出版公司 Kluwer 学术出版社合并，通过 Springer Link 可以访问 Kluwer 数据库。Springer Link 数据库的网址为 http://link.springer.com/，其内容涵盖建筑与设计（Architecture & Design）、天文学（Astronomy）、生物医学（Biomedical Sciences）、工商管理（Business & Management）、化学（Chemistry）、计算机科学（Computer Science）、地球科学和地理（Earth Sciences & Geography）、经济（Economics）、教育和语言（Education & Language）、能源（Energy）、工程（Engineering）、环境科学（Environmental Sciences）、食品科学与营养学（Food Science & Nutrition）、法律（Law）、生命科学（Life Sciences）、材料（Materials）、数学（Mathematics）、医学（Medicine）、哲学（Philosophy）、物理学（Physics）、心理学（Psychology）、公共卫生（Public Health）、社会科学（Social Sciences)和统计学(Statistics)共 24 个学科门类。

6.3.2　Springer 的文献浏览

最新改版的 Springer 主页面提供按出版物的学科分类浏览(Browse by discipline)模式，研究者可根据自己感兴趣的学科和亚专业范围，逐层点开 24 个学科中的杂志目录树，选择拟浏览期刊的刊名，依次可以看到数据库收录该刊的年、卷、期，以及某卷期的文章目录及全文。在浏览学科的下方，还可选择文章(Articles)、章节(Chapters)、参考文献条目(Reference Work Entries)和实验方案(Protocols)等类型的浏览方式，如图 6-23 所示。

图 6-23　Springer 的文献浏览主页

6.3.3 Springer 的检索方式

1.普通检索

在 Springer 主页面(如图 6-23 所示)上端提供了检索方式,默认为基本检索。在"Search"的文字输入框内输入关键词,点击右侧的查找图标即可开始基本检索。此处输入的关键词既可以是一个单词,也可以是多个单词。关键词之间可以输入逻辑运算符,不输入时默认为 AND。

以"stem cell"为例,如在两个单词之间不输入逻辑运算符则自动默认为"stem" AND"cell",其检索结果如图 6-24 所示。此时可进一步对检索结果进行限定。如是

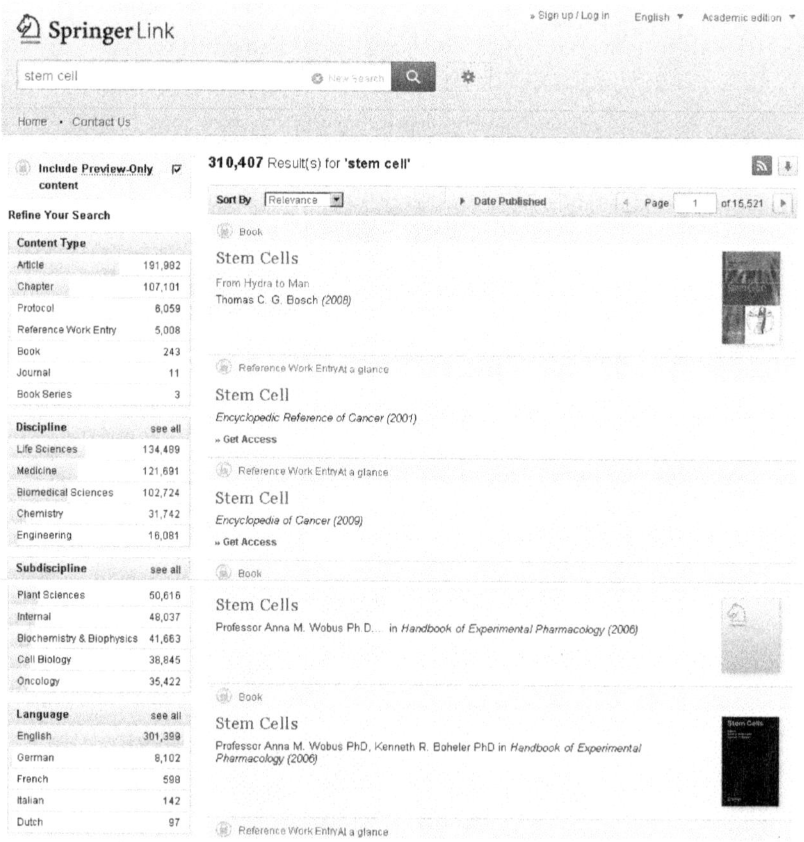

图 6-24 Springer 数据库的普通检索

否要求仅检索同行评议的内容（Include Preview-Only content），对内容的类型(Content Type)、学科(Discipline)、亚学科(Subdiscipline)、语言类型(Language)和发表时间(Date Published)等信息进一步加以限定。此外，默认的检索结果排序为按照相关性(Relevance)排序，可根据需要改为按时间先后顺序(Newest First 或 Oldest First)排序。

2.高级检索

在 Springer 主页面点击基本检索右侧的齿轮状按钮即可进入高级检索(Advanced Search)模式，如图 6-25 所示。在“with all of the words”的文字输入框内输

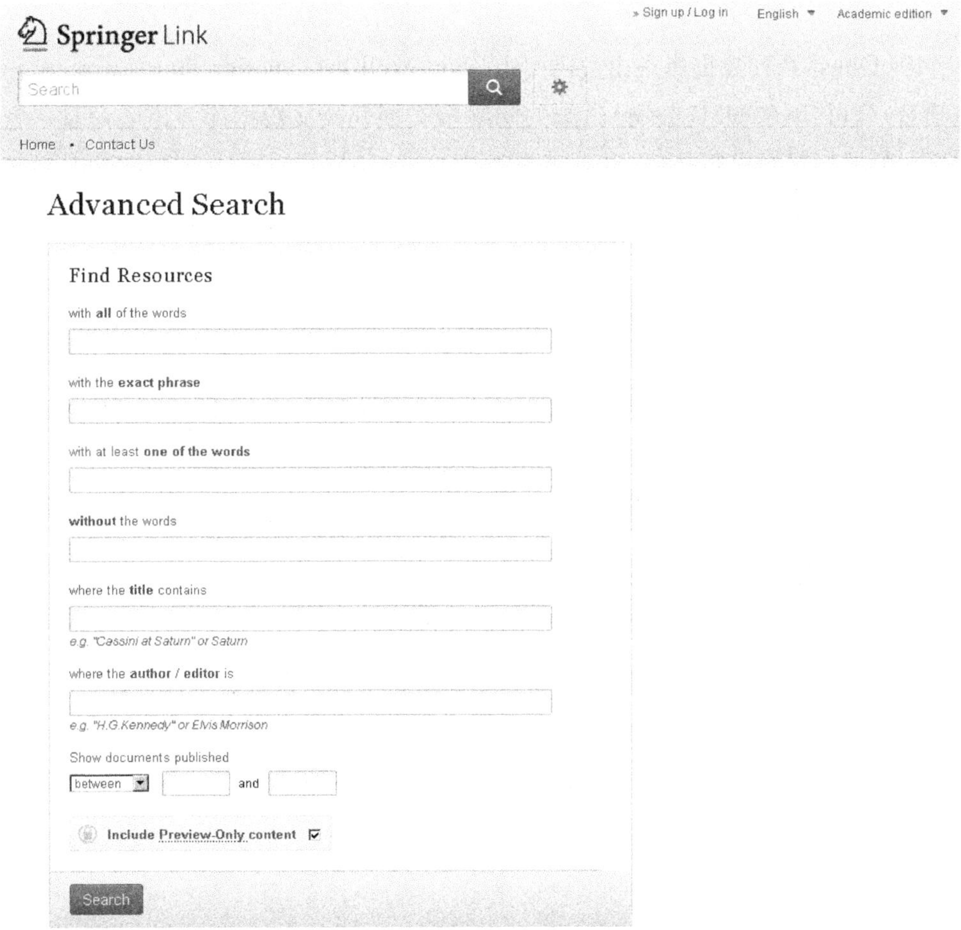

图 6-25　Springer 数据库的高级检索界面

入拟检索的关键词；在“with the exact phrase ”的文字输入框内输入拟检索的固定短语；在“without the words ”的文字输入框内输入拟排除含有某词汇的文献；在“where the title contains ”的文字输入框内输入标题里需包含的词汇；在“where the author/editor is”的文字输入框内输入作者或编辑的名字。此外，还可限制文献发表时间范围，以及是否仅检索同行评议的内容(Include Preview-Only content)。

6.4 ProQuest 系列数据库

6.4.1 ProQuest 数据库简介

ProQuest 系列数据库是由美国 Bell & Howell Information and Learning(信息与学习)公司(原名 UMI 公司)出版的网络全文期刊论文数据库。该公司是一家历史悠久的跨国科学出版公司，是世界享有盛誉的学术出版商，出版的期刊是世界公认的高品位学术期刊，且大多数为核心期刊，被世界上许多著名的二次文献数据库所收录。

ProQuest 数据库平台地址为 http://www.proquest.com/，主页如图 6-26 所示。该平台目前提供 81 个文献数据库的文摘题录信息和部分全文检索功能，学科范围包括商业经济、人文社会、医药学、生命科学、水科学与海洋学、环境科学、土木工程、计算机科学、材料科学等广泛领域，文献类型包含学位论文、期刊、报纸等多种类型，尤其值得一提的是该数据库中著名的商业信息数据库(Abstracts of Business Information，ABI)、全球最大的博硕士学位论文数据库(ProQuest Dissertations and Theses，PQDT)和原剑桥科学文摘(Cambridge Scientific Abstracts，CSA)等专业数据库。此外，ProQuest 新平台新增的系列深度索引数据库(Deep Indexing)，能够对 2000 多种期刊文献中包含的近 200 万个图表、图像、图形等信息进行深度标引，这为研究人员迅速检索和及时发现有用信息提供了极大便利。

图 6-26　ProQuest 的主页

具体而言,ProQuest 平台的核心数据库主要有以下五个:

1.ProQuest 学术期刊数据库

ProQuest 学术期刊数据库(ProQuest Research Library,PRL)也称学术研究图书馆(Academic Research Library,ARL),收录范围为 1971 年至今的 6000 多种综合性期刊和报纸,其中 4000 余种是全文期刊,1000余种含影响因子。该库涵盖的学科范围包括商业与经济、教育、保护服务/公共管理、社会科学与历史、计算机、科学、工程/工程技术、传播学、法律、军事、文化、医学、卫生健康及其相关科学、生物科学/生命科学、艺术、视觉与表演艺术、心理学、宗教与神学、哲学、社会学及妇女研究等 150 多个领域。

2.ProQuest 科学期刊数据库

ProQuest 科学期刊数据库(ProQuest Science Journals,PSJ)主要提供科学领域基础与应用方面的各类研究信息,收录范围为 1971 至今,内容覆盖了来自 450 多家出版机构的地质学、地球科学、矿物学、环境研究、生物学、大气科学、化学、工程、海洋技术、机械工程、电气工程、物理学、材料研究、通信、计算机和运输等 100 多个学科范围的 1600 余种科技期刊,其中 1300 余种为全文刊,700 多种含有影响因子。

3.典藏学术期刊全文数据库

典藏学术期刊全文数据库(Periodicals Archive Online,PAO)收录范围为 1802—2000 年间的 400 多种人文社科类权威期刊的过刊全文。

4.商业信息数据库

商业信息数据库(Abstracts of Business Information,ABI)为 ProQuest 的重要

特色之一，是最早的商业期刊集成数据库，提供商业各学科的重要内容，是商业学术理论与实践领域的顶级资源。该库收录范围囊括了英国剑桥大学出版社、美国道琼斯公司、英国爱墨瑞得出版集团、英国金融时报有限公司、美国华尔街日报、美国麻省理工斯隆管理评论协会、英国经济学家杂志、美国巴伦周刊等全球著名商业期刊和出版社的出版物，内容覆盖了商业、金融、经济和管理等领域的7000余种学术期刊、报纸和公司信息等，其中6000余种可访问全文。此外，该库还涵盖部分经济合作与发展组织(Organization for Economic Co-operation and Development，OECD)报告。

5.国外博硕士论文数据库

ProQuest公司是世界上最早、最大和最权威的博硕士论文收藏和供应商，是美国国会图书馆认定的博硕士论文官方存储，也是加拿大国家图书馆的合作出版商。该公司的学位论文数据库(ProQuest Dissertations&Theses，PQDT)主要收录欧美1000余所高校文、理、工、农、医等领域的400多万篇的优秀博硕士论文的文摘和索引以及200多万篇国外高校博硕士论文的全文，其论文数量每年增加数万篇，是学术研究中十分重要的信息资源。

为了能让国内读者更方便、更快捷地使用学位论文，国内若干图书馆和文献收藏单位每年联合购买一定数量的ProQuest学位论文全文，提供网络共享，即凡参加联合订购成员馆均可共享整个集团订购的全部学位论文资源。目前“ProQuest学位论文全文中国集团”在国内建立了CALIS本地镜像站和上海交通大学镜像站，可登录任一网站检索、阅览和下载全文(PDF格式)。

6.4.2 数据库检索指南

该库提供三种检索方法(Search Methods)：基本检索(Basic Search)、高级检索(Advanced Search)、出版物检索(Publication Search)。现以健康与医学全文数据库的中文界面为例说明该库的检索方法。

1.基本检索

输入数据库地址 http://search.proquest.com/，进入如图6-27所示的ProQuest的检索主界面。在检索学科领域处选择“健康与医学”进入如图6-28所示的健康与医学检索主界面。

图 6-27 ProQuest 的检索主界面

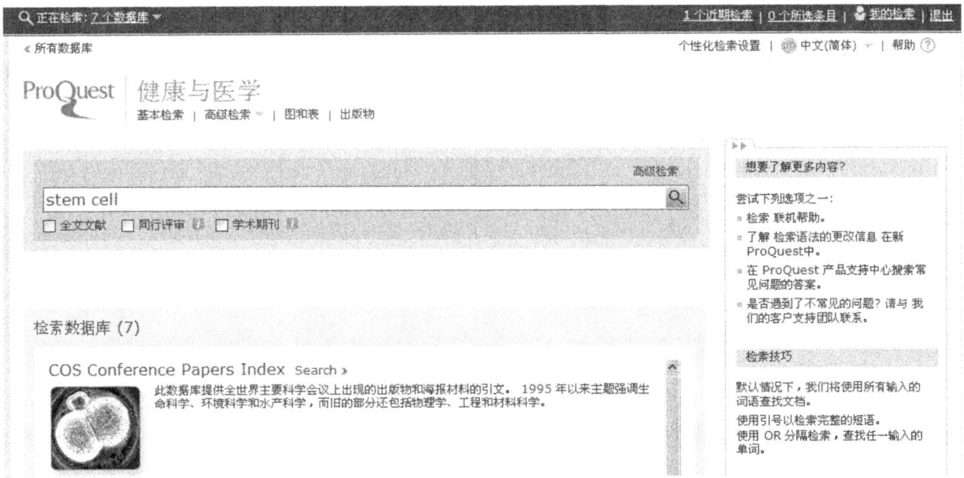

图 6-28 ProQuest 的健康与医学检索主界面

主界面默认的检索方式为基本检索。在检索框内直接输入检索词(可以是一个单词或多个单词或短语)，点击右侧的查找图标即可执行检索功能。需要注意的是，系统默认不区分大小写；默认情况下 2 个单词(如 stem cell)的查询被视为一个正确的短语进行检索，而 3 个单词的查询(如 glioma stem cell)将检索这些单词彼此接近但顺序不限的短语。如需精确检索包含 3 个或 3 个以上单词的短语要加双引号，如“glioma stem cell”。

例如：cell 是检索所有包括这个单字在内的文章；stem cell 是所有包括这个词在内的文章，组成词的两个单字不分开检索；glioma stem cell 检索结果为包含 glioma 和 stem 和 cell 在内的文章；stem cell AND glioma 检索结果为包括 stem cell 和 glioma 在内的文章；“glioma stem cell”是将其作为一个整体进行检索，检索结果为包含这个词组的文章。此外，在检索框内除了输入单词或词组外，还可使用布尔逻辑算符、位置算符来输入表达式检索。

在检索框下面还可通过复选框限定是否为全文文献、同行评审、学术期刊等，亦可通过资料库范围、出版时间、检索结果范围、刊名、作者、检索字段、文献类型、出版物类型(学术期刊、杂志、商业出版物、报纸、介绍信/报告)、结果排序方式等缩小检索范围。

此外，基本检索提供了相关检索功能，提供与研究者输入内容相关的检索词供研究者选择，如图 6-29 所示。如果研究者拟通过进一步检索缩小结果范围，还可在基本检索结果页的底部输入检索词，在结果范围内进行二次检索，如图 6-30 所示。例如，基本检索先输入“stem cell”，在二次检索时输入“glioma”可进一步将检索结果缩小到含有“stem cell AND glioma”的范围。

图 6-29 ProQuest 的基本检索结果显示

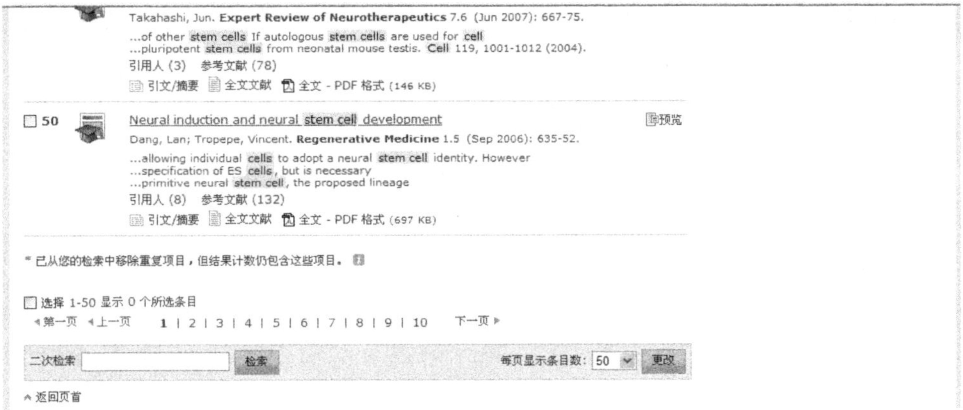

图 6-30　ProQuest 的基本检索中的二次检索

基本检索界面还提供了查找相关图表的深度检索功能，输入检索词即可获得直观的图表信息，还可根据所需按图表类型（Figure、Table、Photograph、Illustration 和 Graph）进一步缩小检索范围，也可按相关性或发表顺序对检索结果进行排序。如图 6-31 所示。

图 6-31　ProQuest 的基本检索的查找相关图表

2.高级检索

在图 6-28 所示的健康与医学检索主界面上方点击高级检索按钮进入如图 6-32

所示的高级检索界面。该界面提供了多个检索框和字段的下拉式菜单供选择，使用更为方便。高级检索默认提供 3 个检索框，用户可根据需求添加或删除检索框，亦可更改不同检索框之间的逻辑运算符以及检索式的检索范围。

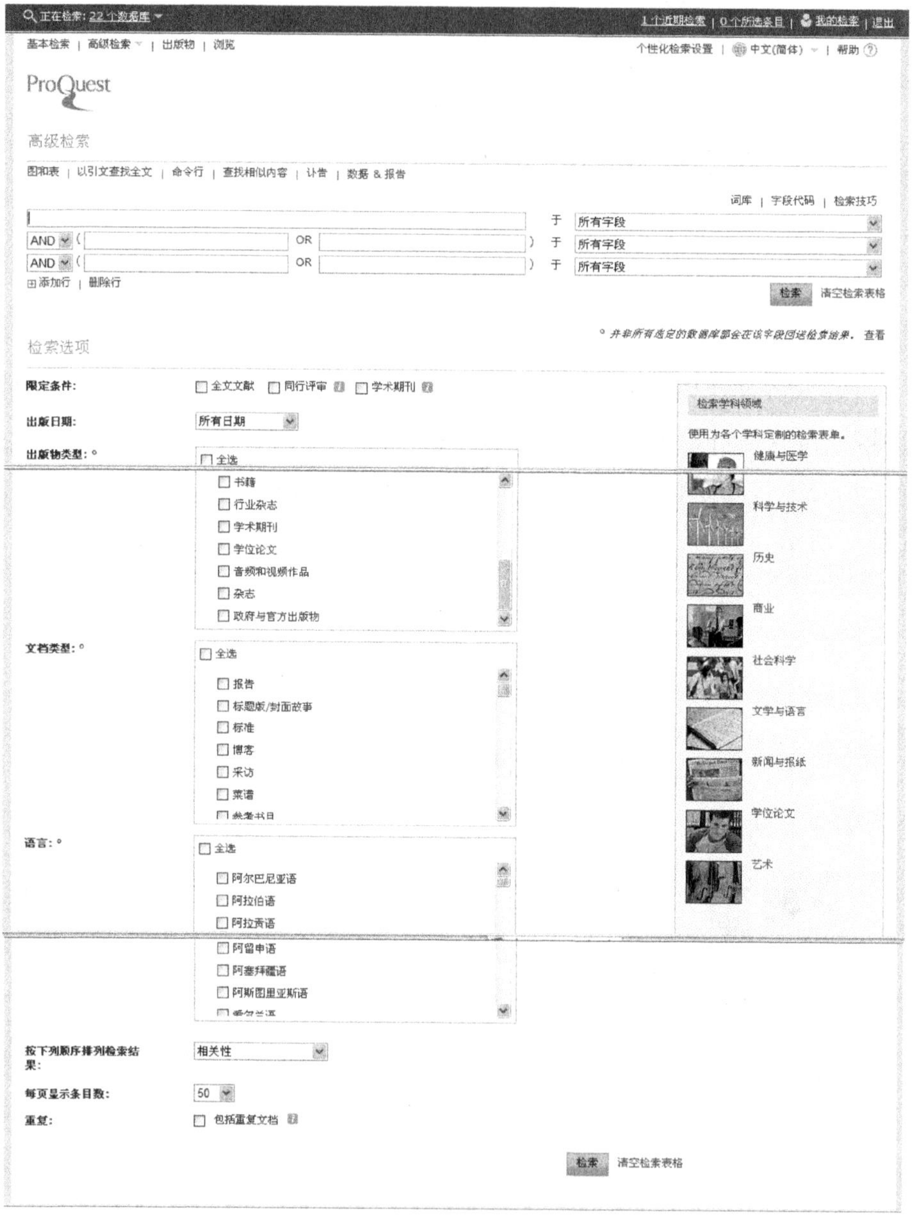

图 6-32 ProQuest 的高级检索界面

用户在检索框内输入一个单词或短语作为检索词，在右侧的下拉菜单中选择一个检索字段，在下方的下拉菜单中选择一个运算符。重复上述步骤以增加检索词。可点击“添加一行”以增加检索条件，最多允许 7 行输入框。

在检索选项部分，可选择各种限定条件。例如，限定为全文文献、同行评审或学术期刊、出版时间、出版物类型、文档类型、语言、检索结果的排序方式、每页显示条目数及是否包含重复文档等条件。

3.出版物检索

在图 6-28 所示的健康与医学检索主界面上方点击出版物按钮进入如图 6-33 所示的出版物检索界面。在检索框内可输入出版物的全称、部分内容或使用截词符检索某一种特定出版物，包括对某一特定卷期内容的检索。此外，还可通过限定出版物类型（学术期刊或行业杂志）、出版物主题、语言、出版商和数据库等信息缩窄出版物列表。在此检索模式下需要注意如下检索技巧：

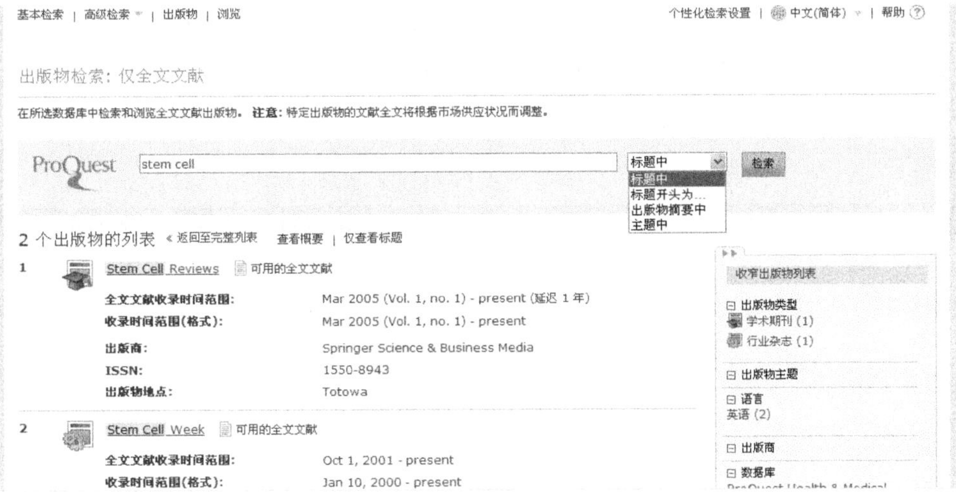

图 6-33　ProQuest 的出版物检索界面

（1）使用“引号”检索正确匹配的标题。如果检索 stem cells，将找到标题名称中含有 stem cells 的所有出版物；如果检索“stem cells”，则只查找标题名称为 stem cells 的出版物。

（2）AND 视作一个单词进行检索，因此不要输入 AND。如果检索 stem AND

cell，将查找包含所有这 3 个单词的标题。

(3)出版物检索中唯一起作用的布尔运算符为“OR”。如：检索 academy OR journal 将查找包含“academy”和“journal”中的任何一个或这两个单词都包括在内的出版物名称。

(4)检索词不区分大小写。检索 new york times 得到的检索结果与检索 New York Times 相同。

(5)如果不知道出版物的完整标题，在输入框中键入知道的部分，此时会出现一个匹配部分标题的列表。浏览列表以获取所需的标题，单击标题名称以查看可用的卷期。

6.4.3 数据库浏览

在图 6-28 所示的健康与医学检索主界面上方点击出版物按钮进入如图 6-34 所示的出版物浏览界面，根据感兴趣的话题逐级展开目录树，选择相关杂志进行浏览。值得一提的是，学位论文是 ProQuest 数据库的一大特色。点击学位论文按钮进行学位论文浏览，可任选按主题浏览(如图 6-35 所示)或按地点浏览(如图 6-36 所示)的两种模式之一浏览学位论文。

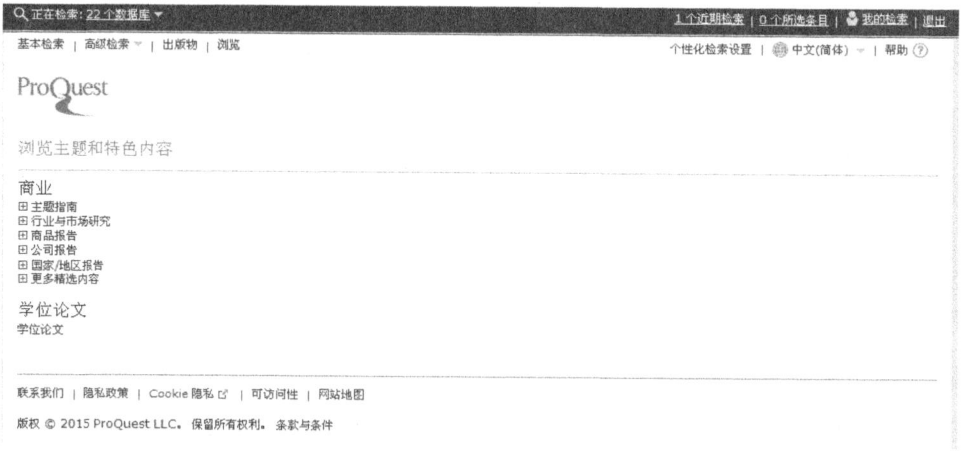

图 6-34 ProQuest 的浏览

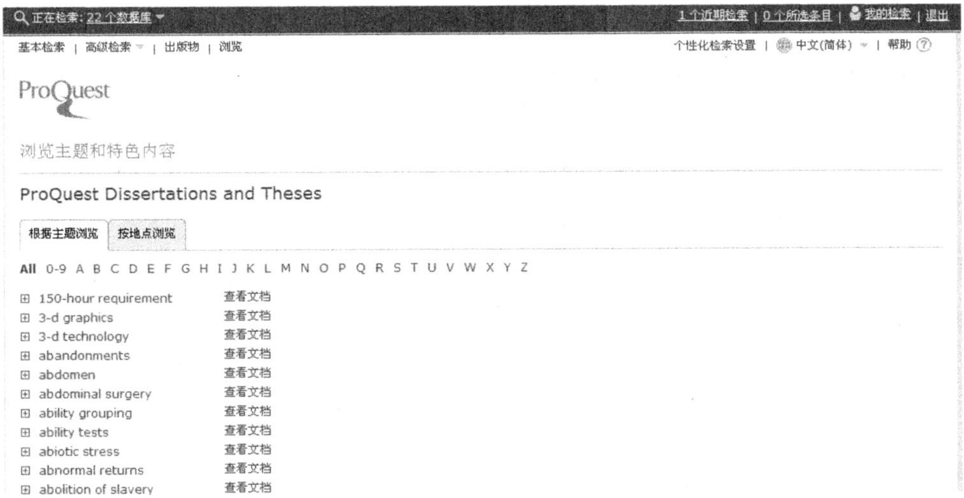

图 6-35　ProQuest 按主题浏览学位论文

图 6-36　ProQuest 按地点浏览学位论文

本章思考题：

1.利用 Springer 数据库查找中草药(Chinese herbal medicine)、抗乙肝病毒(hepatitis b virus，HBV)方面的文章。

2.利用 Elsvier 查找：

(1)使用快速检索,检索到2010年以来图书情报学专业的论文,列举其中3篇。

(2)采用高级检索方式进行精确检索,检索有关信息资源管理的论文,共检索到文献多少篇?列举其中密切相关文献3篇。

(3)通过浏览(Browse)方式,查找图书馆学情报学专业的外文期刊有哪些?

(4)检索"人力资源管理(human resource management)"方面的文献,要求利用截词检索技术,检索出management的各种形式,如manage、managing、management等,写出检中论文的篇数,并写出第一篇论文的基本信息(作者、篇名、出处)。

3.利用Web of Science检索关键词为"多机器人"与"智能控制"方面的文章。

英文关键词参考:multi-robots,multiple robots,multi-robotic system;intelligent control,intelligence,controller。

基于上题的检索结果,利用"analyze"的功能进行分析,指出:

(1)哪几个(前3)国家或地区发表的相关文献较多?

(2)哪位作者发表的相关文献最多,其H指数是多少?

(3)哪几种(前3)期刊发表的相关文献最多,其2015年的影响因子分别是多少?

第7章　搜索引擎检索系统

7.1　搜索引擎的含义与工作原理

互联网经过多年的发展、巨变、跨越与创新，已经深刻地改变了我国社会运行的组织模式。海量信息导致信息焦虑不断加剧，科学、快速的搜索成为必要，搜索引擎的出现、变革，成为缓解焦虑的有效工具。据中国互联网网络信息中心（CNNIC）统计，截止到2014年6月，我国搜索引擎用户达到5.07亿，使用率为80.3%，用户规模较2013年12月增长1783万人，增长率为3.6%。与此同时，手机搜索用户数达4.06亿，使用率达到77.0%，用户规模较2013年12月增长4080万人，增长率为11.2%。随着手机搜索用户的迅速增长，手机搜索已经超过手机新闻，成为除手机即时通信以外的第二大手机应用。由此可见，搜索引擎，成为除E-mail之外使用最多的互联网应用之一，成为互联网进行信息获取的一种重要工具。

7.1.1　搜索引擎的含义

1990年麦吉尔大学开发了Archie软件，搜索引擎雏形形成。基于语义识别技术的应用，使搜索引擎发生了巨大的变化。搜索引擎的出现改变了以信息导航与发现的检索模式。它从用户需求描述出发，通过互联网系统的协助检索到相关内容。目前关于搜索引擎涉及的思路、课题及技术都很多，这也导致了其概念的不统一性。

一般认为搜索引擎是一系列技术组成的软件系统，是一种在线查找工具。比如以下对搜索引擎的界定：

第一类观点，搜索引擎是利用网络自动搜索技术，对因特网各种资源进行标引，并为检索者提供检索的工具。

第二观点，搜索引擎指对WWW站点资源和其他网络资源进行标引和检索的一类检索系统机制，例如Yahoo!、Alta Vista、Infoseek、Excite和Sohu。

一部分人认为搜索引擎是查找网站的工具，他们认为：搜索引擎是 Internet 上的一个网站，它的主要任务是在 Internet 上主动搜索接触 b 服务器信息并将其自动索引，其索引内容存储于可供查询的大型数据库中，当用户输入关键字(Keyword)查询时，该网站会告诉用户包含该关键字信息的所有网址，并提供通向该网站的链接。

还有人认为广义的搜索引擎能够与用户进行信息沟通，是一个交互平台。

由此可见，广义的搜索引擎是一种基于技术的互动型查找机制。它是稳定的、互动的、系统的、自主完整的以及开放的。狭义的搜索引擎是因特网上的一种信息检索工具，从传统的信息检索系统发展而来，即是一种 Web 上应用的软件系统，它以一定的策略在 Web 上搜集和发现信息，在对信息进行处理和组织后，为用户提供 Web 信息查询服务。从使用者角度看，这种软件系统提供一个网页界面，让它通过浏览器提交一个词语或者短语，然后很快返回一个可能和用户输入的内容相关的信息列表。列表中的条目代表网页或是网站。

7.1.2 搜索引擎的构成

搜索引擎作为一个综合检索平台，一般是由信息搜集模块、建立索引模块、检索模块和交互模块四部分组成。

1.信息搜集模块

信息搜索模块，指的是能快速、不间断执行搜集信息任务的软件系统。它漫游在互联网的各条信息之中，能尽可能快地抓取尽可能多的各类信息，并实现定期更新数据的功能，保证链接的有效性。此模块的运行模式有两种：一种是从 URL 集合开始，分别从宽度、深度等优先方式循环获取互联网信息，具有灵活性、专指性和新颖性的特点；另一种按照域名、IP 地址或是国别域名进行模块性的不断搜寻模式。

信息搜集模块搜集的信息类型多种多样，包括网页文件(如 HTML、JSP、XML 等格式)、文字处理文档(如 WORD、EXCEL、PDF 等格式)、音乐文件(如 MP3、WMA、MOD 等格式)、图片文件(如 JPEG、RAW、BMP 等格式)以及视频文件(如 RM、RMVB、FLV 等格式)等。搜集回的文档对应到相应的模块，按照系统要求进行自动归类。

2.建立索引模块

建立索引模块是分析器与索引器的集合。它对搜索回的信息进行词、过滤和转换等分析，从中抽取出索引项，建立成本平台的全文索引表，并把其放入索引数据库。

索引项包括客观索引项和内容索引项。客观索引项与文档内容无关，主要从著者名称、URL、更新时间等着手，提取出客观存在的特征信息。而内容索引，则是从文档的内容着手，通过关键词及其权重、短语等反映文章语意。此模块的性能直接影响到搜索引擎的有效性。

3.检索模块

检索模块主要是根据用户的信息需求描述检索出索引库中的相关文档，评价索引库中的文档与用户需求，并对输出结果按照相关性进行排序，同时体现出与用户的相关反馈。检索模块常用的检索模型有集合理论模型、代数模型、概率模型及混合模型。

4.交互模块

交互模块是搜索引擎的直观表现形式。用户通过交互模块实现信息需求的检索，通过修改检索式来实现检索结果的调整。搜索引擎界面一般分为简单检索界面和高级检索界面。其主要目的就是通过人性化设计，多方式、高效地得到有效、及时的信息。

7.1.3　搜索引擎的特点

1.互动性

互联网的重要理念就是分享，通过信息分享最大限度地发掘网址的潜力，让大家的优势在平台上展现出来，找到自己需要的信息，同时也帮助有需要的人。搜索引擎秉承了此特点，建立了一个互动式的平台，结合自己已有的专业数据库整合成一个综合性的数据库，从不同程度提供检索信息，满足不同人群的不同需求。

2.人性化

各类用户对信息的需求类型不同，各个搜索引擎的界面友好程度直接影响到它的使用，因此将复杂检索简单化成为必要手段。这种人性化的搜索引擎可以实现自然语言检索，同时降低对用户的专业检索能力的要求，实现精确查找。

3.专业性

搜索引擎的建设,必须首先具有明确的目的和目标群体。随着用户要求的专业化,结合当前搜索引擎,快速找到专门、系列、全面的知识成为首选。在不断的实践中,各个搜索引擎不仅侧重全面性,并开始向专深方面发展,模块化自己的搜索平台,给予用户不同的检索途径。

4.开放性

搜索引擎具有广泛的开放性。首先,用户参与的广泛性。只要是合法的注册用户都可以参加咨询活动,提出问题或是回答问题合乎法律法规,对于用户的身份不进行限制,因此全世界的网友都可以参与。其次,参与的过程向大众公开,所有问题及其答案都公开透明地展现在用户面前,不仅提问者可以解决问题获取知识,其他用户也可以分享知识。最后,用户提出问题的范围广泛,涉及各学科领域,无论是学术性问题,还是生活问题,都可以进行提问并得到解答。

5.智能化

搜索引擎以海量的知识库信息为基础向用户提供信息服务。对于用户回答过程所积累的大量知识进行沉淀,自动分类组织关联,编辑成一个较完整的知识体系。每个问题都归属于某一特定的类,每个类目下包含数目不等的问题,相近的类之间进行关联。在用户进行查询时,依据先进的自然语言分词技术,将问题和答案进行匹配,提供较精确的答案。

6.个性化

搜索引擎提供信息过滤、个性化信息服务定制等比较有特色的服务,让用户根据需求对具体所需的或是喜欢的搜索引擎界面、资源集合、检索利用服务过程与反馈等进行定制。

有的搜索引擎提供网页快照,由此可以查到已编入索引但由于网页被删除或是其他原因无法通过原站点连接访问的页面;如果搜索结果是 PDF 或是 WORD 文档,搜索引擎还可以将其转化为 HTML 格式显示等。

搜索引擎除了提供网络信息搜寻服务以外,还可以提供股票、天气、航班、电视等常用搜索以及地图、词典、图片的搜索等。

7.1.4 搜索引擎的工作原理

搜索引擎,就是通过运行一个不断在网络上通过域名扫描和各种链接的软件,自动获得大量站点页面的信息，并按照一定规则归类整理，从而形成数据库，用来提供查询的站点。搜索引擎使用的软件一般叫作“Spider”“Robot”“Harvest”等，中文名字为“搜索机器人”。简而言之。搜索引擎是指利用一定的策略收集互联网上的信息，在对信息组织和处理后，为使用者提供检索服务的系统。作为一种在互联网上查找信息的工具，相对于传统的信息检索，搜索引擎同时也是用来对网络信息资源进行检索的一系列软件。它既可以将各站点按主题内容组织成等级结构，用户可以按照该目录逐层深入，直至找到信息；也可以让用户在他们的程序界面中输入需检索的关键词，由搜索引擎在自己的数据库中找出与该关键词匹配的 URL，并将检索结果按照一定规则显示，用户再根据需求选择访问相关站点。

搜索引擎的工作原理如下：

1.抓取网页

每个独立的搜索引擎都有自己的网页抓取程序（Spider），并定期搜索（如 Google 一般是 28 天）。Spider 顺着网页中的超链接，连续抓取网页。由于互联网中超链接的应用很普遍，理论上，从一定范围的网页出发，就能搜取到绝大多数的网页。

2.处理网页，建立索引库

搜索引擎抓到网页后，需要做大量的预处理工作，才能提供检索服务。其中，最重要的就是提取关键字，建立索引文件。其他还包括去除重复网页、分析超链接、计算机网页的重要度。

3.提供检索服务

用户输入关键词进行检索，搜索引擎从索引数据库中找到匹配该关键词的网页；为了用户便于判断，除了网页标题和 URL 外，还会提供一段来自网页的摘要以及其他信息。

与全文搜索引擎不同，目录索引的整个工作过程虽然也分为收集信息、分析信息、查询信息三部分，但目录索引的收集、分析信息两部分主要依靠人工完成。目录索引一般都有专门的编辑人员，负责收集网站的信息（目前网站的信息更多的是由站点管理者递交自己的网站信息）、审核网站的信息、决定是否收录该站点。如果通过审核，目录索引的编辑人员将进一步分析站点内容，将站点放在相应的类别和目录中。所有这些收录的站点被存放在一个“索引数据库”中。用户在查询信息时，可以选择按照关键词搜索也可按分类目录逐层查找。目录索引的关键词查询只能在网站的名称、网址和简介等内容中进行，它的查询结果也只是被收录网站首页的URL 地址，而不是具体的页面。目录索引就像电话号码簿一样，按照各个网站的性质，将网址分门别类排在一起，用户不使用关键词也可进行查询，只要找到相关的目录，就可以按照标题字母的先后顺序或是收录时间顺序找到相关网站。目前，全文搜索引擎和目录索引有相互融合渗透的趋势。原来一些纯粹的全文搜索引擎也提供目录搜索，如 Google 借用 Open Directory 目录提供分类查询，而像 YaHoo! 等著名的目录索引则通过与 Google 等搜索引擎的合作扩大了搜索范围。

7.1.5 搜索引擎的类型

按照不同的划分标准，搜索引擎可以划分成不同的类型。

1.按照内容的组织方式划分

搜索引擎按照内容的组织方式可分为目录式搜索引擎和机器人搜索引擎。

(1)目录式搜索引擎

目录式搜索引擎是以人工或计算机辅助方式搜索信息。这类搜索引擎由网站编辑人员先访问某个站点，收集并加工 Web 文档，然后根据文档内容进行归类。经过上述过程，所处理的信息资源按照主题分类并以树状形式(层次结构)进行组织，从树的根节点向下逐层列出，从一般到特殊的分类和各级子类，而叶节点则包含指向 Web 信息资源的链接。目录界面一般采用层次结构，用户从基本的大类入口逐级向下浏览，直至找到相关内容；也可以利用目录提供的搜索功能直接查找关键词。目录式搜索引擎因为人的参与，所以信息查询较为精确，导航质量高。缺点是需要人工介入、维护量大、信息量较少、信息更新不及时，而且目录中包含太多的分类链接时，目录本身也不便浏览。因此，这类搜索引擎又引入机器人搜索引擎。

目录索引中最具代表性的著名的 YaHoo!(包含中文雅虎)，另外还有 ODP(Open Directory Project，仅次于 YaHoo! 的人工操作目录式搜索引擎)、搜狐、新浪等。

(2)机器人搜索引擎

机器人搜索引擎是常见的 Web 信息检索系统，有一个称为蜘蛛(Spider)的机器人程序以某种策略自动地在互联网中搜集和发现信息，再由索引模块为搜集到的信息内容进行分析并建立索引。当用户进行检索时，由检索模块根据用户的查询请求,对索引库进行检索,找出匹配的文档,并将检索结果返回给用户。该类搜索引擎的优点是信息量大、更新及时、无须人工干预,缺点是返回信息过多,有很多无关信息,用户必须从结果中进行筛选。这类搜索引擎的代表是谷歌(Google)、必应(Bing)、百度(Baidu)等。

2.按照专业范畴划分

搜索引擎按照专业范畴可分为综合性搜索引擎和专业性搜索引擎。

(1)综合性搜索引擎

综合性搜索引擎即综合性的信息检索系统,内容涵盖各个学科和生产生活的各个领域,可以检索到图片、音频、视频等多种资源类型,适用对象广泛,但有时会出现因字形相同实际上互不相关的内容,或因为检出的内容太多而无法一一阅读。YaHoo!、Baidu、Google等都属此类搜索引擎。

(2)专业性搜索引擎

专业性搜索引擎是专业信息机构根据专业需求,对互联网上的信息进行筛选整理重新组织而形成的专业性的信息检索系统。特定用户只要登录到相应的搜索引擎即可准确快速地找到符合要求的信息。因此,专业性搜索引擎能够满足用户的特定需求,成为学科专业领域的研究人员获取网上信息资源的重要工具。包括:收录某一个或几个学科资源的搜索引擎,如法律专业搜索引擎、临床医学搜索引擎等;具有专业搜索功能的搜索引擎,如视频搜索引擎 Blinkx;面向特定用户的搜索引擎,如面向青少年的专门搜索引擎 YaHooKids 等。

3.按照检索功能划分

搜索引擎按照检索功能可分为独立搜索引擎和元搜索引擎。

(1)独立搜索引擎

独立搜索引擎又名单一搜索引擎或常规搜索引擎,其特点是建立独立的网络资源、采集标引机制和相应的数据库,仅能在此数据库中进行检索,必须适应各个搜索引擎的查询语法与规则,查准率和查全率会受到一定的限制。Google、YaHoo! 等均属此类。

(2)元搜索引擎

元搜索引擎是相对单一搜索引擎而言的,字面意思是搜索引擎上的搜索引擎,其本质是对多个单一搜索引擎的集成。元搜索引擎一般没有独立的数据库,多提供统一连接界面,形成一个由多个具备独立功能的分布式搜索引擎构成的虚拟平台。

到目前为止,网上任何一个搜索引擎搜索 Web 的范围都是有限的。不同搜索引擎的数据库包含不同的 Web 文档集,采用不同的索引和检索技术,有不同检索界面和语法,检索效果不同,在一个搜索引擎上找不到的检索信息在另一个搜索引擎上可能找到。所以,用户需要常常切换多个搜索引擎进行检索,并需要了解多个搜索引擎的特点,从而在众多搜索引擎结果中挑选相关内容。元搜索引擎通过统一的用户界面,同时对多个搜索引擎检索,即用户只需输入一个检索式,便可检索一个或多个独立搜索引擎,比如 Excite 可实现对 Google、YaHoo!、Ask.com、About.com 等多个搜索引擎的检索,检索结果可按照相关度和不同的搜索引擎分别进行查看。

7.1.6 搜索引擎的评价

不同搜索引擎在信息检索中的效果不尽相同,能否全面收录某一专题的信息资源,是否采用了专业的词表,成为评价其是否专业的主要因素。搜索引擎能否将专业词表与用户信息描述相互转化,能否整合优化检索结果,成为元搜索引擎使用时的评价指标。选择合适的搜索引擎成为检索结果的首要考虑方面。主要从以下三个方面进行搜索引擎的评价:

1.收录范围

搜索引擎的收录范畴是否完备、是否有地域限制、是否有语种的侧重,文献类型是否多样等。收录范围的全面与否直接影响到检索的效果。例如:在百度百科中查找音频文献,显然是不合适的,但如果在百度中搜索音频文献是可以满足要求的。因此,收录范围成为重要的参考标准。

2.搜索引擎的类别

搜索引擎的分类是否科学合理,分类的广度与深度是否合适。主要从以下方面体现:分类方式(如按照内容属性、地域、资料类型等)、级次(层次越多,越便于检索)、交叉显示、类名是否规范、各类内容的说明。

3.检索的功能与效果

搜索引擎的检索效果主要从以下方面考虑:

(1)检索手段完善,是否既能满足一般的简单检索,也能满足用户的高级检索,并且具备多种检索功能,比如布尔逻辑检索技术、截词检索、短语检索、加权检索、关键词检索、范围限制等；

(2)是否能实现中英文的自由转换，没自动中文分词等；

(3)是否有较高的查全率、查准率等。

4.对检索结果的输出

检索结果的内容组织、排序方式及返回结果等因素，直接影响到用户的判断。是否能提供多种输出方式，成为用户考虑的重要方面。同时，能否保存检索结果、方便修改检索式、在结果中多次检索，也直接影响用户的满意程度。另外，界面的图文比例、颜色及动画效果，以及导航、帮助、个人定制等功能也直接影响用户的使用情况。由此可见，搜索引擎对结果的分析评价也是至关重要的。

5.更新周期

搜索引擎的更新周期是指信息资源更新的频率与时效性。一个好的搜索引擎，除了内容丰富多彩、查找速度快以外，数据的新颖程度也是必不可少的。只有时刻对信息进行审核更新、及时修正无效链接、删除失效信息，才能处于信息浪潮中不被湮没。

6.其他指标

索引数据库的构成是检索结果实现的基础，索引数据库中信息标注质量也影响到搜索引擎的优劣。检索途径的多少，以及资源类型的特殊化检索都成为评价搜索引擎的因素。

7.2 搜索引擎的使用技巧

搜索引擎为用户查找信息提供了极大的方便，用户只需要输入几个关键词，所需要的资料就会从世界各个角落汇集到计算机前。但是，人们也常常遇到在查询相关资料时，搜索引擎返回大量无关信息的情况，搜索效率非常低。因此，在了解搜搜引擎的基础之上，掌握一定的搜索技巧是非常重要的。

7.2.1 检索的思路

1.明确检索的目的和要求，确定检索策略

不同的检索策略会生成不同的检索结果。通过对检索主题的分析，可以明确所需信息的类型、查询方式、方位、时间限制以及检索词的选取等检索条件，为制定检索策略打下坚实的基础。

2.选择合适的搜索引擎

(1)一般性浏览查询,通常建议使用目录型搜索引擎,比如 Yahoo! 等。

(2)强调获取综合、准确的信息时,一般选择使用目录型搜索引擎。

(3)强调细节查询和准确度信息的时候,建议使用 Google、百度等索引式的搜索引擎。

(4)在检索词无错误需要扩展检索的时候,建议使用元搜索引擎,这样可以更广泛地查找资源。

(5)了解搜索引擎动态,了解使用者对于搜索引擎的评价和介绍,帮助我们更好地选择合适的工具。

不同搜索引擎在信息资源的整理上是不同的,只有了解具体搜索引擎的收录、使用情况,时常关注其变化,根据检索目的选择最合适的搜索引擎,才会收到事半功倍的效果。

7.2.2 搜索引擎的使用技巧

1.检索词的选取技巧

检索词是搜索引擎检索的开始,是最基本也是最重要的一步。从复杂的搜索中提炼出最具代表性和指示性的关键词对提高检索效率有不可替代的作用。检索之前有较为清晰的概念,并考虑到其他诸多影响因素,往往能够迅速定位所需要的信息,而不需要其他复杂的搜索技巧,所以仔细选择关键词是很必要的,并且是需要慎重的。

(1)准确输入检索词,不要输入错别字。一般情况从课题名称中抽取检索词,或者从主题概念出发利用各种词表派生出检索词。

(2)尽量选择专业名词、特定概念或专业术语作为关键词。比如电动机与马达,乙酸与醋酸。

(3)避免选择专指性太差的词语。比如以“大学”“自动化”作为关键词,必然会检出很多条结果,因此建议加入限定条件。

(4)避免选择无检索意义的词汇,如虚词、介词等,有些搜索引擎将其列为禁止使用单词而被过滤掉。

(5)注意一词多义的问题。

(6)不使用有歧义的简称,也不用分子式作为关键词。

(7)注意大小写的词汇,输入小写字母的词,对于大小写没有影响,但是当大小写同时存在时,要注意大小写的影响。

(8)切忌使用中文自译而成的词语。比如轻武器,用 small-arms,而不用 light arms。

2.选择合适的常用算符调整检索结果

检索词仅仅表达客体的一个方面,一般不能单独表达一个完整的检索内容。在实际的检索中还需要加入其他的检索方法来完善。

(1)布尔逻辑运算符

布尔逻辑运算符是 AND、OR、NOT,其执行的顺序一般为 NOT、AND、OR,括号可以改变它的执行顺序。本逻辑算法与数学中的集合关系相近。

①逻辑"与"

逻辑"与"表达的是概念之间的相交关系,即同时满足几个概念文档。例如,图书馆 AND 自动化,在文献检索中表示一篇文献记录既包含检索项图书馆,又包含检索项自动化,只有同时满足这两个条件的记录才会命中输出。因此,逻辑"与"可以缩小检索范围,使检索结果更加精确。其通常用符号"AND"或者"*"或者"空格"代表。

②逻辑"或"

逻辑"或"一般用"OR"或者"+"代表,可用其组配相同概念的检索词,比如同义词、相关词等,可以扩大检索范围,提高查全率。例如,图书馆 OR 自动化,表示在文献检索中只要包含两个检索项中的任意一项,就会被命中,组配的是同位概念,因而可以扩大检索范围。

③逻辑"非"

逻辑"非",通常用"NOT"或者"-"来表示连接的检索概念。它表示某一条记录中排除含有某一概念的记录,因此可以缩小检索范围,帮助用户过滤掉一些不想见到的关键词,提高检索效率。例如,图书馆 NOT 自动化,表示文献检索中要求包含图书馆的选项,不包含自动化的记录。

(2)词间位置算符

位置介词用于规定检索词之间的位置关系,包括其相对位置。常用的位置介词有 W、N、F、S 和 L 等。

W:With 的缩写,表示两侧检索词位置不能改变,且词与词之间不准插入其他的词或字母,但允许两词之间有空格、标点符号。若要插入词汇需用(nW)表示,n 为插入最大数量。

N、(nN):N、(nN)是“Near”“n Near”的缩写,表示两侧的词语必须紧密相连,但是顺序可以颠倒。

F:代表的是“Field”,表示两侧的检索词必须同时出现在文献记录的同一个字段中,比如同时出现在题名、文摘字段、自有字段中,中间可以间隔若干个词,但是两个词的顺序不能颠倒。

S:“Subfield”“Same”的缩写,表示两侧的检索词必须同时出现在文献记录的同一个字段中,比如同时出现在同一句话中、同一片段中,两者之间可以间隔若干个词,同时两个词的顺序可以颠倒。

L:“Link”的缩写,表示两侧的检索词之间有一定的从属关系,例如主标题词和副标题词,副标题词用于修饰、限定主标题词,二者有一定的从属关系。

(3)截词符

截词检索是指在检索中使用词的一部分进行检索,检索中满足部分词的所有字符的记录都是检索结果,一般分为右截断(即前方一致)和中截断(即中间屏蔽)。一般用“?”和“*”代表。“?”通常代表一个字符,但在词尾可代表多个字符;“*”代表无限字符。在使用前方一致的截词方法时,注意避免检索词的词干截得过短,否则会检出大量的无关信息。中间屏蔽,常被应用于英美不同拼法的检索词,如 colo? r 可查出 colour、color。

(4)字段限定符

限定字段检索,是指限定检索词在数据库记录中的某具体的字段范围内查找的一种检索方法,一般分为后缀方式和前缀方式。前缀方式一般将检索词放在限定字段代码的后面,之前用=、<=、>=、<、>等连接。例如:关键字=网络安全,代表的意思是文章关键字中包含网络安全的文献。后缀方式一般将检索词放在代码之前,一般用符号“wn”“/”“in”连接,例如 apple? wn 篇名,表示在篇名中出现 apple

或 apples 的文献。

(5)特殊命令检索

Site:表示搜索结果局限于某个网站,如 sina.com.cn,或是某个域名,com、cn 等。如果要排除某个网站或是域名范围内的页面,只需用网站/域名。如新浪网上查找包含图书馆的页面,检索式为:"图书馆 Site:sina.com"。其中,冒号为英文状态下的符号,网站域名不能有 http 和 www 前缀。

Filetype:表示限定文献类型,格式为"关键词 Filetype:文件的扩展名"。如检索包含网络安全的 PDF 格式的文件,检索式为"网络安全 Filetype:PDF".

Intitle:要求检索的词语在网页的标题中,如查找网页标题中含有电子商务的网页,检索式为"Intitle:电子商务"。

Inurl:表示检索词出现在网页的 url 中,如检索式"Inurl:flv"表示网页 url 中含有 flv 的网页。

Link:可以找到一个包含某个制定 url 的页面列表,比如 Link:www.baidu.com,就可以找到所有链接到百度的页面。

7.2.3 有偿信息源和免费信息源的比较

网络环境是一个复杂的资源环境,除了存在有偿信息资源之外,也存在着大量的开放性资源,可以供用户免费共享。选择合适的信息源,才可以高效、准确地获取想要的内容。这样既节省了检索时间,也降低了检索的成本。如何选择合适的信息源,成为重要的环节。有偿信息资源与无偿信息资源的比较成为重要的参考依据。

1.数据质量

免费信息源涵盖的范围很广,除了一些免费的文摘或是全文数据库提供的部分信息资源,还有一些是重要的综合数据,如国研网、中国资讯行等提供的部分信息,以及其他一些免费的非专业性的资源。这样一种杂乱无章的、重复、虚假的信息环境,尽管包含一部分有用的专业信息,但是也无法解决这一问题,这就加重了信息甄别工作的难度。而有偿信息资源经过专业的人员整理、加工、标引处理,数据非常可靠,并且更新及时,数据也可以得到及时补充,保证了信息质量的深度和广度。这无形中减轻了用户对检索结果的分析工作,使得数据的可靠性得以保障。

2.数据收录的重点

有偿信息源与无偿信息源在信息的采集上的侧重点不同。无偿信息源大多集中在新闻报道、产品信息、机构信息、专利信息等方面。而有偿信息源则侧重于行业或是专业文献、市场的分析和报告、商业情报、知识产权信息、具体的技术说明和科学技术等方面。

3.检索方式与检索语言

在信息检索中,无偿信息源更加侧重于产品易用性的考虑,检索语言要求更接近于自然语言,用户只要输入简单的自然用语就可以实施检索;实现了自然语言与规范词表的转换,对于简单的搜索语言中的逻辑、常用算符等也同样适用;对检索方式做出了改变,即提供高级检索,以满足对检索结果有较专业的要求。有偿信息源更侧重于专业性的检索,需要对用户进行相关的培训。但是随着互联网的发展,有偿信息源吸取了免费信息源的优点,推出了一站式的简单检索,实现了规范词表与自然语言的转化,并支持句子检索。

4.数据更新与服务

无偿信息源在服务上越来越好,如一些搜索引擎如 Google news 等提供定题服务,很多网站提供 Rss 内容聚类服务。但是很多免费信息源事先声明它们可以随时随地地修改其服务项目,且其更新的时间是不确定的。因此无偿信息源的内容更新是没有保障的。有偿信息源则不同,它有着很好的售后服务,每个数据库都有详细的介绍,并定期进行更新;检索也可以设置定制服务,将最新的资料推送给用户;提供很多个性化服务,用户不仅可以得到在线的帮助,还可以向专业人员求助。

5.经济性

无偿信息源具有开放性、共享性的特点,用户可以免费使用其资源,但是其信息的无序化为用户带来很大的困扰。有偿信息源尊重知识产权,使用时就会产生一定的费用,但是可以节省很多时间,检索效率高。因此在选择的时候不能仅仅从费用方面考虑,要综合考虑二者的经济性。

搜索引擎的搜索技巧和其他技术是在不断地练习与总结中得出的,因此用户需要不断地实践,总结出适合自己的一套有效的搜索习惯,并积累各类主题的网址导航,便于日后方便、快捷地检索。

成功的检索由两部分构成:一部分是明确的检索请求,另一部分是有意义的搜索结果。即便是搜索专家，也不能保证搜索一次性完成，需要多次搜索。通过对检索结果的评价，调整检索式，重复几次以后，就能设计出相对准确的检索式，得到搜索的满意结果。

本章思考题：

1.检索有关“知识管理”的PDF格式的文档。

2.检索与北京大学网站有链接关系的网站。

3.某研究生想到耶鲁大学法学院留学，请帮他找到耶鲁大学法学院院长的联系方式。

第 8 章　开放获取数字信息资源检索

随着网络技术的飞速发展，数字信息资源已经逐渐成为人类最重要的信息来源，而开放获取资源则是一种特殊类型的数字信息资源。开放获取资源指的是通过开放获取的方式可以获得的文献信息，它包括期刊论文、数据库、图书和百科全书等。

8.1　开放获取概述

8.1.1　开放获取的基本概念

Open Access，简称 OA，在国内学术界有很多译名，如“开放获取”“开放存取”“公开获取”“开放访问”等，本书译为“开放获取”。

开放获取是在信息资源共享思想的指导下、基于网络发展起来的一种新型学术交流理念与交流机制。对于开放获取，学术界至今没有统一的定义。目前，国际上比较认可的开放获取的定义有以下几种：

2001 年美国开放社会研究所在匈牙利的布达佩斯召开会议，并提出了《布达佩斯开放获取计划》(Budapest Open Access Initiative，BOAI)。BOAI 认为，开放获取是“对于某文献，存在多种不同级别和种类的、范围更广、更容易操作的存取方法。对某文献的开放获取，即意味着它在因特网等公共领域中可以被免费获取，并允许任何用户阅读、下载、复制、传递、打印、检索、超链接该文献，也允许用户为之建立索引、用做软件的输入数据或其他任何合法用途。用户在使用该文献时不受财产、法律或技术的限制，而只需在存取时保持文献的完整性，对其复制和传递的唯一限制，或者说版权的唯一作用是使作者有权控制作品的完整性，并且当作品被引用时应标明出处同时对被引者进行致谢”。

2003 年 4 月 11 日，欧美一些研究机构在美国马里兰州的 Bethesda 召开的开放获取会议上发表了《百斯达开放获取出版宣言》(Bethesda Statement on Open Access Publishing),认为开放获取应该满足两个条件:一是作者和版权人承诺,在承认作者身份的条件下,为了任何负责任的目的,许可所有用户使用任何数字媒体,公开复制、使用、发行、传播和显示其作品,制作和发行其演绎作品,并允许所有用户有权打印少量份数的作品供个人使用;二是完成的作品及其附属资料,以适当的标准电子格式,在原始论文发表后,立即存储在至少一个在线数据库中,并且这个数据库还必须是由研究所、学术团体、政府机构或其他知名组织支持的。

《关于社会科学和人文科学领域知识的开放获取柏林宣言》(Berlin Declaration on Open Access to Knowledge in the Sciences and Humanities,简称《柏林宣言》),对《百斯达开放获取出版宣言》中的"开放获取"定义稍作修改:删掉了条件二"作品在发表后,应该立即存储在至少一种在线数据库中"的"立即"。

《布达佩斯开放获取计划》《百斯达开放获取出版宣言》与《柏林宣言》关于开放获取的定义被公认为目前国际上较为权威的表述,被称为"3B 定义"。

综上所述,笔者认为开放获取数字信息资源是在保护作者知识产权的前提下,用户在互联网上通过开放获取的方式可以免费获得的文献信息内容。

8.1.2　开放获取的特征

从《布达佩斯开放获取计划》《百斯达开放获取出版宣言》《柏林宣言》以及国内外众多学者所给出的定义中,可以总结出开放获取的主要特征:

1.在信息交流内容方面

开放获取提供学术交流平台,对具体交流的信息只有质量上的控制,而没有内容和形式上的严格限制,OA 资源内容丰富,覆盖不同学科、不同领域、不同语种的信息资源,其中既有期刊论文、会议论文、专利文献、研究报告,又有文本、图像、声音等多媒体信息。

2.在信息获取途径方面

OA 资源的发布与获取主要依托互联网,而不是传统的纸质文献的出版模式。开放获取提倡的是无障碍获取,作者把论文传到互联网上,用户可以从互联网上免费获取相关文献,这就改变了传统的信息传播与交流模式。开放获取有利于信息的快速、广泛传播。

3.在信息权限控制方面

开放获取提出了较为完善的机制来保护作者的知识产权，并对用户提出了相应的要求。首先，开放获取保护作者的知识产权，作者控制着作品的完整性。其次，开放获取扩大了用户对 OA 资源的使用权限，可以为教学、科研等下载、复制、传播等，但是使用者必须保证作品的完整性以及尊重作者的署名权。

4.在信息收费模式方面

"作者付费、用户免费"是开放获取在出版形式上的重要特征。OA 资源在出版时需要支付一定的费用，费用主要是由作者或资助机构来承担，一般情况下是作者从课题经费中抽取部分费用来支付。

8.1.3 开放获取数字信息资源的实现方式

根据 OA 资源的发布方式和实现途径可以将开放获取数字信息资源划分为开放获取期刊和开放获取仓储。

1.开放获取期刊

开放获取期刊(Open Access Journals，OAJ)，主要是作者以付费方式支付论文的同行评议、稿件编辑加工、电子出版等费用，用户免费使用的运行模式。OA 期刊一般包括新创办的开放获取期刊和由原有期刊改造转变而来的开放获取期刊。

OA 期刊与传统期刊的区别不在于期刊的载体是纸质的还是数字形式的，而是在于用户对期刊的访问方式和访问权限。传统期刊采用用户付费的商业模式，一般先由图书馆等机构团体购买，然后为其成员提供检索全文服务；或者由用户个人直接订购整刊或某篇特定文章。尽管有些电子期刊允许用户免费访问文摘或部分论文全文，但 OA 期刊是允许用户利用互联网不受限制地访问期刊论文全文的。

2.开放获取仓储

开放获取仓储(Open Access archives or repositories，OAR)，也称为 e 印本案例库，不仅包括预印本，也提供后印本。其通常不经过同行评议，由作者本人将论文以特定的格式放到文档服务器上，实行开放性存档使用。因作者基本不用付费，成本很低，开放获取仓储是实现开放获取的最佳出版模式。

开放获取仓储分为机构仓储和学科仓储两种。学科仓储是按照学科领域进行组织的开放获取仓储。早期的开放获取仓储多为学科仓储，其中最具代表性的是

arXiv。机构仓储是由研究机构建立和管理的网上文档库，用来保存机构成员出版的论文，起步较晚但发展速度很快，通常是由大学图书馆、研究机构、政府部门等创建和维护，如佛罗里达州立大学图书馆的 D-Scholarship 知识库、加州大学的 eScholarship 知识库以及麻省理工学院的 D-Space 系统等。相对于开放获取期刊严格的同行评议而言，开放获取仓储一般不实施内容方面的实质评审工作，只要求作者提交的论文基于某一特定标准格式并符合一定的学术规范即可。

除了以上两种主要的实现方式外，开放获取数字信息资源还有其他的实现方式，比如个人网站、博客、电子图书、论坛等。

8.2　国内重要开放获取数字信息资源

我国于 2004 年正式参与开放获取运动，中国科学院、国家自然科学基金委员会分别签署了《柏林宣言》。目前，我国已建成若干学术信息开放获取文库，出现了中国预印本服务系统、中国科技论文在线等较为著名的预印本服务网站。2007 年我国推出首个开放获取资源检索平台。

8.2.1　Socolar

中国教育图书进出口公司下属教育部，是从事期刊、图书进出口工作的国有大中型企业之一。为了顺应 OA 资源的迅速发展，方便学生、老师、研究人员和学者对 OA 资源的使用，该公司自主研发了“一站式 OA 资源检索平台——Socolar(www.socolar.com)”。该平台是国内首个综合性的开放式获取资源平台，测试版已于 2007 年 4 月投入使用。Socolar 的推出增强了中国用户对开放式获取资源的了解。

自从 Socolar 的测试版推出以来，一直保持着相当高的用户访问率和页面浏览量。目前，使用人员主要来自各大高校、研究机构和医院。截止到 2015 年 1 月 28 日，Socolar 收录的 OA 期刊数为 11 739 种，包含文章 13 503 317 篇；OA 仓储数目为 1048，包含文章数 10 391 241 篇；平台收录文章总计 23 894 558 篇。

Socolar 检索平台提供期刊浏览、简单检索、高级检索等多种检索途径检索期刊或论文，其首页及简单检索、期刊浏览界面，如图 8-1 所示。

期刊浏览：分为按学科浏览和按字顺浏览两种，在各个学科或类别后面都在括号中用数字标明了当前学科所收录的刊物数量，展开即可获得刊物信息（刊名及是否为同行评议期刊）等。大部分刊物还链接了刊物网站，点击刊名可浏览所刊载的文章。

简单检索：网站首页有一个简洁的简单检索界面，在检索框中输入检索词，点击“文章检索”或按 Enter 键，系统就开始执行检索并很快返回检索结果。

高级检索：点击网站首页的“高级检索”按钮就可以进入高级检索界面。高级检索界面提供三个输入框，并提供篇名、作者、摘要、关键词、刊名/仓储名、ISSN、出版社等多个检索字段，还可以对出版年度和学科范围进行限制。

图 8-1　Socolar 首页及简单检索、期刊浏览界面

8.2.2 国家科技图书文献中心的开放获取数字资源检索系统

国家科技图书文献中心（National Science and Technology Library，NSTL）的开放获取数字资源检索系统，包括开放获取期刊集成检索系统和开放获取会议资源集成检索系统。

1.开放获取期刊集成检索系统

开放获取期刊集成检索系统收录期刊 6000 余种，学科涵盖范围涉及农业、林业、工业、商业、医学等 17 个领域，是集期刊浏览、期刊检索两种功能为一体的开放式的期刊集成揭示与检索系统。该系统提供刊名字顺浏览、主题字顺浏览、分类浏览三种浏览方式，且浏览过程中可通过期刊的一般信息与详细信息切换提示，进一步了解某个期刊的全部信息，其中包括刊名、ISSN、主题、学科分类、期刊内容揭示层次等 15 种相关信息。同时用户可对刊名、ISSN、主题、出版者及全部字段进行期刊检索。为了便于系统的维护及更新，从而更好地为用户提供服务，系统特设互动热线栏目，用户可借助新资源推荐功能向系统推荐好的开放获取期刊，也可借助意见与建议功能及时与系统进行交流与反馈。为了更加便于用户使用，系统集多个界面于一体。如图 8-2 所示。

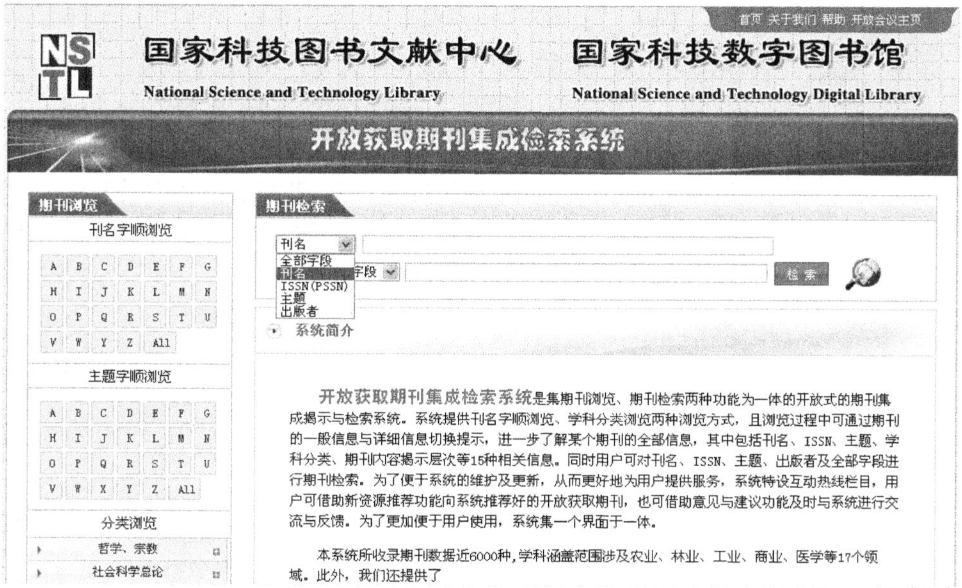

图 8-2　NSTL 开放获取期刊集成检索系统的检索界面

2.开放获取会议资源集成检索系统

该系统收录 1400 余个会议的会议资源信息，学科涵盖范围涉及农业、林业、工业、商业、医学等 17 个领域，是集会议资源浏览、会议资源检索两种功能为一体的开放式的会议资源集成揭示与检索系统。系统提供会议名称字顺浏览、分类浏览两种浏览方式，且浏览过程中可通过会议资源的一般信息与详细信息切换提示，进一步了解某个会议的全部信息，其中包括会议名称、ISBN(ISSN)、主题、学科分类、会议内容揭示层次等 18 种相关信息。同时用户可对会议名称、ISBN(ISSN)、主题、出版机构及全部字段进行会议资源检索。如图 8-3 所示。

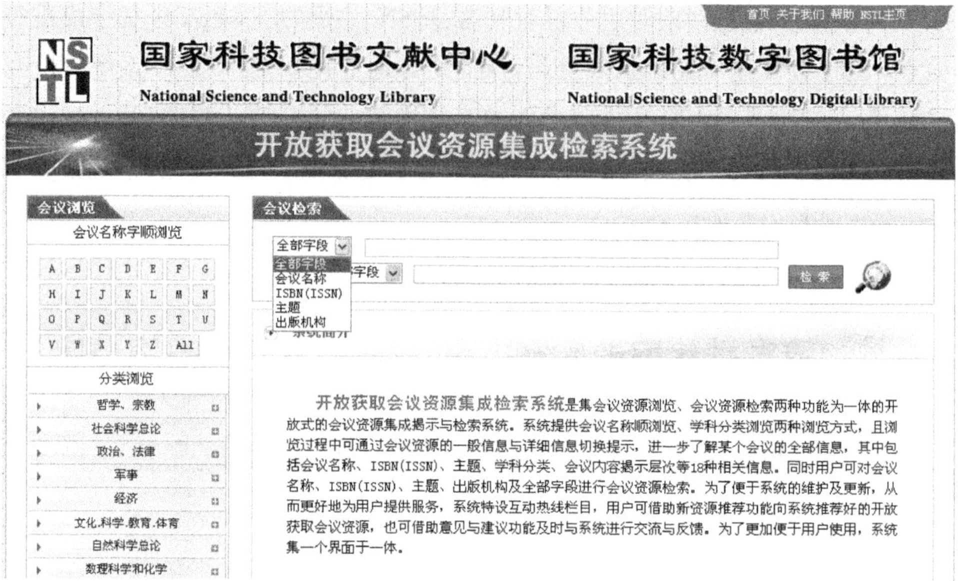

图 8-3 NSTL 开放获取会议资源集成检索系统的检索界面

8.2.3 中国预印本服务系统

中国预印本服务系统是由中国科学技术信息研究所与国家科技图书文献中心联合建设的以提供预印本案例文献资源服务为主要目的的实时学术交流系统，由国内预印本服务子系统和国外预印本门户(SINDAP)子系统构成。

国内预印本服务子系统主要收录国内科研工作者自由提交的科技文章，收录的学科范围涉及自然科学、医药科学、人文与社会科学、工程与技术科学、农业科学五大领域，每一学科又细分为不同的二级学科，例如医药科学又细分为基础医学、中医学与中药学、临床医学、预防医学与卫生学、药学、军事科学与特种医学 6 个二级学科。

国外预印本门户(SINDAP)子系统是由中国科学技术信息研究所与丹麦技术知识中心合作开发完成的，它利用 SINDAP 系统检索包括 arXiv.org、生物医学中心

(BMC)、化学预印本服务器(CPS)等在内的17个国外重要e印本案例库。但是,原“国外预印本门户”因丹麦科技大学图书馆技术信息中心关闭其平台而停止服务。

该系统实现了用户自由提交、检索、浏览预印本全文、发表评论等功能。NSTL的注册用户可以直接在该系统提交未公开发表的学术文章,版权归作者所有,文责自负。中国预印本服务系统首页,如图8-4所示。

图8-4　中国预印本服务系统首页

8.2.4　中国科技论文在线

中国科技论文在线(http://www.paper.edu.cn/)是经教育部批准,由教育部科技发展中心主办的综合性学科预印本案文库,专业领域分为39类,作者所投论文为学术范围内的讨论,具有一定学术水平,且符合中国科技论文在线的基本投稿要求,可在一周内发表,所投论文采取文责自负的原则,版权归作者本人所有。中国科技论文在线可为在本网站发表论文的作者提供该论文发表时间的证明,并允许作者同时向其他专业学术刊物投稿,以使科研人员新颖的学术观点、创新思想和技术成果能够尽快对外发布,并保护原创作者的知识产权。

中国科技论文在线OPEN ACCESS在线资源集成平台集合了国内外各学科领

域 OA 期刊的海量论文资源和 OA 仓储信息，并提供学科、语种等多种浏览方式；不仅实时更新各 OA 期刊最新发表的论文，而且定期收录最新的 OA 期刊，方便用户查看不同领域的最新 OA 资源。该平台提供多种检索功能，可按照论文题目、期刊题目、作者姓名、作者单位、出版社等多种字段进行高级检索，或进行全文检索，方便科研工作者从海量资源中快速而准确地定位所需论文。此外，本平台还对国内外开放存取运动的兴起与发展进行了详细介绍，并及时更新开放存取运动的最新动态，为不同用户了解 OA 提供了良好的信息资源。

8.2.5 中国科学院机构知识库服务网格

中国科学院机构知识库服务网格(CAS IR GRID)(http://www.irgrid.ac.cn/)是定期采集中国科学院研究所 IR 的数据建立的联合机构知识库服务网络，如图 8-5 所示。2014 年 5 月 15 日，中国科学院发布了《中国科学院关于公共资助科研项目发表的论文实行开放获取的政策声明》，要求得到公共资助的科研论文在发表后把论文最终审定稿存储到相应的知识库中，在发表后 12 个月内实行开放获取。

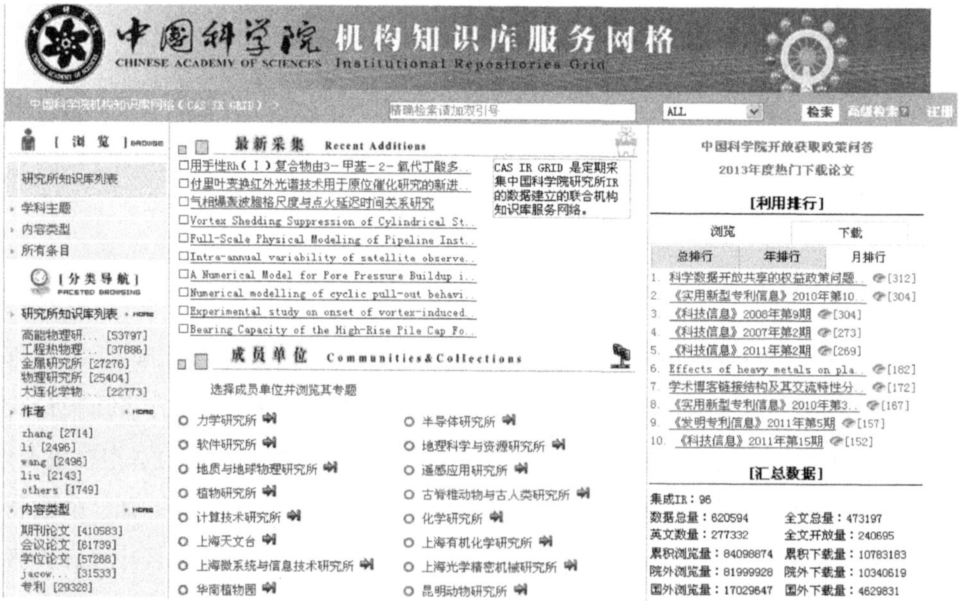

图 8-5 中国科学院机构知识库服务网格

8.2.6　厦门大学学术典藏库

厦门大学学术典藏库(http://dspace.xmu.edu.cn/dspace/)主要是用来存储厦门大学教学和科研人员的具有较高学术价值的学术著作、期刊论文、工作文稿、会议论文、科研数据资料以及重要学术活动的演示文稿等。其可以用来长期保存厦门大学的学术成果,方便校内外及国内外同行学者之间的学术交流、评议、知识共享等,展示厦门大学学术成果、加快学术传播、提高学术声誉,促进电子出版和开放获取。厦门大学学术典藏库首页如图 8-6 所示。

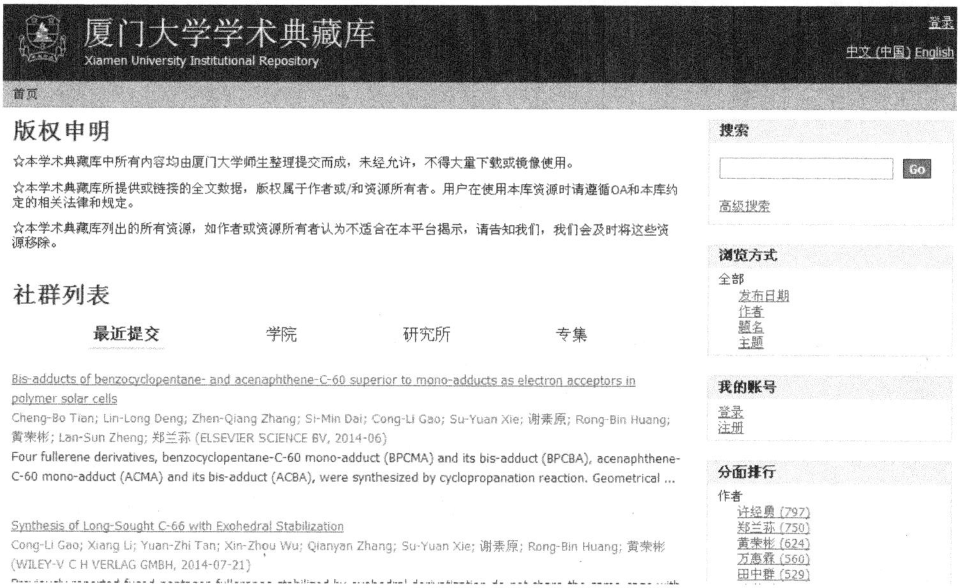

图 8-6　厦门大学学术典藏库首页

8.2.7　香港科技大学机构仓储

香港科技大学机构仓储(http://repository.ust.hk/dspace)是由香港科技大学图书馆用 Dspace 软件开发的一个数字化学术成果存储与交流知识库,收录由该校教学科研人员和博士生提交的论文(包括已发表和待发表)、会议论文、预印本、博士学位论文、研究与技术报告、工作论文和演示稿全文。截止到 2015 年 1 月 26 日,该系统收录了该校 528 名学者的 7941 篇文章；自 2004 年 10 月开始至今，下载频次达到 1 596 640 余次。香港科技大学机构仓储首页如图 8-7 所示。

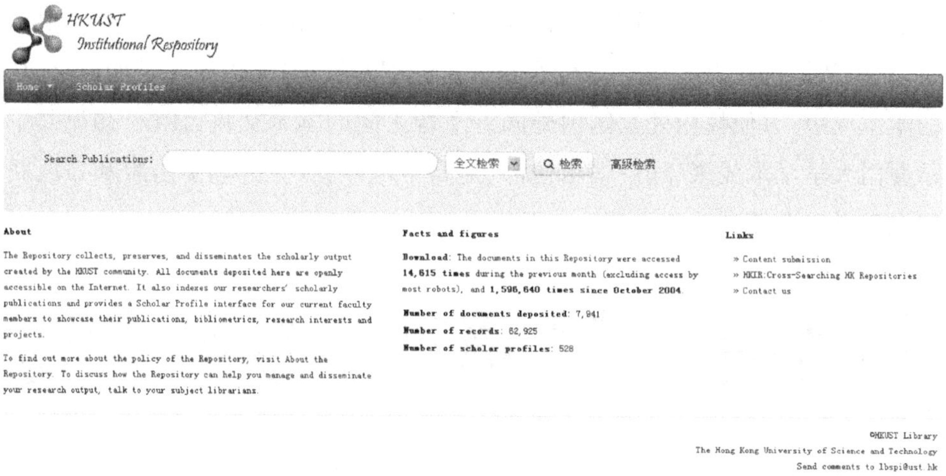

图 8-7 香港科技大学机构仓储首页

8.3 国外重要开放获取数字信息资源

自开放获取运动兴起以来，国际上出现了大量的 OA 期刊和 OA 仓储，比较著名的 OA 期刊库有 DOAJ、BioMed Center、PubMed Center 等，OA 仓储有麻省理工学院 DSpace，以及 arXiv 等电子预印本。

8.3.1 开放获取期刊名录

开放获取期刊名录(Directory of Open Access Journals，DOAJ)(http://www.doaj.org/)是由瑞典隆德大学图书馆(Lund University Library)主办，OSI(The Open Society Institute)和 SPARC(The Scholarly Publishing and Academic Resources Coalition)资助的开放获取期刊目录，涵盖农业和食品科学、生物和生命科学、化学、自然科学总论、工程技术、地球和环境科学、医学、数学和统计学、物理学和天文学等 17 个学科主题。DOAJ 收录的期刊不断增加，截止到 2015 年 1 月 28 日，共收录 136 个国家的 10 198 种开放获取期刊、1 831 174 篇开放获取论文。

DOAJ 参加了 2012 年 6 月 27 日在爱沙尼亚的塔尔图举办的欧洲图书馆项目。通过这个项目，用户能够更好地利用 DOAJ 的资源。DOAJ 首页如图 8-8 所示。

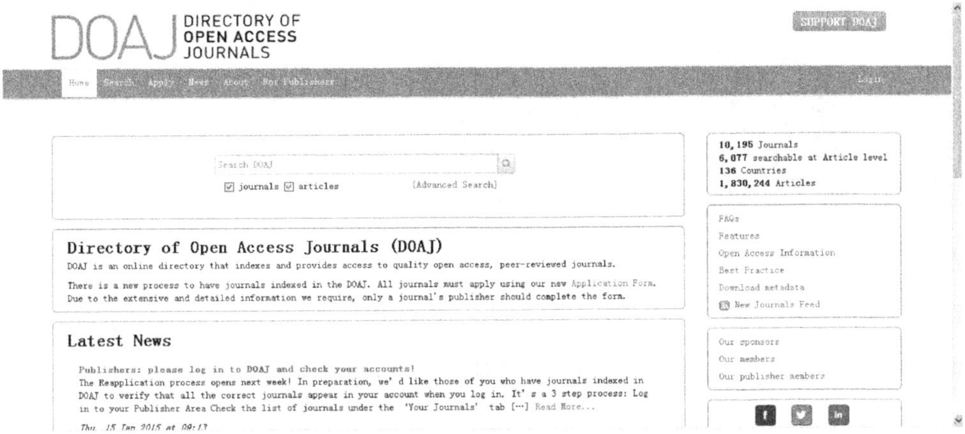

图 8-8　DOAJ 首页

8.3.2　科学公共图书馆

科学公共图书馆(Public Library of Science，PLoS)(http://www.plos.org/)开始是由美国 3 位著名的科学家私人投资的、由科学家和医生参加的、致力于促进全世界的科技和医学文献传播的非营利机构，总部设在旧金山。由于出版社的呼应有限，PLoS 的领导者计划建立自己的一套开放获取期刊。2003 年 10 月 13 日，PLoS 发行了它的第一种开放获取刊物 PLoS Biology。出版物目前集中于生命科学和医学领域。PLoS 首页如图 8-9 所示。

图 8-9 PLoS 首页

8.3.3 公共医学中心

公共医学中心(PubMed Center,PMC)(http://www.pubmedcentral.nih.gov/)是 2002 年 2 月由美国国立医学图书馆(National Library of Medicine,NLM)与美国卫生研究院(National Center of Biotechnology Information,NCBI)共同开发、管理和维护的一个数字化全文数据库,涉及生物医学、行为科学临床研究等学科领域,提供完全免费的全文服务,所报道的研究论文均经过同行评议。2005 年 2 月 3 日,NIH 正式发布开放获取政策(Policy on Enhancing Public Access to Archived Publications Resulting from NIH-Funded Research)。PMC 首页如图 8-10 所示。

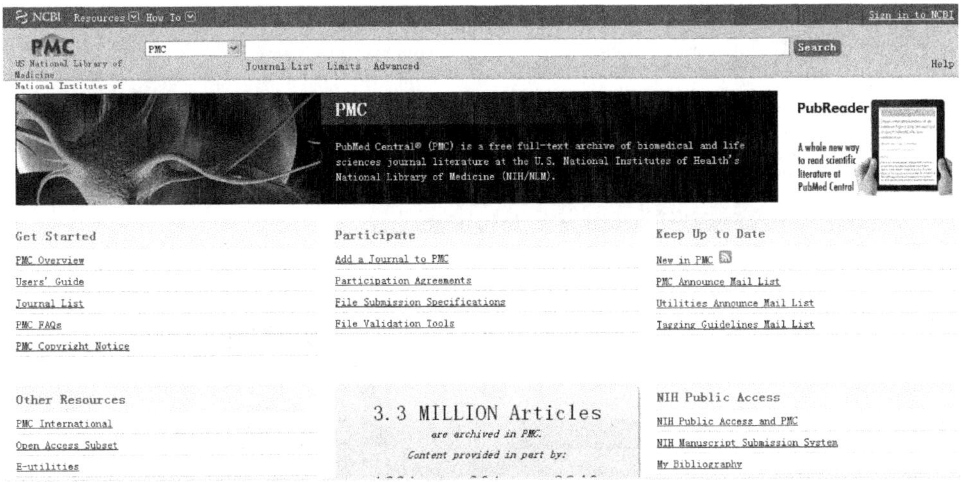

图 8-10　PMC 首页

8.3.4　生物医学中心

生物医学中心(BioMed Central,BMC)(http://www.biomedcentral.com/)是一个重要的开放获取期刊出版机构,它致力于为科研人员提供生物医学领域学术论文的开放获取,目前出版了 275 余种经过同行评议的生物医学期刊,内容涵盖生物学、生物医学和医学的主要领域,包括麻醉学、生物化学、生物信息学、生物技术、细胞生物学、微生物学、分子生物学、遗传学等 57 个分支学科。

BMC 的开放获取资源包括两部分:开放获取期刊和开放获取仓储。其中开放获取期刊又分为三类:带"Open Access"标志的期刊和论文,用户可以在线获取,只要正确引用并注明论文出处,就可以不受任何限制地下载、复制、传播;带"Free"标志的期刊和论文,只对注册用户授予免费在线访问全文的权利;带有"Subscription"标志的论文和期刊,用户只有在订阅该期刊的印刷版或电子版后才可以访问论文全文,但其摘要对所有用户免费。BMC 首页如图 8-11 所示。

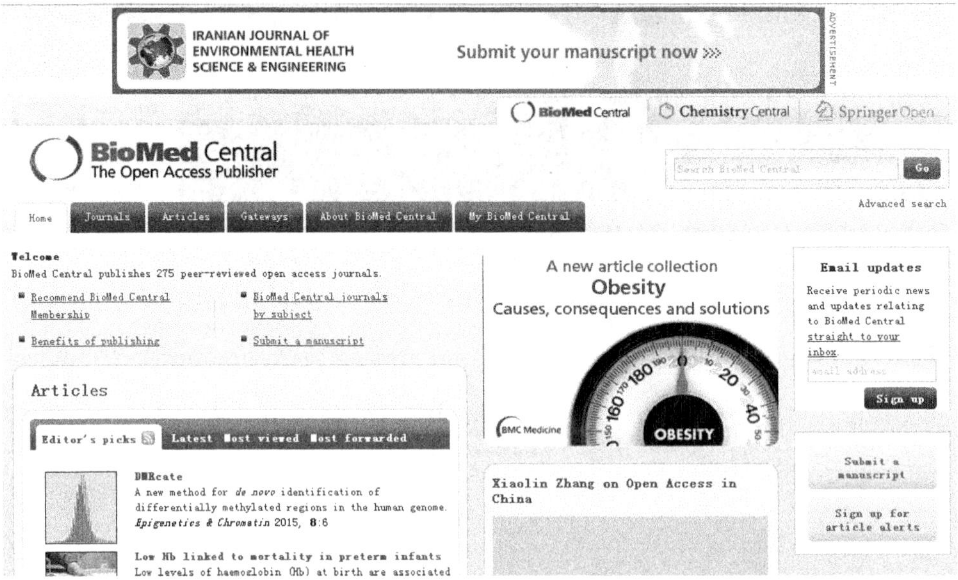

图 8-11 BMC 首页

8.3.5 HighWire

HighWire(http://home.highwire.org/)于 1995 年在美国斯坦福大学图书馆创立,是全世界较大的联机提供免费学术论文全文的期刊库,主要提供面向研究人员、图书馆员及出版商三种对象的个性化服务。最初仅出版著名的周刊 *Journal of Biological Chemistry*,后来发展到生物学、医学、人文、社会科学、物理学等多个学科,截至 2015 年 1 月,已出版有 3546 种刊物,文章总数达到 710 万篇,其中 2 344 949篇文章可免费获得全文。

HighWire 提供浏览检索、简单检索和高级检索三种检索方式,如图 8-12 所示。

浏览检索(Browse)可通过题名(Title)、出版社(Publisher)、主题(Topic)浏览期刊,点击刊名可获得该刊的详细信息(一般是链接到官方网站)。

高级检索:点击 Advanced Search 或 + Expand for more search options and tools 都可进入高级检索界面,可以进行全文、题名/摘要、题名、作者、引文等字段的限制,同时也可限定期刊的年、卷、起始页等,如图 8-13 所示。

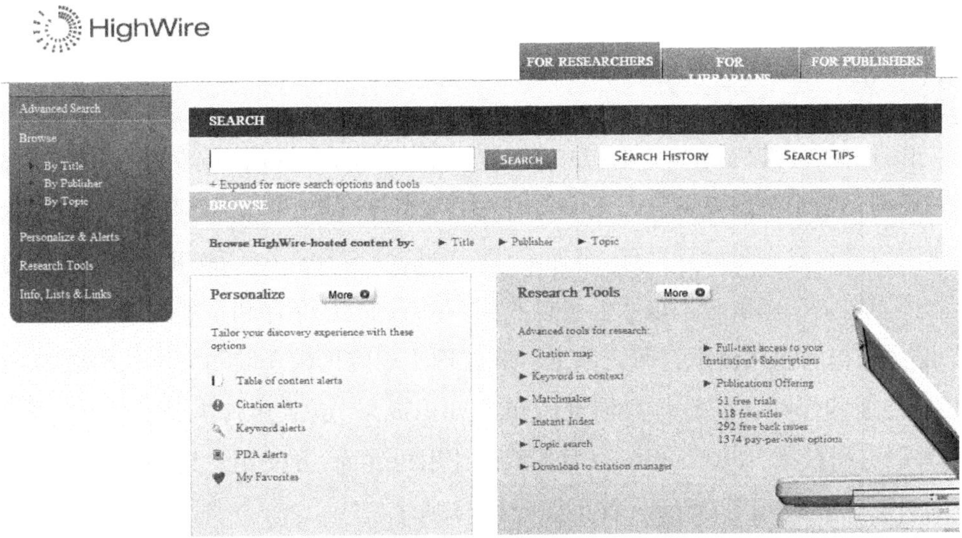

图 8-12　HighWire 检索界面

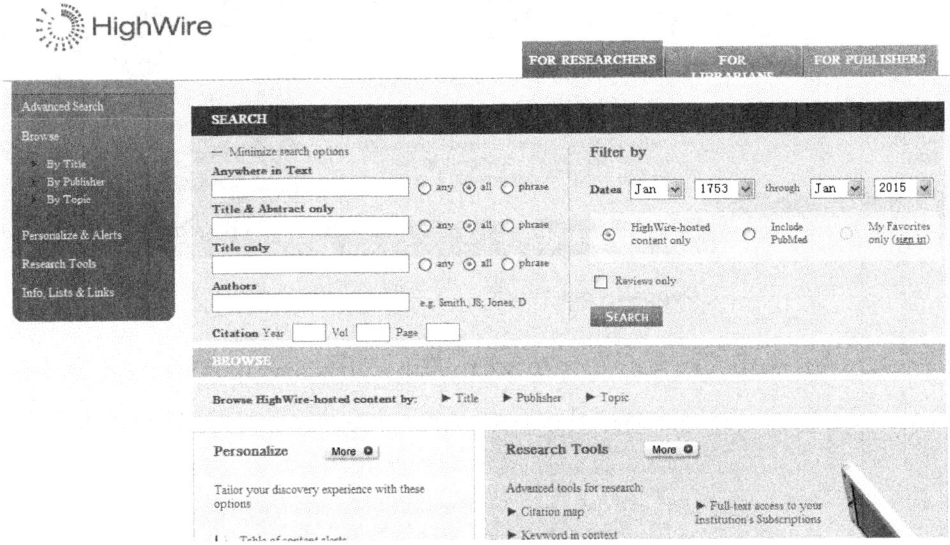

图 8-13　HighWire 高级检索界面

HighWire 的 OA 期刊全文提供三种免费方式：Free Issues、Free Site 与 Free Trial，其中 Free Issues 表示在某个时间之前的所有文献全文均是免费获取的；Free Site 是可以完全免费获取全文的网站；Free Trial 表示在试用期间所有文献可以免费使用。

8.3.6 麻省理工学院机构库

麻省理工学院机构库(MIT DSpace)(http://dspace.mit.edu/)系统是由麻省理工学院图书馆和美国惠普公司实验室合作开发并于 2002 年 10 月开始投入使用的,其以内容管理发布为设计目标,遵循 BSD(Berkely Software Distribution)协议的开放源代码数字存储系统。该系统可以收集、存储、索引、保存和重新发布任何数字格式、层次结构的永久标识符研究数据。麻省理工学院机构仓储用 DSpace 构建,用来获取、传播和保存该校教师和研究人员的知识成果,包括开放获取论文、学位论文等,并以科研社区(communities)为基础设计用户界面,方便用户访问整个机构的数字化知识成果。MIT DSpace 首页如图 8-14 所示。

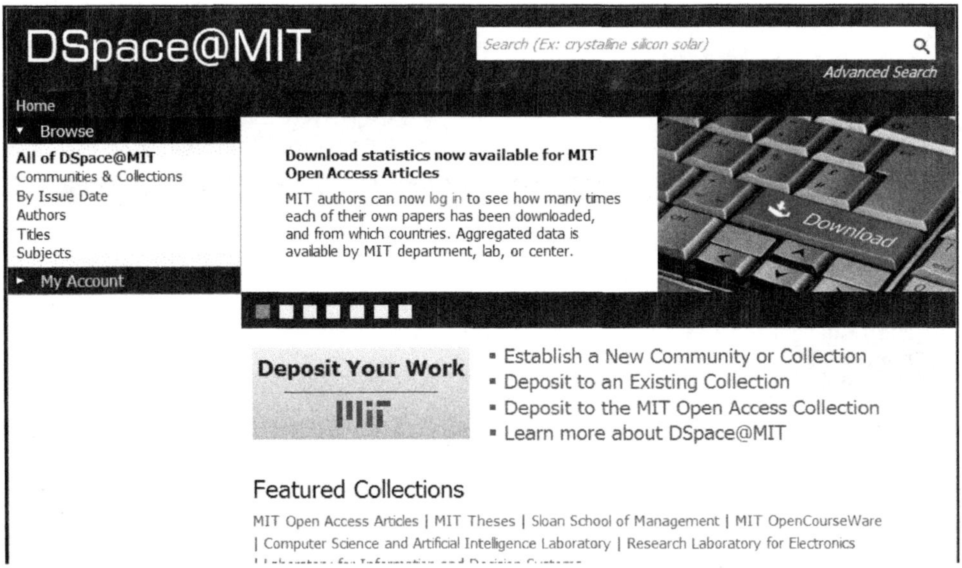

图 8-14 麻省理工学院机构库首页

8.3.7 arXiv.org 电子预印本

arXiv.org 电子预印本(http://arxiv.org/)建于 1991 年,是由美国国家科学基金会和美国能源部资助,在美国洛斯阿拉莫斯(Los Alamos)国家实验室建立的电子预印本案例文献库，2001 年后转由康奈尔大学（Cornell University）进行维护和管理。截止到 2015 年 1 月，arXiv.org 已经发布涉及物理学、数学、计算机科学、定量生物学等学科的 1 008 129 篇论文。

arXiv.org 有检索（简单检索和高级检索）和浏览功能，全文文献有多种格式（PDF、PS 等），需要安装相应的全文浏览器才能阅读。arXiv.org 首页及检索界面如图 8-15 所示。

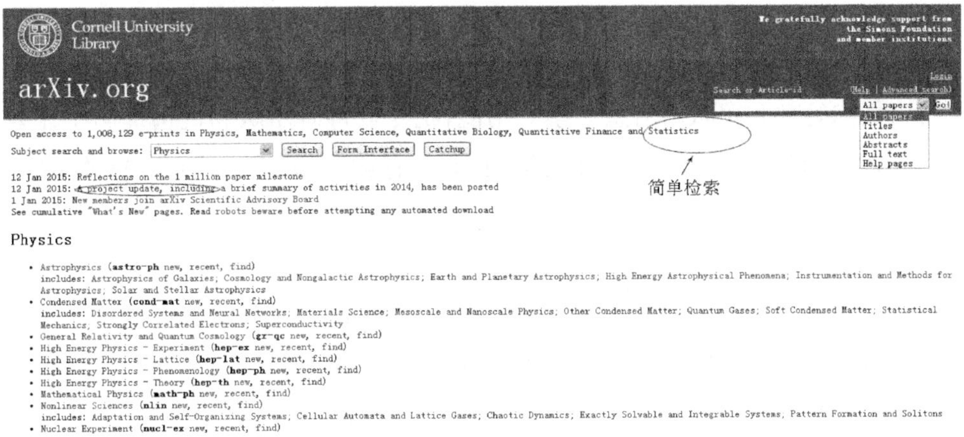

图 8-15　arXiv.org 首页及检索界面

开放获取是一种新的出版方式和信息交流模式，许多国家和地区纷纷出台政策以及签署国际协议来支持开放获取运动。本章主要介绍了开放获取的基本概念、特征以及实现方式，并对国内外重要的开放获取数字信息资源进行了介绍。

本章思考题

1.如何理解开放获取？

2.开放获取数字信息资源的实现方式有哪些？

3.利用国内外开放获取平台查找与自己所学专业相关的开放获取期刊，请至少列出两种开放获取期刊。

第 9 章　NoteFirst 软件

9.1　NoteFirst 软件概述

NoteFirst 是新一代的知识管理和科研协作管理软件，能为研究者提供知识获取、参考文献管理和团队内信息共享等功能，是专业科研团队和机构提高工作效率必不可少的辅助工具。西安知先信息技术有限公司于 2010 年首次推出了 NoteFirst 1.0 版。为满足研究者的需求，该软件不断改进，功能也日益强大，目前推出的 4.0 版本不仅全面支持国标和多语言方案，还具有 SCI 和 EI 收录期刊所要求的双语参考文献自动形成等功能。尤其值得一提的是，目前该软件在结构上采用了网络版的设计，支持异地登录数据同步，避免了用户在不同电脑中导入导出个人文献数据库的烦恼。此外，其还支持科研团队内的各种资源共享和统计等功能，极大地提高了研究者的工作效率。

具体而言，NoteFirst 软件具有如下核心功能：便捷的文献获取、系统的知识管理、辅助论文和标书写作、期刊 RSS 订阅、知识卡片摄取和电子书制作、团队科研协作、任务自动评估和统计。

9.1.1　便捷的文献获取

在万方、知网、SCI、EI、ScienceDirect、SpringerLink、Scopus、美国心理学会 APA、PubMed 和 IEEE 等主流数据库检索的文献信息可用 IE 插件一键导入 NoteFirst，它使研究者能够更稳定、更方便地获取和保存文献信息。此外，该软件还具有完善的重复题录处理功能，避免反复下载和重复保存；能提供 RIS、Excel、参考文献格式三种题录导出方式，便于用户根据所需进行选择。

9.1.2　系统的知识管理

NoteFirst 软件能够以虚拟文件夹形式将收藏的题录文献实现分级保存，支持文献、文稿、文件、读书笔记、知识卡片、网页、实验记录、微博、评论等多种知识资源在软件中的分类、标签定义、搜索和分享功能，还能实现文献元数据的自动补充和全文文献的自动下载，以及个人资源的自动备份和不同计算机之间的资源自动同步。

9.1.3 辅助论文和标书写作

NoteFirst软件能根据各种期刊要求，自动形成规范的参考文献(支持SCI/EI要求的双语参考文献)。论文写作时，一键插入参考文献，将自动形成文中引文和参考文献列表，并自动调整引文序号。该软件还提供多种笔记、试验记录模板和范例，可以显著提高写作效率和论文写作的规范性。此外，该软件还具有个人成果报表功能，方便用户导出个人文献成果。

9.1.4 期刊RSS订阅

NoteFirst软件能通过RSS源或关键词订阅所关注网站、期刊等资讯，支持用户把有价值的文献直接导入到“文献管理”中，自动补充作者、年卷期页码等元数据，方便作为参考文献进行引用。此外，该软件还可订阅知名企业最新产品、国家基金项目的最新动态，使研究者能够实时更新相关信息。

9.1.5 知识卡片摄取和电子书制作

NoteFirst软件支持屏幕照相和网页一键式收藏，可将有价值网页、文献、图片或屏幕上其他任何有价值内容保存为知识卡片，再将知识卡片打包成电子书，实现知识卡片的永久保存和便捷分享。

9.1.6 团队科研协作

通过在NoteFirst软件中建立共享群组，并邀请成员加入到团队群组中，可以实现文献、文稿、读书笔记、实验记录、知识卡片等有价值资源在团队内一键共享和统计，实现团队资源的积累和传承。例如，一篇好的文献读书笔记可以大大提高他人的知识获取效率，一本完整的实验记录历史能避免他人的重复性无效劳动。如此逐步积累的科研资源和科研素材在未来将自动构建起机构知识库，成为团队历史的记录，也将为后来的研究者提供思路和方法。

9.1.7 任务自动评估和统计

NoteFirst 可以自动统计成员的阅读任务、实验任务和其他科研工作的进展与完成情况。其通过成员对分享资源的评价，实现各项任务完成情况的实时监测、智能评价和科学管理。

9.2 NoteFirst 的下载和安装

9.2.1 NoteFirst 的下载

NoteFirst 的网站主页地址为 http://www.NoteFirst.com，在地址栏输入上述地址即可进入如图 9-1 所示的 NoteFirst 网站主页，点击免费下载标签可进入如图 9-2 所示的软件下载页面。在此处可下载 NoteFirst 的最新版本，按下述方法进行安装和使用。

图 9-1 NoteFirst 的官方网站主页

图 9-2　NoteFirst 的软件下载界面

9.2.2　NoteFirst 的安装

在下载的软件安装包里点击安装文件 setup.exe 进行安装。需要注意的是，安装过程中会关闭所有的 Word 文件。因此在安装之前最好主动保存并关闭已打开的 Word 文件。此外，电脑中的某些杀毒软件或防火墙等实时防护软件在安装或登录时可能会进行提醒，此时应选择“允许”或“解除阻止”，否则 NoteFirst 将难以正常运行。

9.2.3　NoteFirst 的注册

在使用 NoteFirst 软件之前，需要先在如图 9-1 所示的 NoteFirst 网站主页上注册账号，亦可在安装完成后点击桌面上的 NoteFirst 快捷方式进入登录界面（如图 9-3 所示），然后直接点击“注册新账号”进行注册。

图 9-3 NoteFirst 4.0 的注册界面

9.2.4 NoteFirst 的登录

在完成账号注册后，需要在注册邮箱中激活账号才能进入如图 9-4 所示的 NoteFirst 主界面。在此界面中，可根据个人所需实现文献订阅、文献管理、知识卡片和团队协作等各种功能。

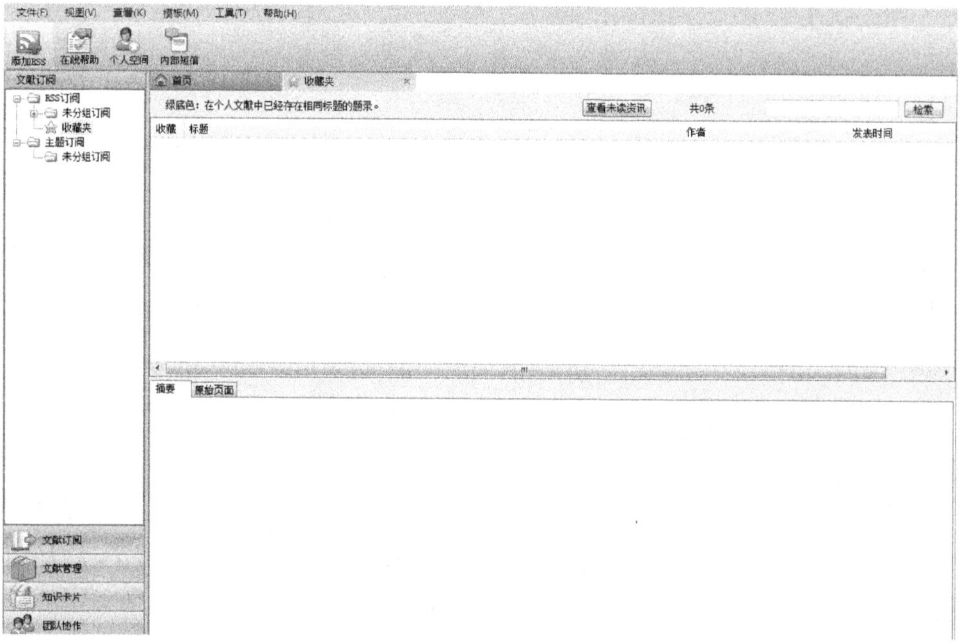

图 9-4 NoteFirst 主界面

9.3　NoteFirst 的文献管理

文献管理也称为参考文献管理或题录管理，是 NoteFirst 的核心功能。与普通的文件管理不同，由 NoteFirst 执行的文献管理不仅包括对文献的全文进行管理，还包括对作为参考文献引用所需的元数据进行管理，以及对研究者阅读文献后产生的每篇文献对应的笔记进行管理。

进入如图 9-5 所示的 NoteFirst 的文献管理界面，研究者可以根据研究方向、研究的关键词和学科等信息把下载的文献分成若干文件夹。值得注意的是，在此建立的文件夹为虚拟文件夹，一个题录只能保存在一个文件夹下。文件夹支持多级嵌套，允许用户新建、删除或更名文件夹。

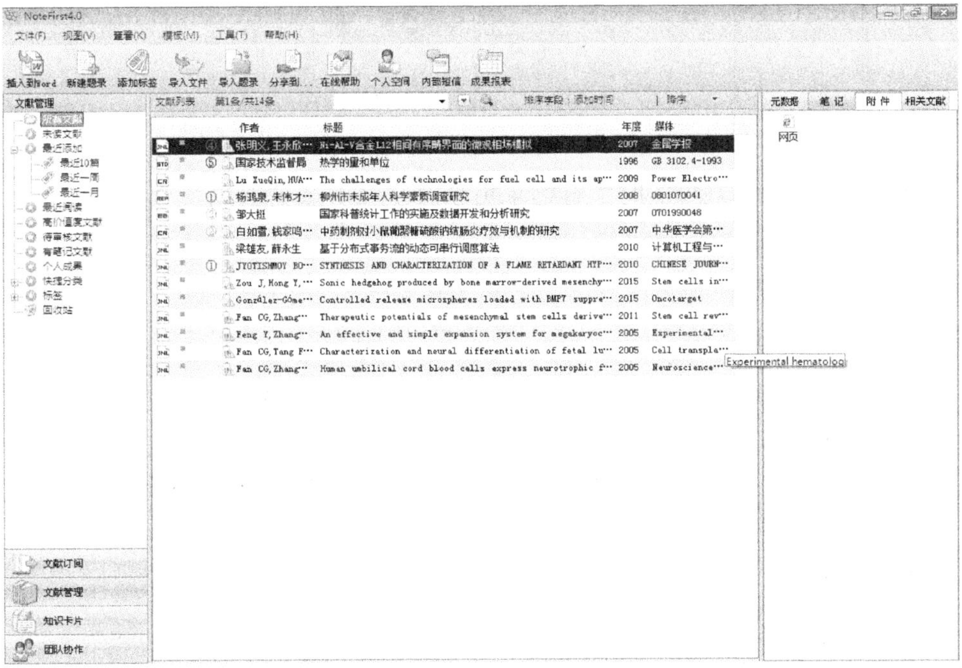

图 9-5　NoteFirst 的文献管理界面

9.3.1 常用标签的主要功能介绍

文件标签下除了打开和关闭标签外，还提供新建题录功能。

视图　点击视图标签可更改题录的显示格式，该软件提供预览形式、列表形式、预览＋备注形式、列表＋备注形式等四种题录显示格式，研究者可根据自己的需要和爱好更改视图类型，如图 9-6 所示。

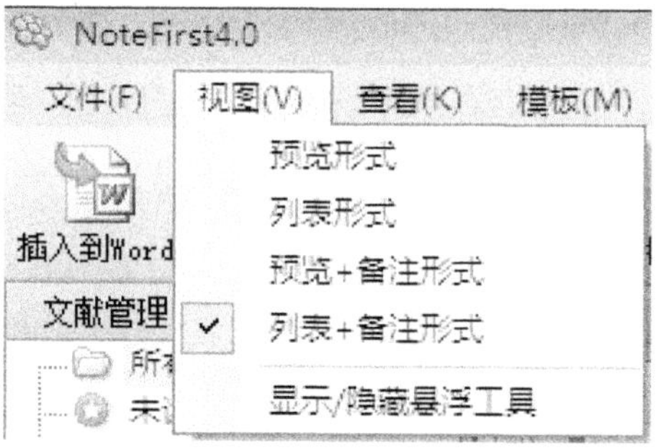

图 9-6　NoteFirst 的视图方式选择

查看　在查看标签可实时了解题录更新及全文下载情况以及全文同步任务完成情况，如图 9-7 所示。

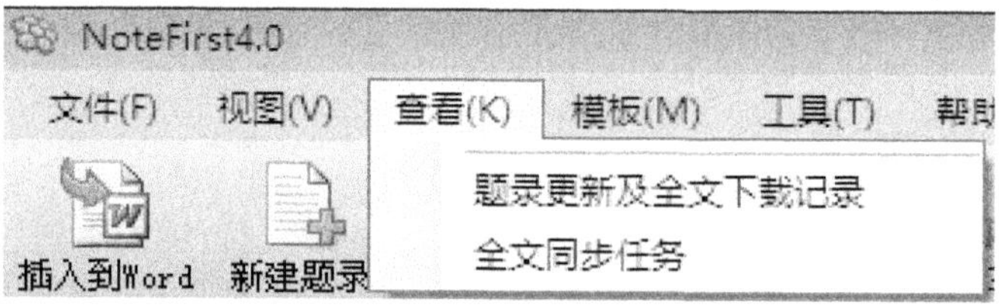

图 9-7　NoteFirst 的查看功能

模板　模板功能是该软件的特色之一，可提供期刊论文、学位论文和实验记录等模板，用户可根据需求自定义个体化模板，还可选择文字处理系统的自带模板，这对完成论文写作有很大帮助，如图 9-8 所示。

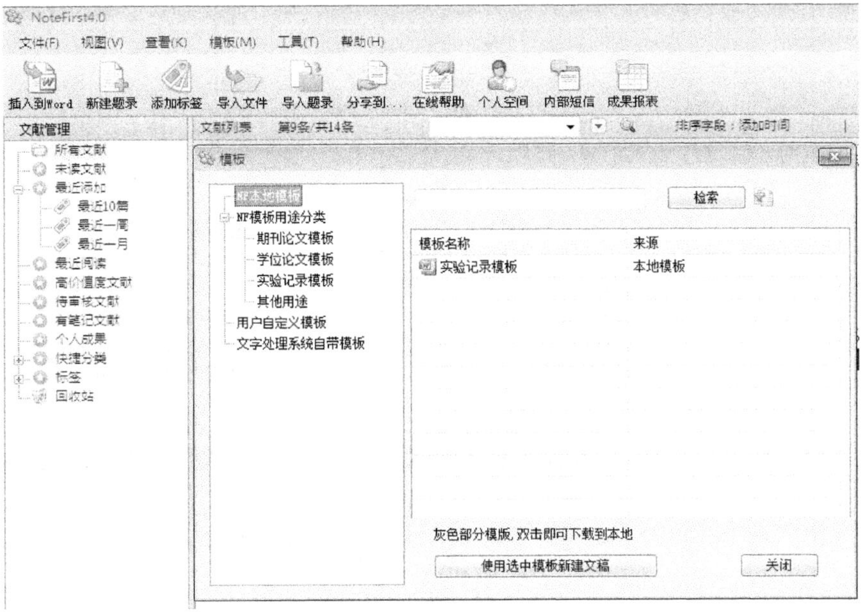

图 9-8　NoteFirst 的模板功能

工具　工具标签可以为使用者提供可能用到的各种工具。如图 9-9 所示，例如点击在线数据库可了解该软件已提供相应链接的数十种数据库，亦可按学科分类了解数据的情况。使用者可根据所需选择感兴趣的数据库并将其添加到我的在线数据库内，如图 9-10 所示。

在参考文献样式管理器下，使用者可输入拟投稿的杂志名称，搜索并下载该杂志的文献格式。如杂志名称为灰色，表明该杂志的文献格式并没有在此软件中，研究者需双击该杂志名称，将文献格式下载后再使用，如图 9-11 所示。

帮助　人性化的帮助功能对于不熟悉该软件的使用者来说是必不可少的。在帮助标签下，使用者可执行在线帮助、用户注册或修改密码等功能，如图 9-12 所示。

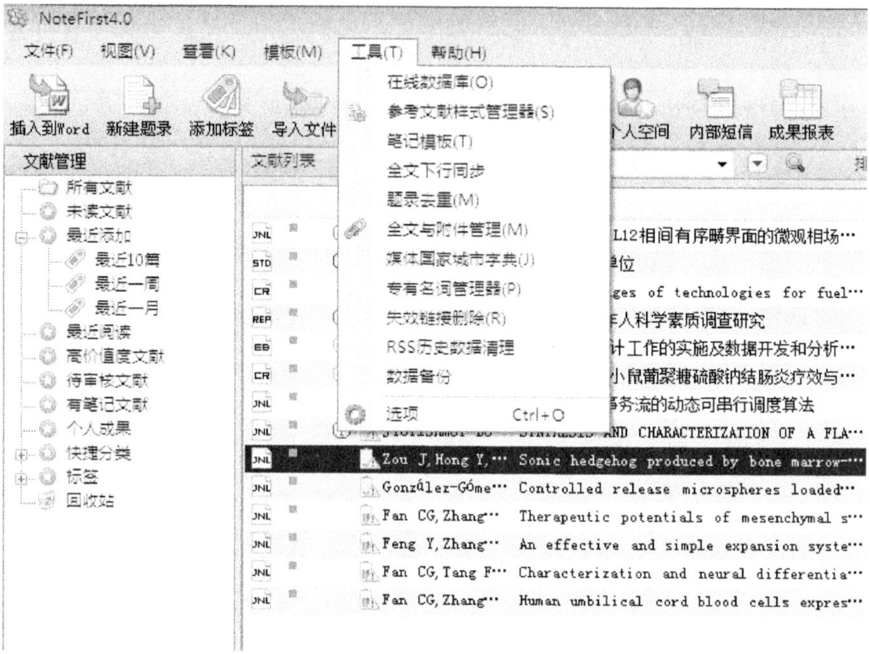

图 9-9 NoteFirst 的工具

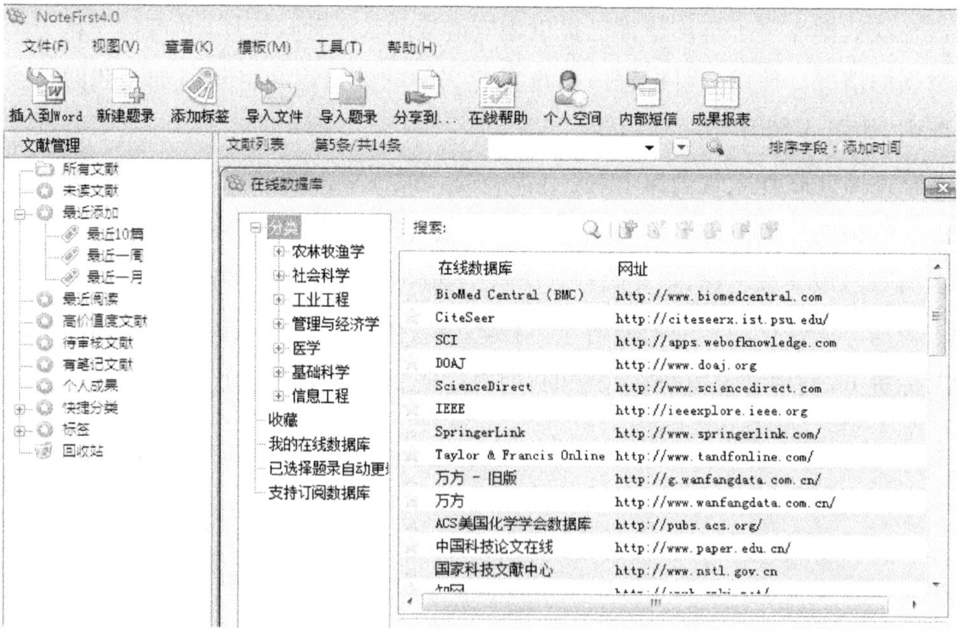

图 9-10 NoteFirst 的在线数据库

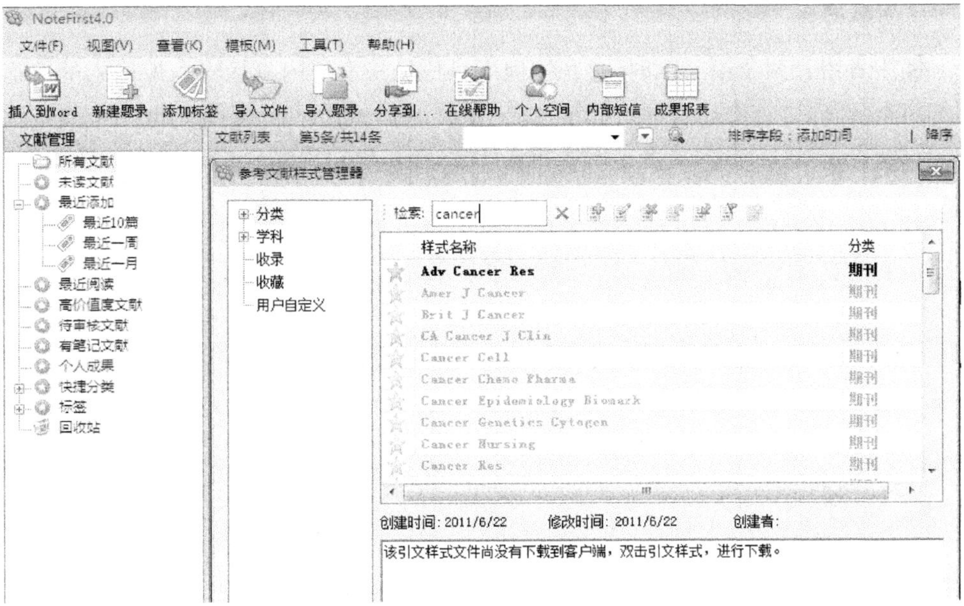

图 9-11　NoteFirst 的参考文献样式管理器

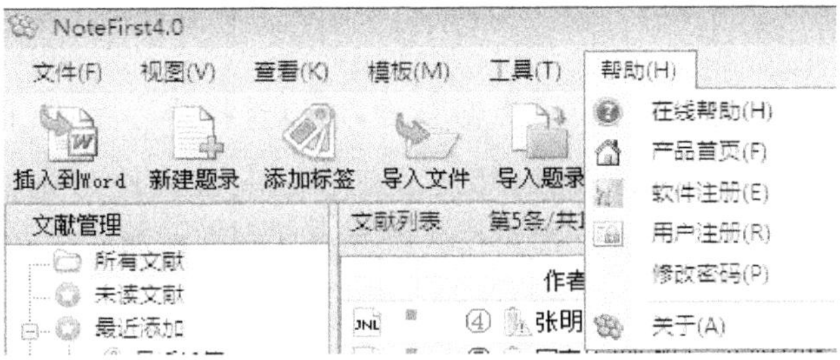

图 9-12　NoteFirst 的帮助功能

9.3.2　文献管理

1.题录分类

使用者可在如图 9-5 所示的文件管理界面下根据研究方向、研究的关键词、亚专业分科等信息把收集的文件分成若干虚拟文件夹。这些文件夹支持多级嵌套，且允许用户新建、删除或更改文件夹的名称。若拟更改题录的显示格式，可在视图标签下提供的预览形式、列表形式、预览＋备注形式、列表＋备注形式四种题录显示格式中任意选择和更改。

2.文献检索

使用者要查找某篇文献时,可在快捷工具栏的检索框内直接输入拟检索的关键词并按回车键,亦可点击检索框右侧的下拉列表,从标签、作者、标题和媒体 4 个选项中进行相关查找。例如,输入 stem cell,即可检索到如图 9-13 所示的 3 篇文献。

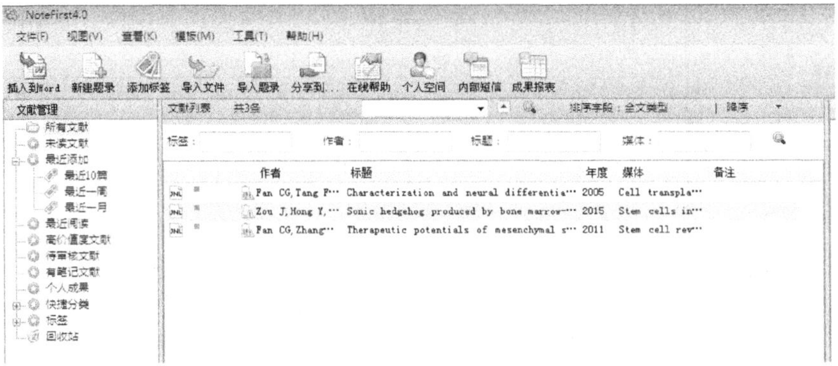

图 9-13 NoteFirst 的检索功能

3.文献排序

在题录栏上方“排序字段”位置点击右键,可以选择排序字段(根据添加时间、作者、标题、媒体、题录类型、价值等级、年度、全文类型、准确性与完整度、附件标记等信息进行排序),并可以选择升序或者降序排列,如图 9-14 所示。

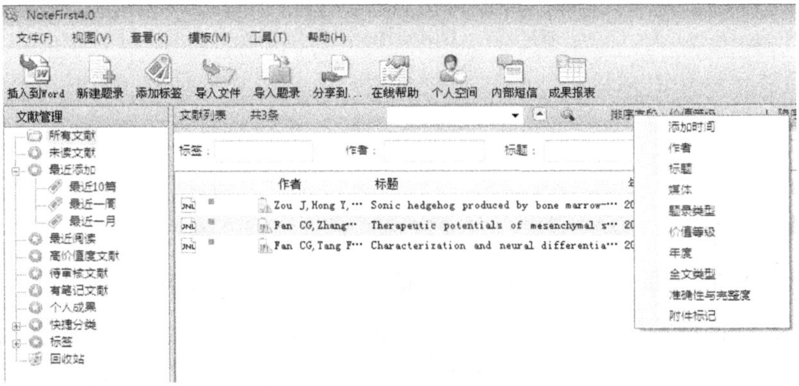

图 9-14 . NoteFirst 文献排序

4.文献的价值等级

NoteFirst 通过使用等级标记(用①②③④⑤表示)以突出用户对某篇题录价值的评定。可以通过题录列表区右键菜单中的“价值等级”来实现,也可以通过菜单栏“标记—价值度标定”来实现,如图 9-15 所示。

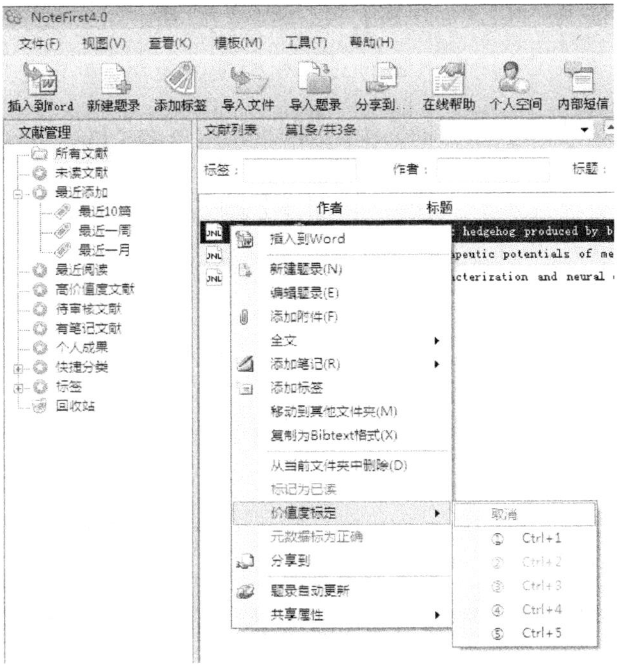

图 9-15　NoteFirst 的文献价值等级排序

5.文献的已读/未读标记

NoteFirst 通过使用题录显示为“普通字体”或者“加粗字体”来体现出已读/未读属性:加粗表示未读,正常字体表示已读。标记状态可通过右键—“标记为已读/未读”进行手工修改。文献查看全文后会自动变为已读状态。

6.文献插入功能

在打开的 Word 中将光标定位在适当位置,在 NoteFirst 中选择待插入的文献题录,点击工具栏的插入到 Word 按钮,即可将该题录作为参考文献插入到 Word 中。

7.其他功能

除上述常用功能外,NoteFirst 还提供公开/非公开文献、自有版权文献、文献的移动、添加标签、添加全文文件和附件以及网络链接地址等功能，使用者可根据自身情况进行选择。

9.4 NoteFirst 的文献订阅

文献订阅提供 RSS 订阅和主题订阅两种模式，其中 RSS 订阅用于订阅用户关注期刊的最新一期文章、优先出版的文章和相关的资讯，如基金委动态、国内外要闻、相关企业的最新产品动态、幽默等。此外，用户还可把有价值的文献直接导入到文献管理中，导入时自动补充作者、标题、期刊名称、年卷期页码等信息，以便作为参考文献进行引用。文献列表区的下方为信息详细内容显示区。详细内容显示有两种模式：摘要和原始页面。“摘要”模式显示文献的摘要信息，“原始页面”模式则显示该文献的原始页面，如图 9-16 所示。

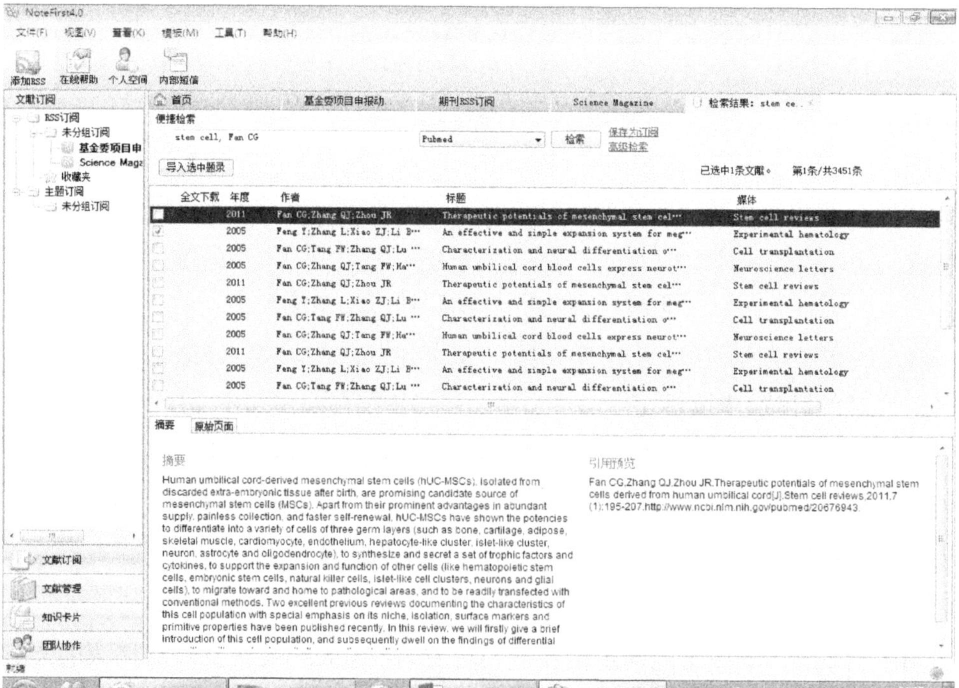

图 9-16 NoteFirst 的 RSS 订阅

主题订阅，也称为“关键词订阅”，用于订阅某位学者、某个研究领域的最新成果。该功能是在数据库中通过某个关键词检索所选择的数据库中的相关文献进行订阅。主题订阅分三步走：第一步输入感兴趣的关键词，第二步选择拟订阅的数据库，第三步保存订阅，如图 9-17 所示。

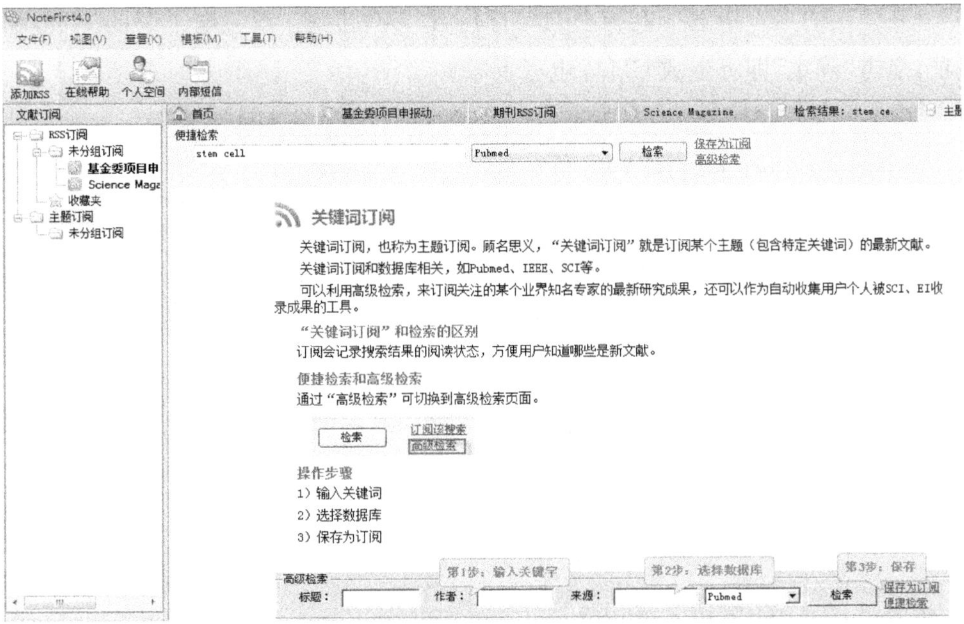

图 9-17　NoteFirst 的关键词订阅

9.5　NoteFirst 的知识卡片

用户在阅读文献、浏览网页时，往往需要有选择地把自己认为有价值的内容做成知识卡片进行保存。新版的 NoteFirst 具有知识卡片管理功能，支持把网页、图片、文献等信息做成知识卡片，并进行便捷分类、标签、检索等功能。该界面可提供一键保存网页（快速分类收藏有价值的信息）、屏幕截图（以图片形式保存有价值的信息）、知识卡片管理（对卡片进行分类管理，提供快捷查询和预览）和转换为电子书（把收集的卡片转换为电子书，便于收藏、出版和分享）四种功能。

可通过点击浮动快捷菜单来快速保存整个网页（点击“保存网页”后，选择要保存的网页)，也可在浏览器中通过 IE 插件保存(点击右键菜单中的“NoteFirst 保存网页”)。若仅想保存部分网页，可在网页上通过鼠标拖拽选择想要保存的区域，然后右键选择“NoteFirst 保存选中部分”即可。拟保存屏幕截图时，在准备收集的页面上点击浮动快捷菜单中的“屏幕截图”，截取想要保存的区域，保存即可。此后，可打开“形成电子书”窗口，在所要制作电子书的文件夹上点击右键，选择“形成电子书”。在弹出的窗口中选择电子书的保存位置，填写标题，设置电子书的主页，配置选项，点击“确定”即可生成 CHM 电子书。

9.6 NoteFirst 的团队协作

科研协作系统是 NoteFirst 的特色之一。使用者可以创建自己的群组(团队)，在团队成员内部一键分享文献、读书笔记、实验记录、知识卡片、题录等资源。逐步积累的资源在未来将自动构建起机构知识库，成为团队历史的记录。此外，还可邀请其他成员加入，发出系统消息，分享统计结果，或者向某一成员发送内部消息等。如图 9-18 所示。

图 9-18　NoteFirst 的团队协作

创建群组分为选择群类型、填写群信息、邀请群成员三步。群组分为个人群组和团队机构群。个人群组的所有权归用户个人，个人可以解散群组；团队机构群的所有权归团队或机构所有，群组管理员无法解散该群，只有机构管理员才有权利解散该群。群组还分为普通群、高级群、超级群，但普及版用户只有创建普通群的权利，如图 9-19 所示。

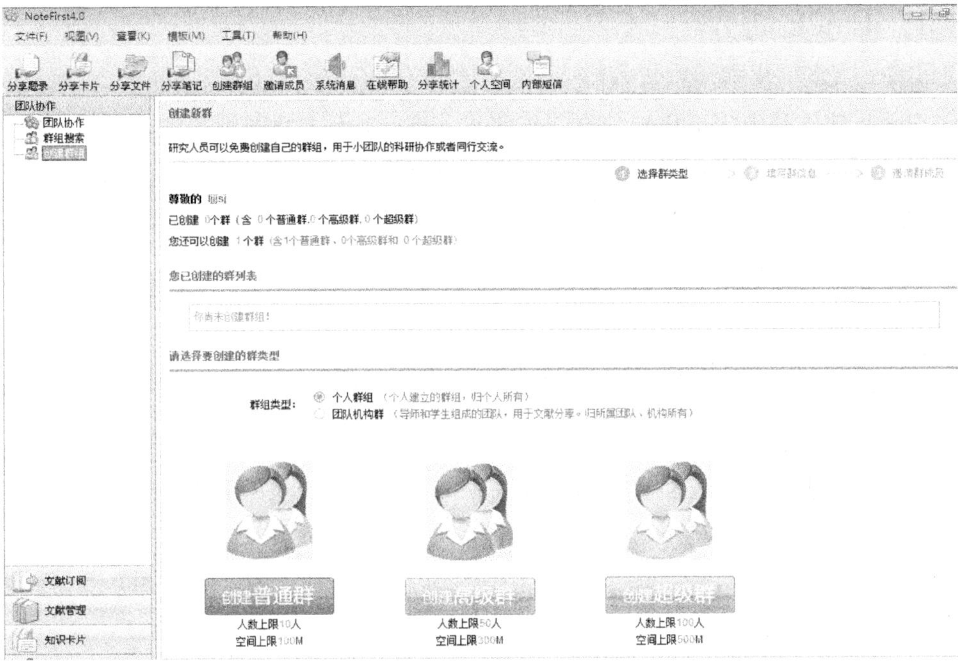

图 9-19 NoteFirst 的创建群组

系统除了成员间分享读书笔记、实验记录等功能外，还可自动统计成员的阅读任务、实验任务的完成情况；通过对成员分享资源的评价，可实现任务的智能评价，在分享资源的同时完成科研管理。

本章思考题：

利用 NoteFirst 完成有关“信息资源开发”的文献综述。

第 10 章　数据网络分析软件——Pajek

10.1　Pajek 简介

Pajek 软件是由 Vladimir Batagelj 和 Andrej Mrvar 共同编写的，可以供非商业用途的用户免费使用。Pajek 在斯洛文尼亚语中是蜘蛛的意思，该软件的 Logo 就是一只蜘蛛，暗示其具有网络绘制的功能。

Pajek 是一种基于 Windows 的用于将大型网络可视化的社会网络分析软件，是基于图论、网络分析以及可视化软件等发展而来的。它的特点是将信息可视化。它允许人们对大量抽象的数据进行分析。事实上人的创造性不仅取决于人的逻辑思维，同时取决于人的形象思维。海量的数据只有通过可视化变成形象，才能激发人的形象思维，才能从在表面上看来是杂乱无章的海量数据中找出隐藏的规律，为科学发现、工程开发和业务决策等提供依据。

10.2　Pajek 的主要功能

Pajek 中有 Files 和 Net 选项，其中 Files 菜单还有一些常用功能，如 Read(读取)、Edit(编辑)和 Sort(分类)等，如图 10-1 所示。Pajek 数据文件在形式上可以是邻接矩阵本身，也可以是对数据进行分区或聚类分析的结果。使用 Net 选项，可以对网络进行转置或简化处理。因为 Pajek 包括很多用来检测成分的命令，其他菜单选项也可以进行各种分区和聚类，它们是专门设计用来减少巨型网络规模的。Pajek 可以对一个巨大的网络进行分析和分区，然后对每个分区进行更细致的分析。

Pajek 可以对大型网络进行有效的分析。最显著的功能就是该软件可以在屏幕上绘出二维、三维甚至动态的社群图，并具有强大的图形生成和导出功能。与 MDS 类似，Pajek 也使用弹性嵌入程序对结果图进行着色处理，确定标签，以便直观地突

图 10-1　Pajek 的功能界面

出网络关系的核心特征；还可以利用选项功能对社群图进行平面旋转或空间旋转，以便从不同的角度观察图形；同时也提供鼠标自由移动所生成的网络节点。Pajek 可以对所有的操作进行精确细致的控制。

10.3　Pajek 的应用

下面将结合具体的链接分析研究实例，来详细介绍 Pajek 在网络信息计量研究中的应用。大学网站之间的学术信息交流是网络信息分析的一个重要方面。大学之间的学术信息交流情况是学术研究情况评估、大学科研情况评估，以及大学之间的交流活跃情况评估的一个重要考察指标。因此，选择大学网站之间的互链情况作为实际使用的案例。

10.3.1　数据来源

本实例选取中国管理科学研究院武书连等人发布的《2008 中国大学评价》中排名前 50 的大学的网站作为研究对象，如表 10-1 所示。截至 2008 年 7 月 31 日，借助 Altavista 搜索到的 50 个大学的网站之间所有的互链共 22 094 条。

表 10-1　链接分析数据

编号	大学名称	网站地址	编号	大学名称	网站地址
1	清华大学	www.tsinghua.edu.cn	26	同济大学	www.tongji.edu.cn
2	北京大学	www.pku.edu.cn	27	华南理工大学	www.scut.edu.cn
3	浙江大学	www.zju.edu.cn	28	重庆大学	www.cqu.edu.cn
4	上海交通大学	www.sjtu.edu.cn	29	华东师范大学	www.ecnu.edu.cn
5	南京大学	www.nju.edu.cn	30	兰州大学	www.lzu.edu.cn
6	复旦大学	www.fudan.edu.cn	31	北京理工大学	www.bit.edu.cn
7	中国科学技术大学	www.uste.edu.cn	32	中国农业大学	www.cau.edu.cn
8	华中科技大学	www.hust.edu.cn	33	湖南大学	www.hnu.edu.cn
9	武汉大学	www.whu.edu.cn	34	东北大学	www.neu.edu.cn
10	西安交通大学	www.xjtu.edu.cn	35	郑州大学	www.zzu.edu.cn
11	吉林大学	www.jlu.edu.cn	36	南京航空航天大学	www.nuaa.edu.cn
12	中山大学	www.sysu.edu.cn	37	苏州大学	www.suda.edu.cn
13	四川大学	www.seu.edu.cn	38	华东理工大学	www.ecust.edu.cn
14	哈尔滨工业大学	www.hit.edu.cn	39	武汉理工大学	www.whut.edu.cn
15	山东大学	www.sdu.edu.cn	40	南京农业大学	www.njau.edu.cn
16	南开大学	www.nankai.edu.cn	41	中国石油大学	www.upe.edu.cn
17	天津大学	www.tju.edu.cn	42	北京科技大学	www.ustb.edu.cn
18	北京师范大学	www.bnu.edu.cn	43	上海大学	www.shu.edu.cn
19	中南大学	www.csu.edu.cn	44	西安电子科技大学	www.xidian.edu.cn
20	东南大学	www.seu.edu.cn	45	中国矿业大学	www.cumt.edu.cn
21	厦门大学	www.xmu.edu.cn	46	西南大学	www.swnu.edu.cn
22	中国人民大学	www.rue.edu.cn	47	暨南大学	www.jnu.edu.cn
23	北京航空航天大学	www.buaa.edu.cn	48	电子科技大学	www.uestc.edu.cn
24	大连理工大学	www.dlut.edu.cn	49	华北师范大学	www.nenu.edu.cn
25	西北工业大学	www.nwpu.edu.cn	50	华中师范大学	www.ccnu.edu.cn

10.3.2 数据预处理

使用 Altavista 搜索到的链接数据，需要转化为 Pajek 软件能够读取的格式。具体的转化主要包括两步：

第一步，将下载的链接文件转化为 Excel 格式的数据，下列数据表示 50 所大学之间互链的下三角邻接矩阵，如表 10-2 所示。

表 10-2 Excel 格式的链接数据(部分)

	A	B	C	D	E	F	G	H	I	J	K	L
1		www.tsinghua.	www.pku.e	www.zju.e	www.sjtu.e	www.nju.edu.	www.fudan	www.ustc.e	www.hust.e	www.whu.e	www.xjtu.e	www.jlu.ed
2	www.tsinghua.edu.cn											
3	www.pku.edu.cn	216										
4	www.zju.edu.cn	211	124									
5	www.sjtu.edu.cn	112	41	48								
6	www.nju.edu.cn	21	51	41	27							
7	www.fudan.edu.cn	158	549	146	90	23						
8	www.ustc.edu.cn	11	12	13	5	8	10					
9	www.hust.edu.cn	34	131	21	21	17	19	8				
10	www.whu.edu.cn	132	67	50	13	30	23	4	186			
11	www.xjtu.edu.cn	35	27	40	268	14	13	4	21	10		
12	www.jlu.edu.cn	20	1321	1307	1313	14	1303	2	11	8	7	
13	www.sysu.edu.cn	81	99	4	6	9	12	8	3	6	1	4
14	www.scu.edu.cn	28	32	19	4	6	6	2	12	9	5	3
15	www.hit.edu.cn	18	19	18	20	9	7	1	13	16	16	5
16	www.sdu.edu.cn	37	56	39	48	12	22	4	37	22	11	11
17	www.nankai.edu.cn	38	37	24	15	28	26	10	19	14	13	9
18	www.tju.edu.cn	28	22	19	14	9	6	4	15	10	8	6
19	www.bnu.edu.cn	26	37	35	17	12	22	3	14	15	10	11
20	www.csu.edu.cn	40	42	9	5	5	1	0	4	4	30	3
21	www.seu.edu.cn	19	20	94	10	23	10	1	11	9	5	3
22	www.xmu.edu.cn	16	24	28	11	9	13	0	13	10	10	6
23	www.ruc.edu.cn	688	1089	8	4	8	13	6	9	18	8	8
24	www.buaa.edu.cn	465	369	10	7	5	3	0	9	4	3	5
25	www.dlut.edu.cn	11	13	7	8	9	3	0	10	7	8	2
26	www.nwpu.edu.cn	34	35	7	8	4	3	0	8	3	32	2
27	www.tongji.edu.cn	5	11	93	21	9	61	0	14	6	4	6

第二步，将.xls 格式的链接数据转化为可以被 Pajek 识别的.net 文件——中国 50 所大学.net，如图 10-2 所示。

```
*Vertices 50
    1 "www.tsinghua.edu.cn"    0.6909    0.4970
    2 "www.pku.edu.cn"    0.4180    0.3950
    3 "www.zju.edu.cn"    0.4987    0.3780
    4 "www.sjtu.edu.cn"    0.5225    0.5140
    5 "www.nju.edu.cn"    0.6815    0.4144
    6 "www.fudan.edu.cn"    0.5990    0.4278
    7 "www.ustc.edu.cn"    0.1000    0.5455
    8 "www.hust.edu.cn"    0.5931    0.5722
    9 "www.whu.edu.cn"    0.5591    0.3197
    10 "www.xjtu.edu.cn"    0.4163    0.6548
    11 "www.jlu.edu.cn"    0.3925    0.7398
    12 "www.sysu.edu.cn"    0.3193    0.8308
   ............
*Arcs
     1       2  216.0000
     1       3  211.0000
     1       4  112.0000
     1       5   21.0000
     1       6  158.0000
     1       7   11.0000
     1       8   34.0000
     1       9  132.0000
     1      10   35.0000
     1      11   20.0000
     1      12   81.0000
     1      13   28.0000
   ............
```

图 10-2 Pajek 文件中国 50 所大学.net 格式

Pajek 可识别的.net 文件由两部分组成：Vertices(顶点)部分和 Arcs(弧)部分。第一部分以“＊Vertices”开头，“50”表示顶点数，以下依次为各顶点的信息。下面我们以第一条记录为例，详细解释 Pajek 文件中顶点信息的记录格式：“1”和“www.tsinghua.edu.cn”表示该顶点的编号为 1，名称为 www.tsinghua.edu.cn；“0.6909 0.4970”表示该顶点在可视化图中 x、y 轴的坐标值，该值可以由使用者自行设定或者省略。第二部分以“＊Arcs”开头，表示各顶点之间的关系。我们仍然以第一条记录为例：“1 2 216.0000”表示编号为 1 与编号为 2 的顶点之间的链接数为 216 次。

10.3.3 可视化成图

在菜单中选择 File(文件)—Network(网络)—Read(读取)，或者直接在窗口界面的左侧点击 Networks(网络)栏中最左侧的打开按钮。

步骤 1 在 Pajek 中读取文件：中国 50 所大学.net，如图 10-3 所示。

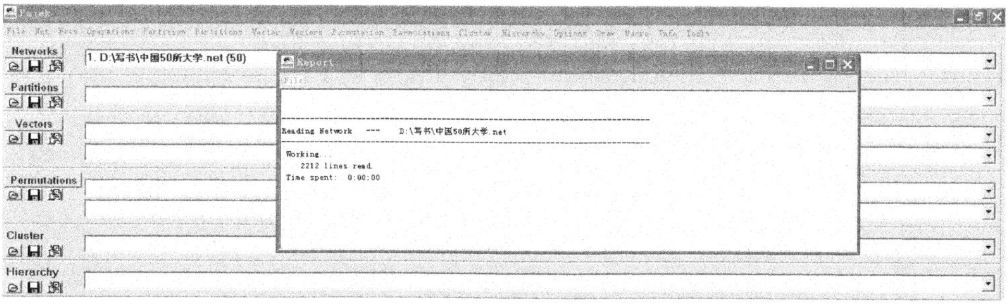

图 10-3　在 Pajek 中读取文件：中国 50 所大学.net

步骤 2　在 Pajek 菜单选取所需的成图算法，如图 10-4 所示。Pajek 默认的成图方式是环形算法(Circular)，如图 10-5 所示。除此之外，常用的成图算法还有 Kamada-Kawai 算法和 Fruchterman-Reingold spring embedder 算法。Fruchterman-Reingold spring embedder 算法由 Fruchterman 和 Reingold 提出，他们将一个无向连通图看作是一个力学系统，其最终目的是要使力学系统达到平衡。

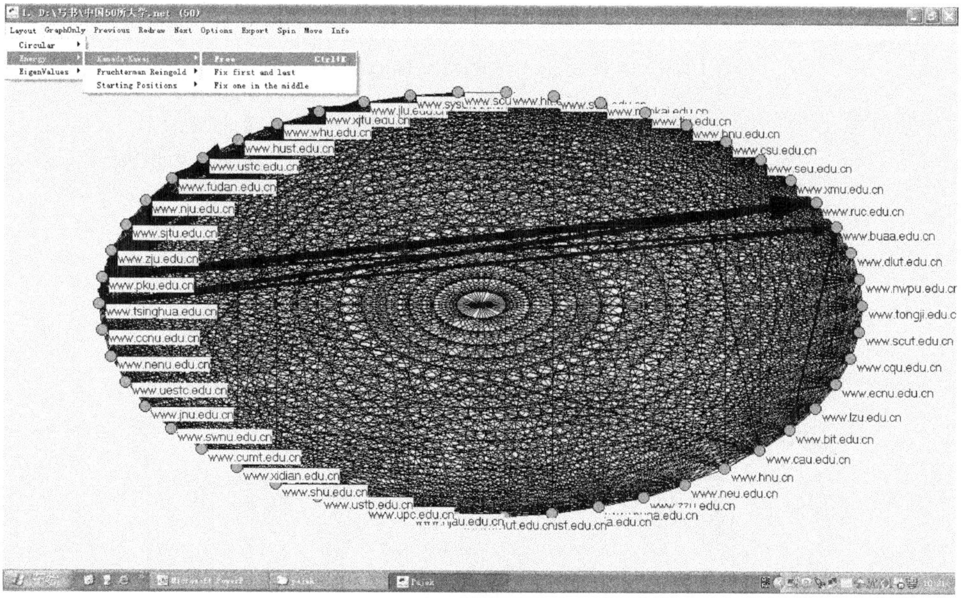

图 10-4　算法选择

可以在 Draw(绘图)—Layout(布局)中进行调整。在 Layout(布局)菜单中选择

Layout—Energy—Free—Kamada-Kawai，得到 Kamada-Kawai 算法的成图，选择 Layout—Energy—Free—Fruchterman-Reingold，得到 Fruchterman-Reingold 算法的成图，如图 10-6、图 10-7 所示。

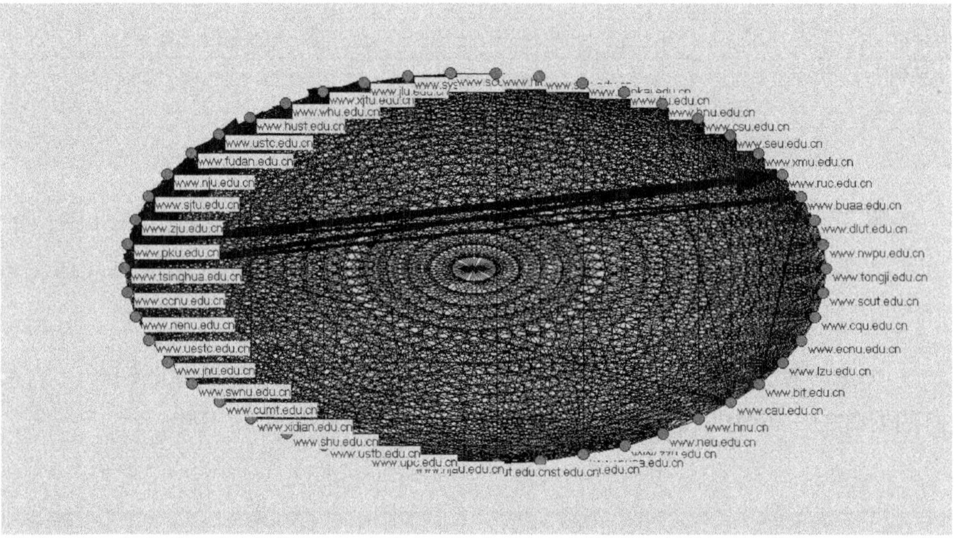

图 10-5　50 所大学之间的链接网络图(环形算法)

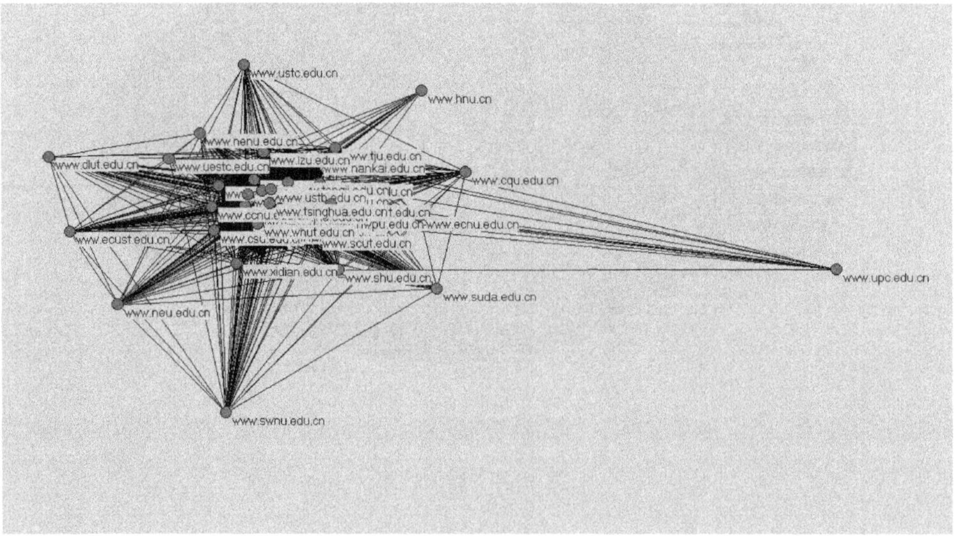

图 10-6　50 所大学之间的链接网络图(Kamada-Kawai 算法)

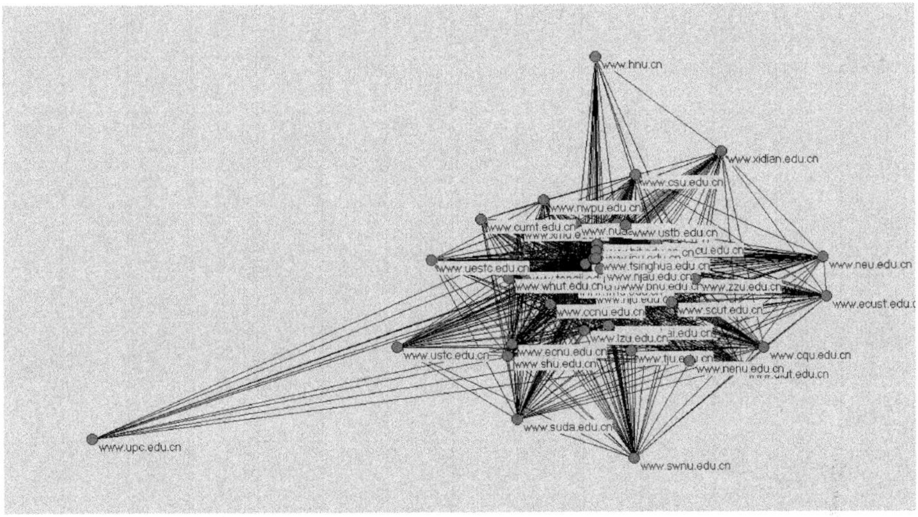

图 10-7　50 所大学之间的链接网络图(Fruchterman-Reingold 算法)

除了上述格式以外，Pajek 还能将网络图输出成为可放缩的矢量图形——SVG 格式(Scalable Vector Graphics)、EPS 格式以及 3D 格式，如 X3D、VRML、MDL-Molfile 等，如图 10-8、图 10-9 所示。

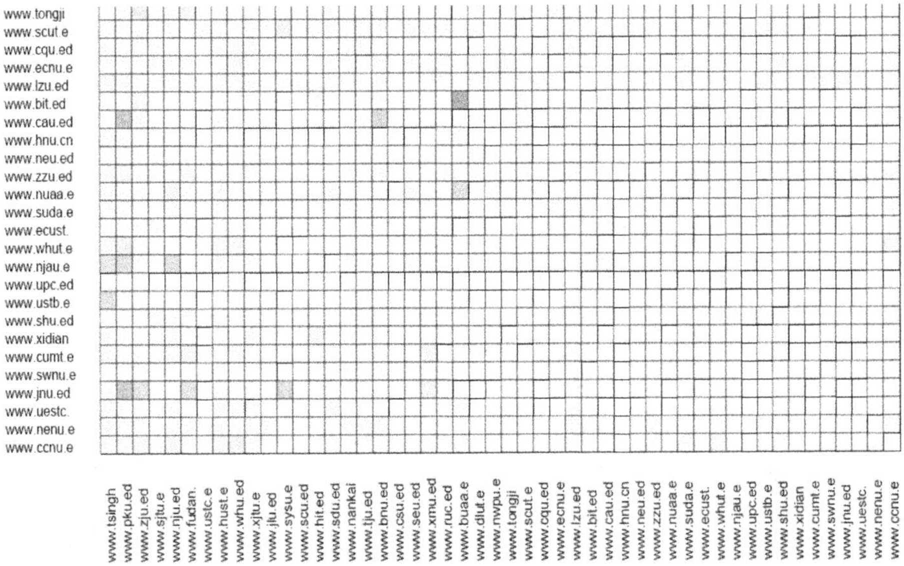

图 10-8　50 所大学之间的链接 EPS 格式图形(部分)

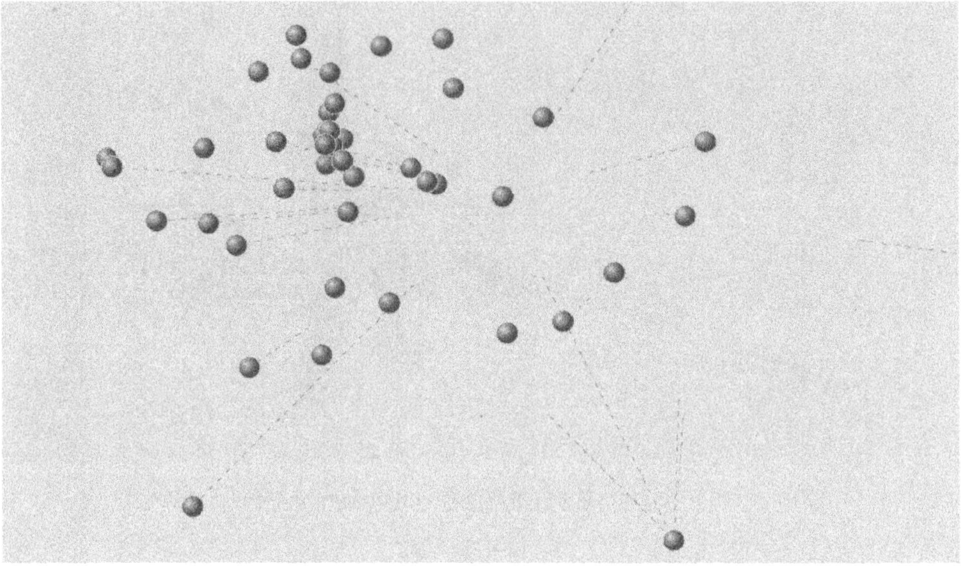

图 10-9 50 所大学之间的链接 SVG 格式图形(部分)

10.3.4 查看网络基本信息功能

在完成可视化成图后，可对得到的可视化图进行下一步的分析。具体步骤为使用 Pajek 软件中的 Info(信息)—Network(网络)—General(基本)，可以返回网络的基本信息，如图 10-10、图 10-11 所示。

网络基本信息中包含了四部分的信息：节点数、边数、环数、密度。其中，密度(Density)是 Pajek 软件中最常用的一种测度指标。密度是网络中实际存在的关系数目与可能存在的最多关系数目之比。Pajek 软件中，网络密度的计算公式为：

$$D=\frac{2*\#E}{n(n-1)}$$

其中，#E 表示图中边的数目，n 表示图中节点的数目。密度从整体上反映了网络的连通性。从图 10-12 中可知，在中国 50 所大学链接网络图中，共有 50 个节点(vertices)，2160 条边(lines)，允许环存在的密度为 0.860 000，不允许环存在的密度为 0.881 632 7。

同时，使用网络基本信息功能，还可以得到各个大学之间具体的链接情况。在

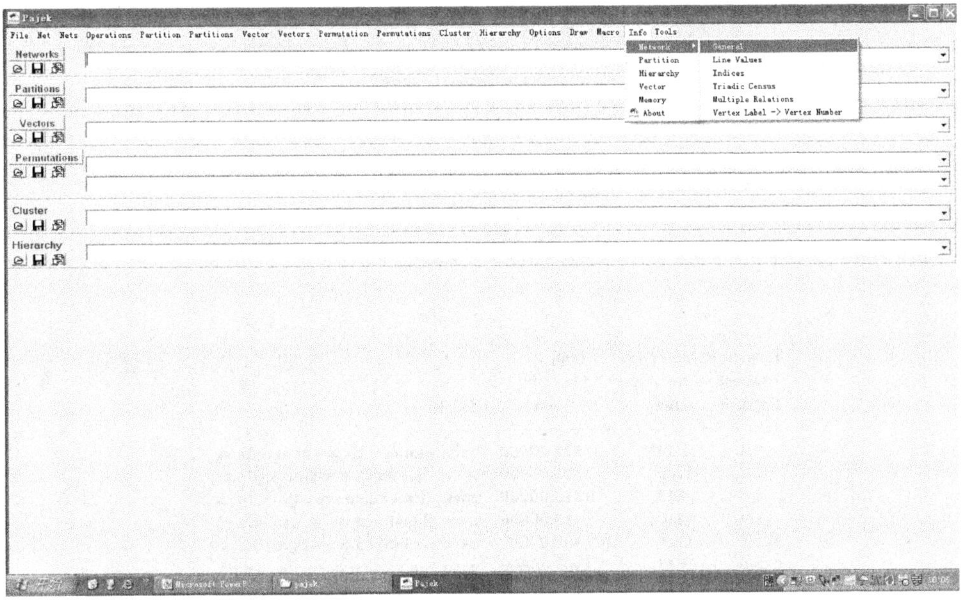

图 10-10　网络信息查看功能

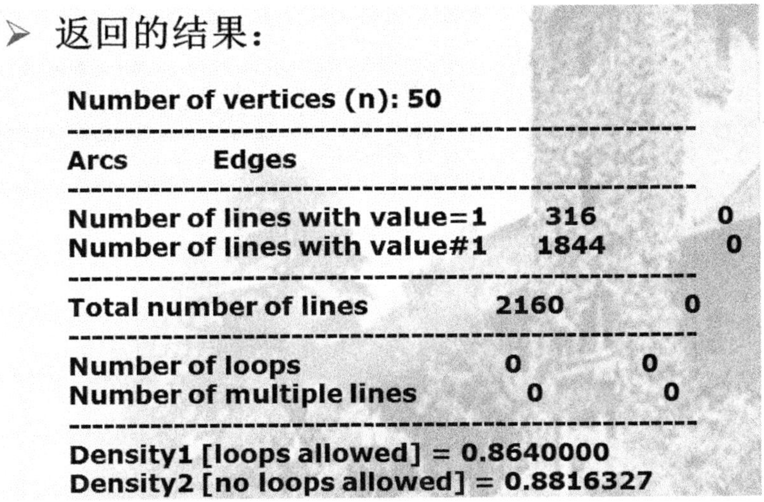

图 10－11　网络基本信息

菜单中选择 Info(信息)—Network(网络)—General(基本)，在弹出的对话框(见图 10-12)中输入 120，可以得到第 1 至 20 的链接情况，如图 10-13 所示。

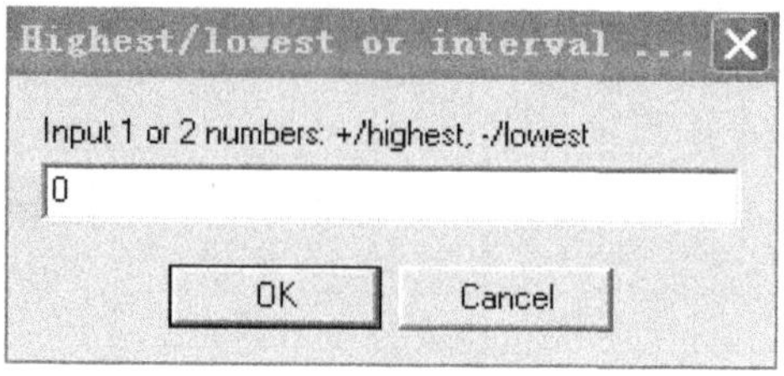

图 10-12　链接分析

Lowest value of line: 1.0000
Highest value of line: 1321.0000

Rank	Line	Value	Line-Id
1	2.11	1321.00000	www.pku.edu.cn.www.jlu.edu.cn
2	11.2	1321.00000	www.jlu.edu.cn.www.pku.edu.cn
3	4.11	1313.00000	www.sjtu.edu.cn.www.jlu.edu.cn
4	11.4	1313.00000	www.jlu.edu.cn.www.sjtu.edu.cn
5	11.3	1307.00000	www.jlu.edu.cn.www.zju.edu.cn
6	3.11	1307.00000	www.zju.edu.cn.www.jlu.edu.cn
7	6.11	1303.00000	www.fudan.edu.cn.www.jlu.edu.cn
8	11.6	1303.00000	www.jlu.edu.cn.www.fudan.edu.cn
9	22.2	1089.00000	www.ruc.edu.cn.www.pku.edu.cn
10	2.22	1089.00000	www.pku.edu.cn.www.ruc.edu.cn
11	1.22	688.00000	www.tsinghua.edu.cn.www.ruc.edu.cn
12	22.1	688.00000	www.ruc.edu.cn.www.tsinghua.edu.cn
13	6.2	549.00000	www.fudan.edu.cn.www.pku.edu.cn
14	2.6	549.00000	www.pku.edu.cn.www.fudan.edu.cn
15	23.1	465.00000	www.buaa.edu.cn.www.tsinghua.edu.cn
16	1.23	465.00000	www.tsinghua.edu.cn.www.buaa.edu.cn
17	2.23	369.00000	www.pku.edu.cn.www.buaa.edu.cn
18	23.2	369.00000	www.buaa.edu.cn.www.pku.edu.cn
19	31.23	339.00000	www.bit.edu.cn.www.buaa.edu.cn
20	23.31	339.00000	www.buaa.edu.cn.www.bit.edu.cn

图 10-13　第 1 至 20 的链接情况

本章思考题：

利用 Pajek 绘制国内有关“知识挖掘”(2010—2015)的引文网络。

第 11 章 信息可视化软件——CiteSpace

11.1 CiteSpace 简介

CiteSpace 是美国得雷塞尔大学信息科学与技术学院陈超美博士与大连理工大学 WISE 实验室联合开发的科学文献分析工具，它是分析和可视共被引网络的通用方法。CiteSpace 基于信息科学中"研究前沿"(research front)和"基础知识"(intellecture base)间的时间对偶(time-viariant duality)概念，实现了两个互补的视图：聚焦视图(cluster views)和时区视图(timevzone views)。它的创新之处在于在用其绘制的一幅科学知识图谱上，能够显示一个学科或者知识域在一定时期发展的趋势和动向，形成若干研究前沿领域的演进历程。利用 CiteSpace 可以寻找某一学科领域的研究发展和当前的研究前沿，及其对应的知识基础。简单说来，就是找出学术文献中文字(包括：作者、杂志、关键词、被引用词汇等)的关系，并将其可视化表示出来。

11.2 CiteSpace 的安装

CiteSpace 是基于 Java 编程语言的应用程序。陈超美先生在 CiteSpace 的官方网站上向大家免费提供了最新版的 CiteSpace 软件，下载地址：http://cluster.ischool.drexel.edu/～cchen/citespace/download.html。

CiteSpace 的安装过程与一般的软件有差异，需要安装 Java 运行环境——JRE。所以在安装之前，需检测自己是不是安装了最新的 Java。打开网址 http://www.java.com/en/download/testjava.jsp 可以进行在线检测。

CiteSpace 的 3.1R1 版(64 位)，需要 Java7(64 位)，而其他版本可以安装在 32 位操作系统中，需要 1.6 以上版本的 java 运行环境。

11.3 CiteSpace 的数据处理流程

CiteSpace 的数据来源有 Web of Science 引文数据库、Pub Med 文献数据库、CSSCI(Chinese Social Science Citation Index)、NSF、Derwent. Scopus、arxiv e-Print、CNKI、SDSS(Sloan Digital Sky Survey)等数据库。它根据这些数据库的检索结果进行文献计量和网络分析，根据节点类型选择分析目的——作者、机构或者国家的合作网络分析，主题、关键词或 Web of Science 分类的共现分析，文献共被引分析、作者共被引分析及期刊的共被引分析。CiteSpace 数据处理流程如图 11-1 所示。

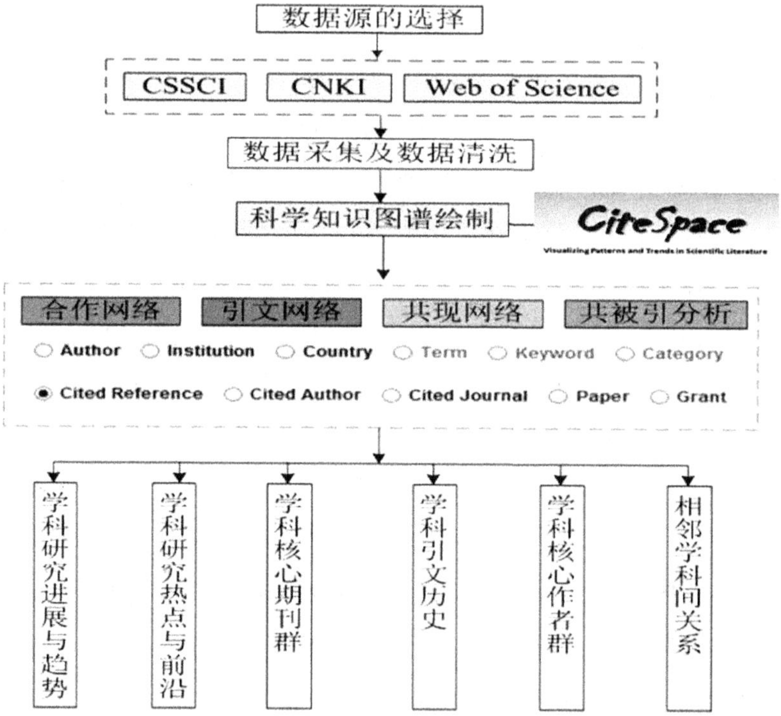

图 11-1 CiteSpace 处理流程图

通过文献信息的可视化，能够较为直观地识别学科前沿的演进路径及学科领域的经典文献基础，如图 11-2、图 11-3 所示。

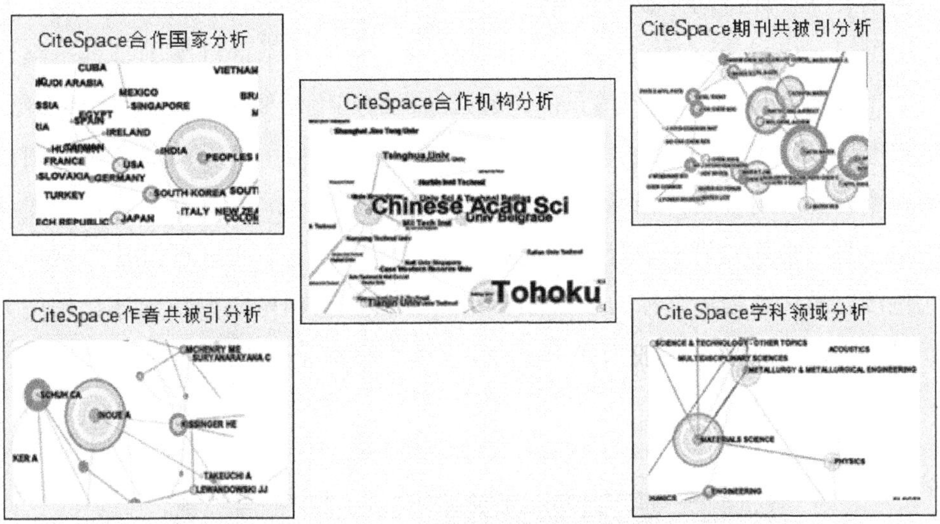

图 11-2　CiteSpace 文献计量网络分析聚类图谱

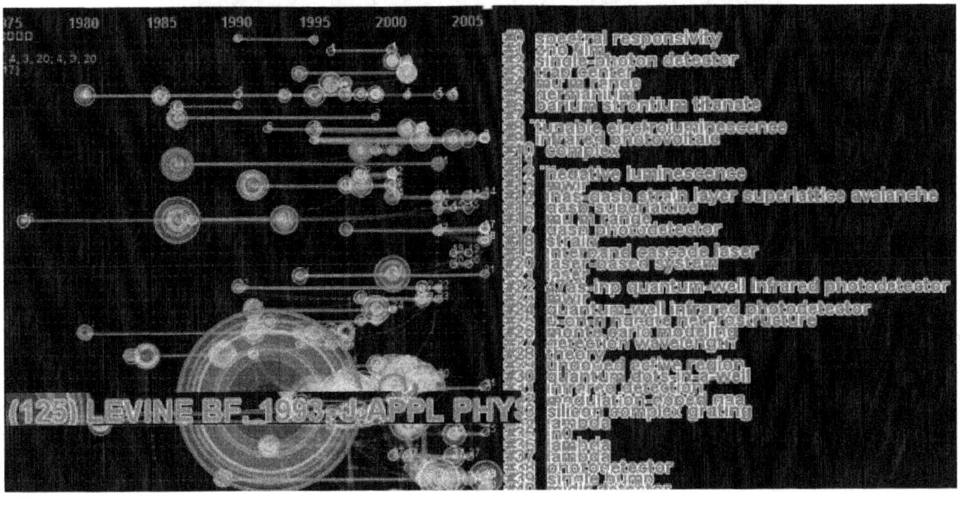

图 11-3　CiteSpace 文献计量的时区图谱

11.4　CiteSpace 图谱解读

根据陈超美博士的解读，CiteSpace 的核心功能是产生由多个文献共被引网络组合而成的一种独特的共被引网络，以及自动生成的一些相关分析结果。每个文献共被引网络对应一个历时一年或几年的时间段。最终显示的网络不是各个网络之间的简单叠加，而是要满足一些条件。解读这样的网络的要点包括：网络整体结构、网络聚类、各聚类之间的关联、关键节点（转折点）和路径。其中关键节点是图谱中连接两个以上不同聚类且相对中心度和被引频次较高的节点，这些节点可能成为网络中由一个时间段向另一个时间段过渡的关键点。点的中心度是指其在所在网络中通过该点的任意最短路径的条数，是网络中节点在整体网络中所起连接作用大小的度量。关键节点文献一般为经典文献，也最有可能形成学科研究前沿的热点文献，如图 11-4 所示。

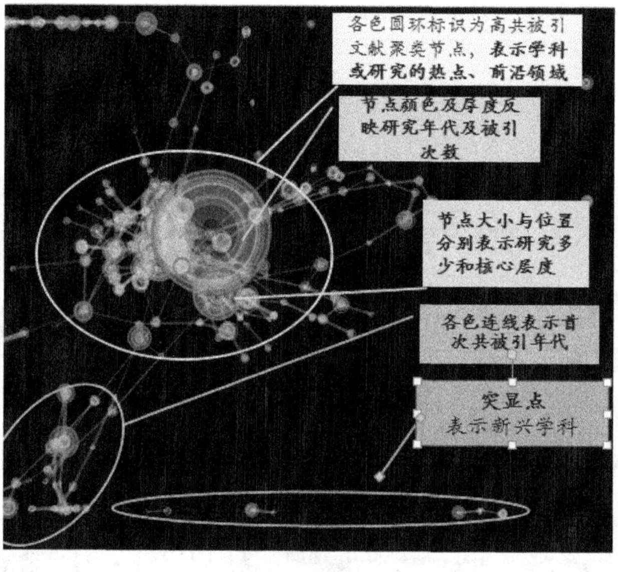

图 11-4　CiteSpace 文献计量图谱判断解读

引文年环代表这篇文章的引文历史。引文年轮的颜色代表相应的引文时间。一个年轮的厚度与某个时间分区内引文数量成正比。节点中心旁的数字代表整个时间跨度内的被引次数。节点间连线的粗细表示节点共被引的次数，如图 11-5 所示。

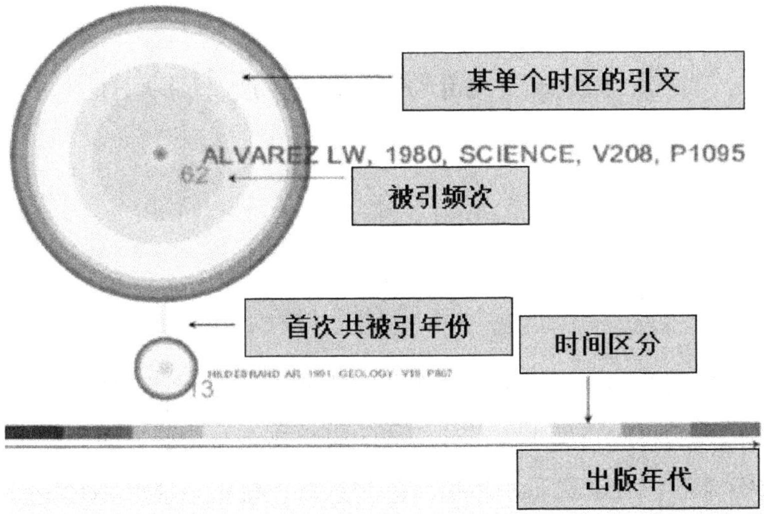

图 11-5　CiteSpace 的引文年轮

本章思考题：

利用 CiteSpace 完成“政府数据开放”的研究现状与发展趋势的文献综述。

第 12 章　词频分析法及其应用

12.1　词频分析法概述

词频分析法是指利用能够揭示或表达文献核心内容的关键词或主题词在某一领域文献中出现的频次高低来确定该领域的研究热点和发展方向的文献计量方法。词是文献中承载学术概念的最小单位。词频的波动与社会现象、情报现象之间具有内在的关系，一定的社会现象和情报现象必然引起相应的词频波动现象。因此，如果某一关键词出现总频率很高，那么该关键词就是该研究领域的热点研究方向；如果某一关键词在近期出现，且增长幅度比较大，那么该关键词就是该研究领域的新兴研究方向。如 1997 年加拿大蒙特得尔大学的 Robert 教授等人就是采用这种方法完成了一份关于世界纳米科技研究状况的计量分析报告，提交给了加拿大的国家研究理事会（The National Research Council of Canada，NRC）。该报告以加拿大 NRC 确定的 79 个纳米科技关键词为依据，采用词频分析的方法，分析了全球范围内纳米科技论文的产出和分布。2003 年，河南师范大学的梁立明教授等人运用词频分析法做了一项关于中国纳米科技发展状况的补充性研究。2006 年，武汉大学的马费成教授等人运用词频分析法做了国内外知识管理研究热点研究。中国国家自然科学基金会管理科学部在对管理科学“十一五”优先资助领域选取时，也采用了文献统计分析法。

同时，也可以选取某一研究领域中比较有代表性的学科刊物作为研究样本，通过分析这些样本在某一时间段内所有关键词出现的频次，根据关键词的频次的高低决定该领域该时间段的研究热点。由于学术刊物能广泛和及时地反映本学科关心的各种问题，包括新的观点和前沿动态，因此这种方法具有重要的现实意义。2003 年，武汉大学的邱均平教授等人就是用这种方法分析了 2002 年国内外情报学的研究热点和动向。

12.2　词频分析法的应用案例①

案例:基于词频分析的“驴友”旅游目的地选择研究。

按语:借助网络内容分析法中的词频分析法来研究“驴友”的目的地选择。首先利用网络爬虫采集了“户外资料网”中“驴友论坛”栏目的“游记攻略”版块 2013 年的所有网帖作为研究数据;接着在构建“驴友”旅游目的地地名词表库的基础上,运用目的地地名词频方法得到“驴友”偏好的目的地以及分布特征,并对所获得的目的地地名进行分类及可视化展示;最后运用高频词汇分析法,获得“驴友”的鲜明特征,以及目的地吸引“驴友”的典型特征。

正文:“驴友”一词出现在媒体中大约是在 2000 年,他们是不同于大众旅游者的一类群体。目前,国内学者大都根据“驴友”在旅行方式、旅行目的、旅行活动等方面的特征来定义他们。比如:“驴友”特指以跑步、骑车、驾车等方式,参与露营、登山、攀岩、垂钓等非常规的户外旅游活动的爱好者;“驴友”即“旅友”,是以健身为主要目的,徒步进行的爬山、穿越等的自助旅行的户外运动爱好者等;“驴友”即在论坛或微博等网络媒体上,有的人发起出游的网帖后,就有人回应,然后按照约定的时间在约定好的地点集合,一起去郊外或野外游玩的人。

鉴于目前学者们对“驴友”的解释和范围界定,出于研究的需要,在本案例中将研究对象“驴友”界定为:爱好登山、徒步、骑行、探险、穿越等活动的人;注重非常规的生活体验;目的在于通过体验和亲近大自然,认识自我,挑战极限;通常是结伴而行,一般是进行网络约伴,配备有齐全甚至专业的出行装备,自主安排行程。本案例借助网络内容分析法,针对旅游网络论坛采集的 2013 年全年的数据进行内容分析,从中分析出“驴友”偏好的目的地以及目的地吸引“驴友”的特征。

---

① 吴恒、姚冬玲:《基于词频分析的“驴友”旅游目的地选择研究》,《情报科学》2015 年第 11 期,第 57—61 页。

12.2.1 研究方法与数据来源

1.研究方法及步骤流程图

本案例拟采用网络内容分析法，以网络信息为分析对象，通过将文字的、非量化的网络舆情信息转化为定量的数据，使网络舆论信息研究达到最大程度的系统性与客观性。

在本案例研究中，由于“驴友”群体比较分散，网络是他们交流与分享的主要平台，因此他们活跃在蚂蜂窝、驴妈妈、穷游网、中国旅游论坛、磨坊、去哪儿网等专业驴友网站和论坛、综合旅游网站或门户网站上。他们在这些网站上发布他们出行的游记或者攻略，一方面是为了记录和分享自己的出行足迹，另一方面也是为“新驴们”提供经验。由于具有群体认同感和责任感，他们会尽可能地保证网贴数据的原创性和真实性，而这在研究“驴友”的行为特征方面是极具研究价值的。因此，笔者认为可以将网络内容分析法与“驴友”目的地选择研究相结合，通过对网帖的文本内容进行定量处理与计算，找出“驴友”出行的规律。研究思路如图 12-1 所示。

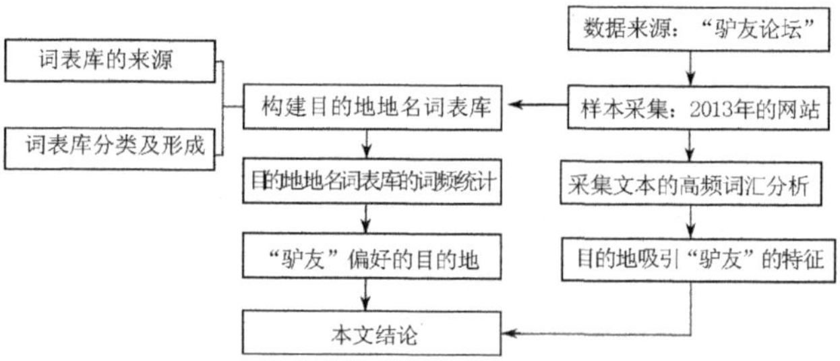

图 12-1 研究思路流程图

2.数据采集及说明

通过网上搜索发现，国内最具影响力的户外运动行业的垂直门户网站是“户外资料网”，其目前有 1 450 000 个有效注册会员，雄踞中国国内户外运动网站榜首，而且 2011 年“户外资料网”下属的“驴友论坛”连续两年荣膺全球中文论坛百强。因此笔者选取“驴友论坛”作为数据来源网站。结合研究的需要，笔者选定“驴友论坛”中的“游记攻略”版块里的网帖，在 2014 年 3 月 9 日至 13 日，利用网络爬虫采集发帖时间在 2013 年的所有网帖(共有 3276 条网帖)作为本案例的研究数据。采集的内容包括每个网帖的主题、作者(楼主)、该网帖的楼主发的所有文字内容。

12.2.2　目的地地名词表库构建

对采集到的网帖进行目的地词频统计不仅需要网帖文本,还需要目的地词表库,这样才能有针对性地统计出在网帖中"驴友"可能去的目的地出现的频次。

1.目的地地名词表库的来源

本案例中选择的目的地地名词表库的来源有两部分:一部分是综合旅游网站提供的目的地地名,另一部分是户外资料网"驴友论坛"中的"游记攻略"板块的 10 月份的网帖中的目的地地名。据 2014 年 3 月 10 日统计数据更新结果,国内旅游综合网站的综合统计结果中排名前 10 的网站如表 12-1 所示。笔者将这 10 个网站作为构建目的地词表库的样本网站(本案例中涉及的目的地仅限国内,且不包括港澳台)。这些旅游网站一般都有旅游目的地推荐板块,其中罗列出了国内外的热点目的地地名。笔者提取出这 10 个网站上推荐的旅游目的地地名,构成目的地地名词表库的第一部分。

表 12-1　国内旅游综合网站的排名

综合统计排名	网站名称	ALEXA	百度权重	PR	得分
1	去哪儿	5907	9	7	4098
2	携程旅行网	1019	8	7	3496
3	同程网	1366	8	7	3485
4	驴妈妈旅游网	3012	8	7	3455
5	艺龙旅行网	8589	8	7	3427
6	蚂蜂窝	5321	8	7	3408
7	酷讯旅游网	21435	8	7	3331
8	一起游	2173	7	7	3276
9	途牛旅游网	3146	7	7	3263
10	欣欣旅游网	11268	8	6	3256

注:ALEXA 是用来评价某一网站访问量的指标;百度权重是针对网站关键词排名预计给网站带来的流量,划分等级 0—10 的第三方网站欢迎度评估数据;PR 值全称为 Page Rank(网页级别),级别从 1 到 10 级,10 级为满分,PR 值越高说明该网页越受欢迎(越重要)。

由于“驴友”与传统游客在目的地选择中有所不同，而综合旅游网站不全是为“驴友”设定的目的地推荐，因此为了使研究的结果更准确，笔者以发帖时间在2013年10月（长达7天的国庆假期使得10月份国内旅游市场需求异常旺盛，无论是传统游客还是“驴友”，均会利用这个假期出行）的414篇网帖（从已采集出的全年的网帖中抽取）为样本，人工提取出网帖中的目的地地名作为目的地地名词表库的第二部分。

最终，对来自网站和10月份网帖的目的地地名分别按省份（包括四个直辖市）统计，综合二者之后得到最原始的目的地地名词表库。

2.目的地地名词表库的分类

通过观察最原始的目的地地名词表库，发现不仅有不同级别的行政区划地点名称（大至省市，小至村落），还有享誉盛名的或者不知名的景区的名称，同时网帖还涉及跨越多个省份的山脉、河流、古道和线路名称。为便于分析，我们需要对原始的目的地地名词表库进行进一步的整理。根据以上问题，我们将所有的目的地分为三类，第一类是景区或景点，第二类是行政区划地点，第三类是山河、线路、古道，并按照省份分别进行统计。经过上述步骤，我们对“驴友”的目的地地名词表库进行了筛选，使其变得更加有条理。但考虑到是利用机器自动进行分析，有些地名在机器自动分析时可能会产生误解，我们需要进一步进行人工筛选。例如“盘山”，提取的依据是辽宁省的盘山县，但是在网帖中会有一些词句中也包含盘山，如“盘山公路”“盘山而上”“大盘山”等，这会造成重复计算频次，还需要将这一类型的地名全部排除。

至此，我们得到最终的目的地地名词表库（由于第二类目的地地名数据太多，文中不予体现）。

图12-2所示的是词表库中第一类和第二类目的地地名中各省份（共27个省份）的数量分布情况。由图12-2可知，目的地地名词表库中西部地区的地点数量占比最大，远远高于东部地区和中部地区，这说明受“驴友”喜爱的目的地大多数分布在我国西部地区，尤其是四川、新疆、西藏三省。词表库中所有的第三类目的地见表12-2。表12-2中的山河、古道、线路名称均是在十月份的网帖样本中提取出来的，而在综合“驴友”网站上并没有类似的线路推荐。

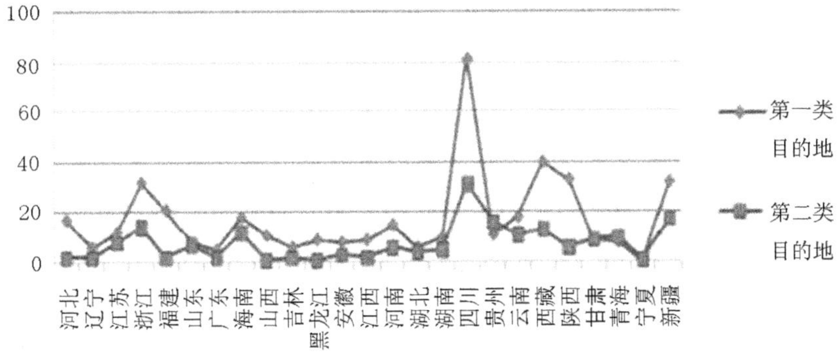

图 12-2　目的地地名词表库省份分布

表 12-2　第三类目的地地名集合

目的地类型	目的地实例名称
山河	大别山　长白山　祁连山　秦岭　南太行　澜沧江　怒江　鸭绿江
古道	乌孙古道　瓮峪古道　徽池古道　茶马古道　长溪岭古道　京西古道　孟克特古道
路线	丝绸之路　香格里拉环线　川藏线　新藏线　滇藏线　青藏线　狼塔　鳌太线

12.2.3　目的地地名词频统计分析

在完成数据采集和目的地地名词表库的构建之后便可进行词频统计分析。分析是按照词表库的三个类别一一进行的，结果分别得到了三类目的地中每一个地名在所采集的 2013 年的网帖中出现的频次（在一条网帖中重复出现只记作一次）。为了更加直观地看到各类目的地中各地名的频次，我们对得出的结果分别进行了可视化，得到三类目的地的可视化效果图。其中，地名越大代表该地名出现的频次越大。

图 12-3 是对第一类目的地地名频次统计中前 100 名的地名进行可视化的效果图。其中最突出即出现频次最多的地名依次是贡嘎（四川）、天山（新疆）、九寨沟（四川）、武功山（江西）、布达拉宫（西藏）、四姑娘山（四川）、青海湖（青海）、雨崩（云南）、泰山（山东）、长白山（吉林）。我们可以发现，前 10 个地名大多数分布在我国的西部地区，尤其是我国的四川省。

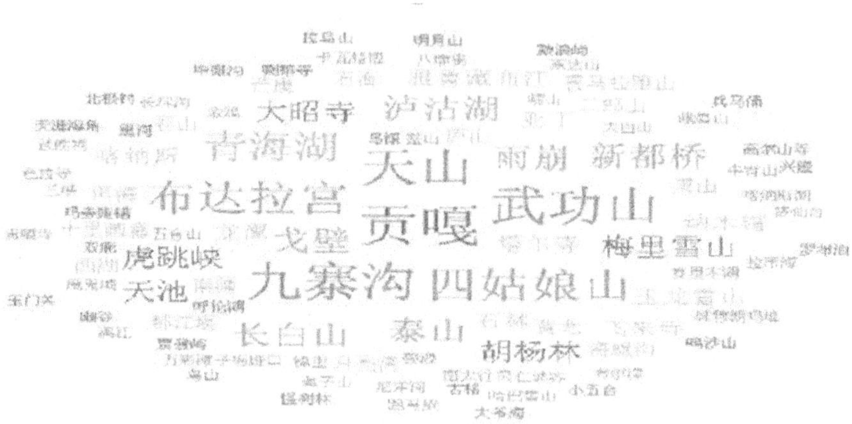

图 12-3　第一类目的地的高频地名可视化效果图

图 12-4 是对第二类目的地地名频次统计中前 100 名的地名进行可视化的效果图。其中排名前十的依次是香格里拉（云南）、康定（四川）、泸定（四川）、墨脱（西藏）、稻城（四川）、敦煌（甘肃）、理塘（四川）、雅江（四川）、波密（西藏）、汶川（四川）。其中排名第一的香格里拉在效果图中最大，频次遥遥领先。四川是"驴友"去的最多的一个省份，因为前 10 名中位于四川省的地名有 6 个。

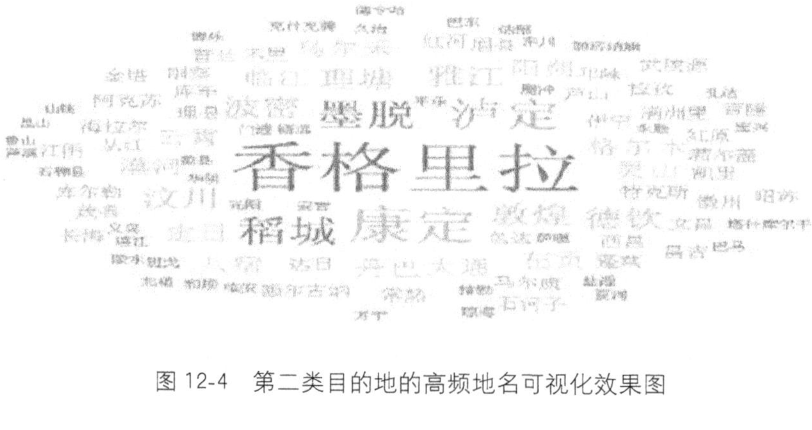

图 12-4　第二类目的地的高频地名可视化效果图

图 12-5 是对目的地地名词表库中所有的第三类目的地地名进行可视化的效果图。川藏线出现频次最多，远高于排在其后的秦岭、茶马古道、狼塔和怒江等。在"驴友"圈内流传着"不走一次川藏线不能叫'老驴'"的说法。

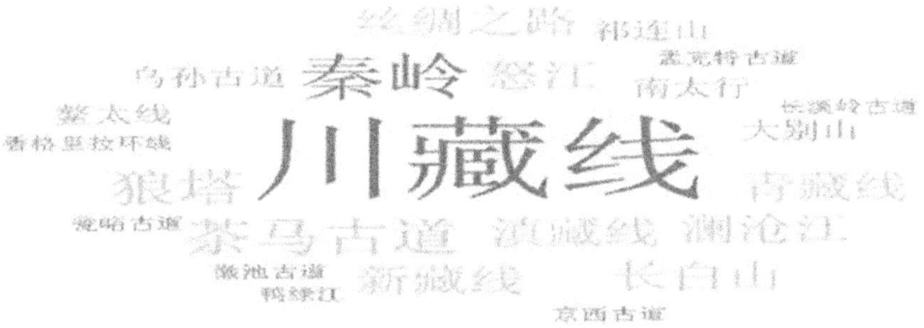

图 12-5　第三类目的地的高频地名可视化效果图

12.2.4　网帖的高频词汇分析

通过对所采集的 2013 年所有网帖的文本进行分词和词频统计，并按照频次从大到小排序，得到大约 140 000 个词。因为其中含有单个字的词和数字，而这些词和数字不足以分析，所以先剔除掉。整理之后，频次大于 1000 的词汇共有 621 个，我们从中找出具有分析价值的高频词汇。具体步骤：首先去掉虚词，然后在剩下的实词中找出动词和名词，并剔除其中的地名，接着在这些动词和名词中挑出最能表现自然、人文环境和个人心理、行为特征的代表性词汇。其中若有表达意思非常相近的若干词汇，只选取频次最靠前的一个词语，例如“风景”“美景”“景色”，三个词意思相近，我们只保留频次最多的“风景”。最终得到 70 个高频词汇，如表 12-3 所示。将最终的高频词汇按照动词、名词两类词性归类的结果如表 12-4 所示。结合高频词汇的频次，“驴友”选择的最多的旅行方式是徒步，因为“徒步”出现频次是 7190，远远大于“骑行”“火车”“搭车”等词的频次；住宿时他们选择最多的是露营，选择客栈的相对较少，因为“帐篷”出现的频次是 5037，远远大于“客栈”出现的频次 3430。

表 12-3 高频词及其对应的频次

高频词	频次	高频词	频次	高频词	频次
欣赏	10906	火车	2165	浪谷	1232
雪山	7555	沙漠	2085	睡袋	1230
徒步	7190	县城	2049	牦牛	1193
照片	6725	味道	2038	森林	1185
风景	6200	建筑	1918	著名	1179
户外	5952	古城	1873	牧民	1178
海拔	5841	日出	1862	包车	1175
营地	5796	峡谷	1801	地区	1163
穿越	5538	搭车	1779	热情	1162
帐篷	5037	危险	1792	体验	1139
天气	3761	藏族	1775	露营	1132
客栈	3430	高山	1756	开车	1109
骑行	3420	历史	1700	攀登	1100
队伍	3332	瀑布	1648	向往	1095
拍照	3328	山路	1635	白云	1078
草原	3257	古道	1583	大自然	1076
高原	2727	摄影	1524	俱乐部	1050
相机	2631	登顶	1370	自由	1029
阳光	2621	寺庙	1369	重装	1029
装备	2530	河谷	1355	云海	1025
冰川	2525	蓝天	1298	草甸	1020
扎营	2519	天堂	1293	古镇	1011
背包	2418	大本营	1272		
登山	2410	梦想	1242		

表 12-4　高频词汇按词性分类结果

高频词汇词性	高频词汇实例
动词	欣赏　体验　向往　拍照　骑行　搭车　包车　开车　露营　扎营　登山　穿越　攀登　登顶
名词	徒步　火车　客栈　营地　帐篷　睡袋　大本营　天气　队伍　俱乐部　装备　背包　重装　危险　山路　海拔　雪山　草原　高原　沙漠　高山　峡谷　瀑布　河谷　浪谷　草甸　森林　阳光　云海　冰川　天空　日出　蓝天　白云　大自然　藏族　牧民　牦牛　热情　历史　地区　县城　建筑　古城　古镇　古道　照片　相机　风景　户外　摄影　味道　自由　天堂　梦想　寺庙

通过以上分析可依次推测和归纳出驴友的如下几点特征：

第一，“驴友”爱好登山、穿越、探险等具有刺激性和冒险性的活动。代表性词汇有“登山”“穿越”“登顶”“山路”“危险”等。

第二，“驴友”旅行的方式主要有徒步、骑行、火车、搭车、包车、开车。代表性词汇有“徒步”“骑行”“火车”“搭车”“包车”“开车”。

第三，“驴友”住宿的方式主要是露营，也有部分“驴友”会住在客栈。代表性词汇有“露营”“扎营”“帐篷”“睡袋”“大本营”“客栈”。

第四，“驴友”出行通常身背背包，除了带上基本装备，还会带上专业性很强的装备。代表性词汇有“装备”“背包”“重装”。

第五，“驴友”因安全需要，通常结伴而行。代表性词汇有“队伍”。

第六，“驴友”普遍喜欢拍照和摄影。代表性词汇有“照片”“拍照”“摄影”“相机”。

接下来进一步通过高频词汇推测出目的地最吸引“驴友”的特征，结合高频词汇的频次分析，“驴友”最喜欢的风景应该是雪山，出现的频次是 7555，在高频词汇中排名第二；“欣赏”出现的频次在高频词中排名第一，“风景”出现的频次排在第五，说明他们尤其喜爱美景，这也印证了驴友旅游的初衷之一是亲近大自然。此外，高频词汇表中还有“天堂”“梦想”“向往”“自由”这些词，说明有些“驴友”出行的原因是为了圆梦，或者享受自由。

结果如下：

第一，具有吸引力的目的地一般会具备一定的特色自然景观，如雪山、冰川、草原、沙漠、瀑布、峡谷、森林等自然景观。代表性词汇有“高原”“高山”“雪山”“冰川”

“草甸”“沙漠”“瀑布”“峡谷”“森林”等。

第二,目的地的特色美食是其吸引力的重要组成部分。代表性词汇有“味道”。

第三,具备悠久的历史和建筑、古道等特色的目的地通常都是“驴友”聚集的地方。代表性词汇有“古城”“古镇”“古道”“历史”。

第四,目的地居民的态度同样是其吸引力的重要组成部分。如,藏族人民深受“驴友”喜爱,代表性词汇有“藏族”“热情”。

第五,宗教集散地或者朝圣地以其神秘性具有一定的吸引力。代表性词汇有“寺庙”。

12.2.5 结语

通过以上分析,本案例的结论归纳如下:

第一,“驴友”偏好的目的地大部分集中分布在我国的西部地区,尤其是四川、西藏、新疆、云南等省份。我国西部地区的这些省份往往蕴藏着丰富的旅游资源,旅游开发程度较东部和中部地区相对较低,原始自然环境和生态环境保存较好,同时旅游资源多以险、奇著称,符合他们的冒险和挑战的精神。

第二,进一步明晰了“驴友”的一些特征。他们爱好登山、穿越、探险等具有刺激性和冒险性的活动;他们旅行的方式有徒步、骑行、火车、搭车等,其中徒步是最主要的方式;他们选择最多的住宿方式是露营;他们喜欢拍照、摄影;他们通常重装出行,因为除了带齐他们生存所需要的基本装备,还会根据活动需要带上专业性很强的装备;他们通常结伴而行,便于在途中互相帮助,以保证安全。

第三,“驴友”选择目的地并不是盲目的而是具有规律可循的:一是具有雪山、冰川、草原、沙漠、瀑布、峡谷、森林等美丽的自然景观;二是具有当地特色美食;三是具有古老的建筑、古道或悠久的历史,例如布达拉宫、茶马古道等深受“驴友”喜爱;四是当地居民热情好客;五是具有宗教建筑或者宗教影响力。此外,还根据“天堂”“梦想”“向往”“自由”这些高频词推测部分“驴友”旅行的原因可能是为了圆梦或者享受自由。

本案例借助网络内容分析法,运用频次统计分析和高频词汇分析对旅游论坛中的数据展开分析,从而获得了“驴友”偏好的目的地、“驴友”的特征以及目的地吸引“驴友”的特征。这些规律性的内容将使我们对“驴友”的认识进一步加深,也希望能够为以后的相关研究提供一些参考。

本章思考题:

请使用词频分析法分析我国情报学的研究动向。

第 13 章　引文分析法及其应用

13.1　引文分析法概述

“引文”通常指文献结尾处的参考文献，不含脚注、间注、夹注等。现有的文献引文分析工具也不提供脚注、间注、夹注的查询。

引文分析(Citation Analysis)就是利用各种数学、统计学以及逻辑方法中的归纳、比较等方法，对科学期刊、论文、著者等分析对象之间的各种关联和相关关系进行分析研究，以便揭示其数量特征和对象间内在规律的一种文献计量分析方法。

引文分析法作为信息计量学的一种基本的方法在学术研究的各个方面都有着广泛的应用，并且随着技术的进步，也得到了进一步的发展。引文分析法起源于国外。普赖斯于 1956 年发表的著作《科学论文的网络》为引文分析奠定了理论基础。Henry Small 于 1973 年提出了以文献为单位的共引分析。Howard D. White 于 1981 年把同被引概念扩展到著者，对著者进行同被引分析，以此来反映科学的知识结构，研究科学交流的模式。这些都为引文分析法奠定了基础。随着时代的发展，引文分析法也跟随时代发展的潮流，有了进一步的发展与更广阔的应用。

通过引文分析，可以揭示科学结构、科学发展变化和前沿领域，评价学科领域及科研机构，了解某学科领域的发展现状，预测科学发展趋势等。近年来，利用引文分析的定量评价方式对个人、机构的科研成果和水平进行评价越来越普及，并且引文分析的方法被各国政府机构和科研管理部门广泛应用于科学成果的评价。

13.2　引文分析法的应用案例[①]

案例:基于引文分析的知识扩散研究——以我国图书情报学博士学位论文

---

① 温芳芳:《基于引文分析的知识扩散研究——以我国图书情报学博士学位论文为例》,《情报理论与实践》2015 年第 9 期,第 64—78 页。

为例。

按语:引文分析是考察与测度知识扩散的重要视角和常用方法。文章以中国期刊网 CNKI——中国博士学位论文全文数据库(CDFD)收录的图书情报学领域 240 篇博士学位论文及 1242 篇施引文献为样本,采用被引频次、引用延时、学科扩散广度和引文网络等指标和方法,对图书情报学领域以博士论文为载体的知识扩散现象进行计量分析,从知识扩散速度、广度与强度等多个角度,揭示了知识扩散的特点与规律。

正文:科学文献的引证与被引证,是科学发展规律的表现,体现了科学知识和情报内容的积累性、连续性和继承性,也体现了科学的统一性原则以及多个学科之间广泛的交叉和渗透。引证和被引证是科学活动中普遍存在的现象,并以参考文献的形式予以呈现,其在一定程度上反映了知识的转移与扩散情况。通过参考文献的计量分析,可以揭示出引证与被引证现象的数量特征和内在规律。因此,在文献计量学中,引文分析方法是描述和测度科学知识扩散模式与规律的常用方法之一。

从引文分析的视角看,知识扩散是指知识在科学文献中的传承。这种传承通过引用得以实现,因此,这种知识扩散的视角被称为"基于引文的知识扩散"。基于引文分析的知识扩散研究通常以期刊、论文、作者、学科、专利等为基本单元。其中,以作者为单元的知识扩散研究可以发现作者在知识传承过程中的角色和影响力;以期刊为单元的知识扩散研究可以发现期刊在学科范围内的地位和影响力;以学科为单元的知识扩散研究可以发现学科的独立性与跨学科研究的强度;以专利为单元的知识扩散被称为技术扩散,主要用于追踪和探测技术前沿及变迁。

纵观国内外已有研究成果可以发现,引文分析方法较为成熟,应用非常广泛。国内外学者通常利用 SCI、CSSCI 等引文数据库批量下载引文数据,基于引文统计分析揭示知识扩散的模式与规律。但是,现有研究成果主要呈现出以下特点:一是从计量角度来看,以引证分析为主,被引分析略显薄弱;二是从计量对象来看,大多以期刊论文作为样本数据。鉴于以上两个方面,本案例以博士学位论文这一特殊的文献情报源作为样本数据,基于博士学位论文被引情况的计量分析,从速度、广度和强度等角度出发,揭示知识扩散的特点及规律。

13.2.1　样本数据

博士学位论文是由攻读博士学位的研究生所撰写的学术论文。一般来说,博士学位论文具有以下特点：①选题新颖，能够反映学科前沿；②问题专一、论述系统；③文献调研全面，附有大量参考文献；④在博士生导师指导之下完成，且经过同行专家评审，学术水平较高。鉴于以上特点，博士学位论文是传播科学知识的重要信息源，自发布以后即进入文献情报系统中被其他学者参阅和引用，在科学知识交流中是一类重要的知识扩散载体，对其被引情况的计量分析，能够发现以博士学位论文为载体的知识扩散不同于其他文献载体（如期刊论文）的新特点和新规律。

中国期刊网（CNKI）中中国博士学位论文全文数据库（CDFD）是目前国内相关资源较完备、高质量、连续动态更新的中国博士学位论文全文数据库，收录了1999年至今全国400多家博士培养单位的博士学位论文，全部文献按照学科类别划分为十大专辑168个专题。本案例利用CDFD的分类查找功能，选择文献分类目录中"信息科技"专辑之下的"图书情报与数字图书馆"专题，检索结果中包含240篇博士学位论文。该数据库提供了每篇论文的基本题录信息及被引信息，本案例重点关注其被引情况。将240篇博士学位论文视为被引文献，这批博士学位论文被引频次累计为1242，即CDFD收录的施引文献数量为1242篇。我们分别下载了240篇被引文献和1242篇施引文献的基本题录信息，作为原始数据以备随后进行统计分析，这些基本信息主要包括作者、篇名、机构、来源、发表时间、学科等。数据采集时间为2014年4月23—25日。

13.2.2 研究结果

文献被使用的过程相当于知识流动的过程。对于样本数据中所包含的240篇被引文献和1242篇施引文献，本案例主要采用被引频次、引用延时、学科扩散广度等指标，对博士学位论文的被引情况进行统计分析，旨在测度以博士学位论文为载体的知识扩散的速度、广度和强度。

随后，借助于社会网络分析及可视化方法对其引文网络进行描述和分析，旨在揭示不同机构在以博士学位论文为载体的知识扩散活动中的地位和影响力，以及整个引文网络所呈现出的结构特征。

1.被引频次分析

本案例首先计算了样本数据中240篇博士学位论文的被引频次，结果显示单篇文献被引频次最大值为79，最小值为0，篇均被引频次为5.180。图书情报学领域被引频次前 10 名的博士学位论文如表 13-1 所示。

表 13-1　高被引博士学位论文列表

排序	篇名	作者	机构	发表时间	被引次数
1	本体理论及在农业文献检索系统中的应用研究——以花卉学本体建模为例	李　景	中国科学院文献情报中心	2004	79
2	数字图书馆参考咨询的理论与实践研究	初景利	中国科学院文献情报中心	2003	68
3	图书馆治理的比较分析	黄　颖	中国科学院文献情报中心	2004	52
4	公共危机信息管理体系建构与运行机制研究	王　伟	吉林大学	2007	51
5	基于本体的语义信息系统研究	余传明	武汉大学	2005	48
6	自动主题搜索的应用研究	陈定权	中国科学院文献情报中心	2003	47
7	领域本体的构建方法与应用研究	李　景	中国农业科学院	2009	43
8	本体的构建及其在数字图书馆的应用研究	杜文华	武汉大学	2005	37
9	数字图书馆理论与发展模式研究	孙　坦	中国科学院文献情报中心	2000	36
10	我国大学图书馆电子资源绩效评价方法及其应用研究	徐　革	西南交通大学	2006	35
	个性化网络信息检索系统的研究与实践	李广建	中国科学院文献情报中心	2002	35

从学位论文被引频次的角度评价博士学位论文的质量，能够客观判断论文引起同行的反响程度，较全面合理地反映论文的水平高低，也在很大程度上体现了博士生的培养质量。从发表时间来看，表 13-1 中列举出的 10 篇高被引论文分布于 2000—2009 年之间，经过了多年的积累获得了较高的被引频次，其情报价值得到了充分的发掘和利用；就作者单位来看，10 篇高被引论文中有 6 篇来自于中国科学院文献情报中心，这在一定程度上反映出该机构在图书情报学博士研究生培养方面具有较强的实力；就论文选题而言，高被引论文大多是对学科前沿和热点问题的研究，例如本体，易于获得同行的广泛关注。与高被引论文相反，零被引论文未获得同行的广泛关注和充分认可。零被引现象可能是由多种原因造成的，或者是论文的内容

及质量确实不尽如人意,或者是论文选题过于独特不能引起同行共鸣,或者是由于“迟滞承认”,论文的潜在价值在短时期内尚未被发掘。本案例所采集的 240 篇博士学位论文,包含零被引博士论文共计 92 篇,其中,有 83 篇的发表时间在 2009—2013 年,另有 9 篇的发表时间超过了 5 年(如表 13-2 所示)。就论文题目来看,表 13-2 中的 9 篇论文选题均具有显著的特殊性,目标读者太少,不易于获得同行的广泛引用。虽然这些论文未能充分发挥其在科学知识交流中的情报价值,但也不能仅凭“零被引”而轻易否认其质量。

表 13-2　零被引博士学位论文列表(发表时间大于 5 年)

篇名	姓名	机构	发表时间
皖派朴学家《素问》校诂研究	牛淑平	安徽大学	2003
《读书敏求记》研究	佘彦焱	复旦大学	2005
嘉业堂藏书聚散考	王　茜	复旦大学	2005
《卮林》研究	李禧俊	苏州大学	2005
《近思录》版本与传播研究	程水龙	华东师范大学	2006
梁启超与中国文献学的发展	彭树欣	华中师范大学	2007
《国语集解》订补	戎辉兵	南京师范大学	2007
中国传统书写用纸的文献学研究	姜　昳	复旦大学	2008
和刻本清人著述研究	中山步	复旦大学	2008

2.引用延时分析

Nakamura 等学者将引用延时(Citation Lag)定义为施引文献的发表年份减去被引文献的发表年份所得的差值,该指标可以用来描述知识扩散速度的快慢。样本数据中 240 篇被引文献的发表时间区间为 2000—2013 年,1242 篇施引文献的发表时间区间为 2001—2014 年。本案例计算了样本数据的引用延时,并将指标值的分布情况绘制成曲线图,如图 13-1 所示。

图 13-1 中,横坐标代表引用延时指标值(以年为单位),纵坐标代表不同引用延时指标值(如 1 年、2 年、3 年等)在样本数据中所占的比重。样本数据中,引用延时指标最大值为 14 年,最小值为 0 年(文献发表当年即被引用),平均值为 4.49 年。引用延时指标值主要分布在 2—5 年,累计比重为 59.86%。除此以外,引用延时在 1—

2 年和 5 年以上的情况累计比重分别为 9.33%和 30.81%。以上统计数据说明：图书情报学领域的博士学位论文一般在发表之后 2—5 年达到被引高峰，在这一时间段内的情报价值最大，容易被同行引用；2 年以内其情报价值未能得到及时发现；5 年之后随内容老化其情报价值逐渐递减。

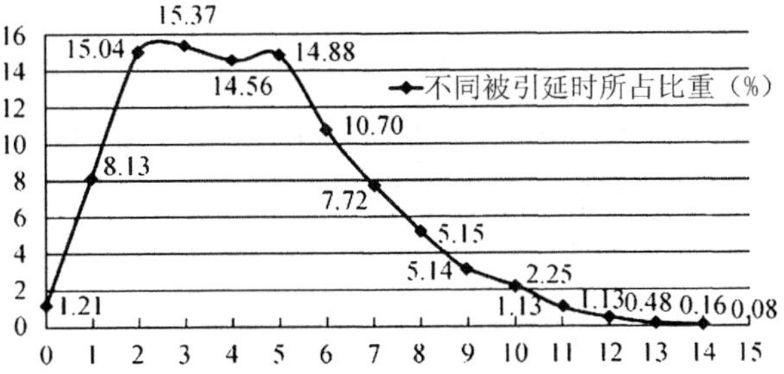

图 13-1　引用延时指标值分布情况

3.学科扩散广度分析

引证被视为是从被引文献到施引文献的知识扩散。“广度”则是从覆盖范围的角度对扩散进行描述，即施引文献覆盖范围越大，知识扩散的广度越大。本案例以“学科扩散度”指标为例，对图书情报学领域以博士学位论文为载体的知识扩散广度进行测度。所谓“学科扩散广度”是指对于特定的一组被引文献而言，施引文献所属的学科数量。本案例以 CDFD 的学科分类标准为依据，240 篇被引文献全部来自于“图书情报与数字图书馆”领域，1242 篇施引文献则分属于 84 个不同的学科专业，施引文献的主要覆盖范围如图 13-2 所示。

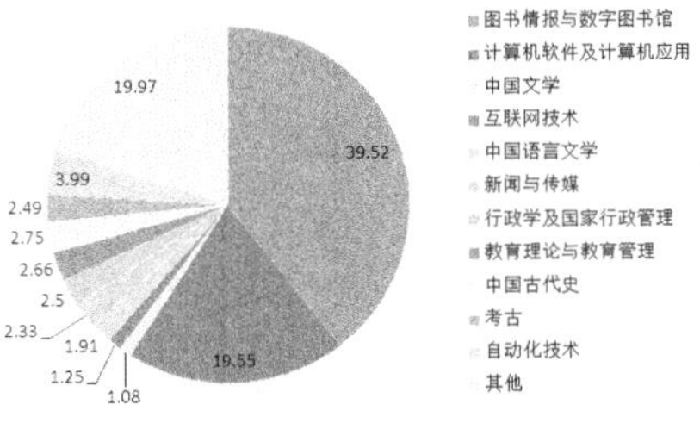

图 13-2　施引文献学科覆盖范围

以学科为单元的知识扩散研究可以发现学科的独立性与跨学科研究的强度。如图 13-2 所示，对于以图书情报学博士学位论文为载体的知识扩散来说，学科扩散度为84，39.52％的施引文献来自于同学科内部，即图书情报与数字图书馆，另外60.48％属于跨学科引用。施引文献覆盖的学科范围较为广泛，包含了图书情报与数字图书馆、计算机科学、文学、新闻与传媒、行政学、教育学、历史学等多个学科门类的 84 个专业。

图书情报学博士学位论文的学科知识扩散广度较高，但学科知识扩散的强度存在显著差别。例如，除“图书情报与数字图书馆”学科内部引用以外，18.97％的施引文献来自于“计算机软件及计算机应用”。这一方面说明图书情报学与计算机科学之间存在着较为紧密的学科关联；另一方面也代表着该领域博士学位论文对于计算机科学领域的研究活动发挥着重要的启示作用和借鉴意义。其他学科专业的施引文献比例均在 4％以下，远远低于“图书情报与数字图书馆”和“计算机软件及计算机应用”，这说明该领域博士学位论文对于其他学科专业的知识扩散强度较低，所产生的影响力较为有限。

4.机构引文网络分析

样本数据中 240 篇被引文献来自于 42 家机构，1242 篇施引文献来自于 338 家机构。基于各个机构之间的引证关系构建引文网络，并利用 Netdraw 绘制引文网络图谱。初始网络节点数量过多，为了达到更为清晰的展示效果，我们删除了引证频次低于 3 的连线及节点，得到引文网络简化图。如图 13-3 所示，圆形节点代表被引机构，节点大小代表该机构拥有的被引文献数量；方形节点代表施引机构，节点大小代表该机构拥有的施引文献数量；节点之间的连线代表机构之间的引证关系，连线粗细代表机构间的引证强度（频次）；连线箭头指向施引机构，代表知识扩散的方向。

引文网络直观生动地展示出图书情报学领域以博士学位论文为载体的知识扩散的模式与规律，不仅呈现出不同机构在知识扩散中的地位和影响力，而且综合反映了知识扩散的广度和强度。从中可以发现以下特征：

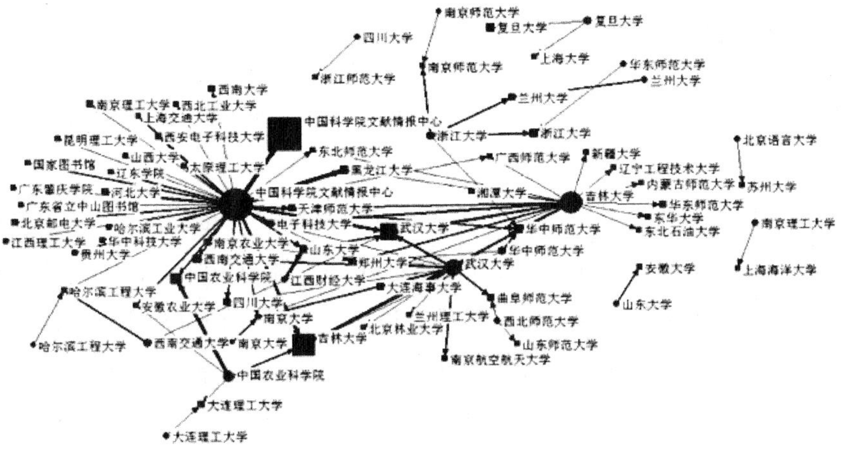

图 13-3　主要机构引用网络图

(1)来自于 42 家机构的 240 篇博士学位论文被 338 家机构引证,这在一定程度上反映出图书情报学领域,以博士学位论文为载体的知识扩散广度较高。其中,中国科学院文献情报中心的知识扩散广度远大于其他机构,这充分证实了该机构在图书情报学领域的杰出地位和影响力。

(2)中国科学院文献情报中心、武汉大学、吉林大学在引文网络图中居于显著地位,拥有的被引文献数量和施引文献数量均大于其他机构。这说明这三家机构在图书情报学领域具有显著的地位和影响力,不仅是国内著名的博士研究生培养单位,而且在图书情报学领域的科学研究及科学知识交流方面发挥着主导性的作用。

(3)图 13-3 中连线的粗细代表着知识扩散的强度,不同机构之间的知识扩散强度存在着显著的差异,大部分机构之间的知识扩散强度较弱,而中国科学院文献情报中心、武汉大学、吉林大学、中国农业科学院、南京大学、黑龙江大学、华中师范大学等少数机构之间的知识扩散强度较高。除此以外,我们还发现机构内部的知识扩散强度明显大于跨机构知识扩散强度,这说明引证行为带有一定的选择特征。

(4)施引机构的类型表征了图书情报学领域知识扩散的主要去向,除了中国科学院文献情报中心、武汉大学、吉林大学、黑龙江大学、华中师范大学等国内一些开设图书情报学硕博士点的机构之外,国内广大的高校图书馆和地方图书馆也是图书情报学领域研究力量的重要分布区域。图书馆及其从业人群的普遍存在成为促进图书情报学知识广泛扩散的重要原因之一。

13.2.3 研究结论

1.高被引论文与零被引论文的比较分析，有利于我们更为理性地认识被引频次指标

本案例对样本数据中240篇博士学位论文的被引频次进行统计，并且分别列举了排名前10的高被引论文和发表时间超过5年的零被引论文。在对这两类论文进行分析时发现，被引频次高的论文一般具有以下特征：①在阐述同一主题的论文中具有一定的研究深度和理论突破，创新性强；②抓住了本学科研究领域中近期的关键性课题及本领域普遍关心的问题，对学术研究具有指导意义；③理论上有相对的认识超前性。

在对零被引论文进行分析之后发现，低被引或零被引可能是由多种原因造成的。例如，发表时间较短尚未引起同行关注或者选题过于独特难以引起同行共鸣等，并不能仅凭被引频次简单判定该文献无价值或质量差。事实上，零被引文献并非毫无价值。一些重大的科学发现和成果没有被当时科学共同体的其他成员所接受而被忽视，多年以后这些成果才被人重新发现和利用，这种现象被称为“迟滞承认”“延迟承认”或“睡美人”。过去较长时期，引文分析大多以高被引文献为重点，并以被引频次为据开展科学评价活动，而忽视了零被引现象和零被引文献。实际上，零被引现象有待进一步探索，零被引文献的价值有待深入发掘。研究零被引现象对探索科技文献引用规律、发掘科技文献潜在价值，以及文献组织与管理都有着非常重要的意义。

2.以图书情报学博士学位论文为载体的知识扩散速度较慢

普赖斯认为科学论文一般在发表后1—2年达到被引用高峰。本案例借助引用延时指标考察知识扩散的速度。结果表明，国内图书情报学领域博士学位论文在1—2年内难以产生较大影响，通常在2—5年内才能达到被引高峰，5年以后内容趋于老化，被引概率逐渐下降。针对这一现象，一方面，利用图书情报学领域博士学位论文所开展的引文分析及评价，不应该以短期引文统计为据，而应该采用较长的时间跨度，一般要大于等于5年；另一方面，由于知识产生后会随着时间的推移而不断老化，在这一过程中，知识的可利用价值也会随之减小，提高知识扩散速度对于减少知识老化带来的知识可利用价值的损失，更好地促进知识创新具有重要意义。因

此，应该进一步加快以图书情报学领域博士学位论文为载体的知识扩散速度，以便能够更好地发挥其在知识创新活动中的情报价值。

3.学科之间的知识扩散现象越来越普遍，跨学科知识扩散可以反映学科之间的知识关联

本案例通过对样本数据中 1242 篇施引文献的学科分布情况进行统计分析，计算得出学科扩散广度为 84，即图书情报学领域 240 篇博士学位论文被 84 个学科引用，其中，39.52%属于学科内引用，60.48%属于跨学科引用。这说明图书情报学领域博士学位论文的知识扩散较为广泛，其中，与“计算机软件及计算机应用”关系最为紧密。学科知识扩散广度较高的现象与图书情报学自身独特的学科属性有关。图书情报学原本就是一个多学科交叉融合而形成的领域，与其他多个学科之间存在着广泛而紧密的学科关联。其在学科发展过程中，一方面广泛地吸收和借鉴其他学科的理论和方法；另一方面，该领域的研究成果进入科学知识交流系统当中，通过知识扩散对相关学科产生直接而显著的影响。

4.引文分析和社会网络分析可以结合为一种分析工具

引文分析只是为分析学科发展提供了一种基础数据，而社会网络分析可以利用这种引文数据揭示引文网络的结构特征，二者的结合可以成为一种有力的分析工具。将社会网络分析方法及可视化工具应用于引文分析中，以引文网络形式对知识扩散现象进行直观展示和分析，从而能够更好地描述不同主体，如期刊、文献、作者、机构、学科等在引文网络中的地位和影响力，揭示某一领域的知识结构与发展前沿，探讨知识交流与扩散的模式与规律。

本案例构建了机构引文网络，以图谱形式直观呈现出知识扩散的广度和强度，展示了国内不同机构在图书情报学领域知识扩散活动中的地位和影响力，从中发现了中国科学院文献情报中心在引文网络中的核心地位，以及武汉大学、吉林大学等一批“明星节点”。这些机构在图书情报学领域居于关键地位，不仅是该领域主要的知识生产者和利用者，而且在促进知识交流和扩散方面表现得也非常活跃。另外，我们还发现机构内引用强度明显大于跨机构引用强度。这说明引用行为带有一定的选择性，即以引用形式发生的知识扩散容易受到人为因素的影响和控制。

本章思考题：

请使用引文分析法分析我国知识管理的研究进展与趋势。

第 14 章　内容分析法及其应用

14.1　内容分析法概述

内容分析法是一种对文献内容做客观系统的定量分析的专门方法，其目的是弄清或测验文献中本质性的事实和趋势，揭示文献所含有的隐性情报内容，对事物发展做情报预测。其本质上在于对文献内容所含信息量及其变化的分析，即由表征信息的有意义的词句推断出准备意义的过程。它实际上是一种半定量研究方法。内容分析法源于图书情报领域，后来，美国的一些传播学研究者，利用这种方法去分析报纸的内容，成为传播学的一种重要的研究手段。内容分析法具有系统性、客观性和定量性等特点。

内容分析法的基本做法是把媒介上的文字非量化的有交流价值的信息转化为定量的数据，建立有意义的类目分解交流内容，并以此来分析信息的某些特征。

具体步骤包括：(1)建立研究目标；(2)确定研究总体和分析单位；(3)分计分析维度和体系；(4)抽取分析材料；(5)量化处理；(6)统计处理。

内容分析法的适用范围广泛，但适于其的内容一般应具有能重复操作、意义明显、可以直接理解等特征。不具备这样特点的，潜在、深层的内容不适于采用内容分析进行研究，否则很难保证结果的准确性和客观性。

14.2　内容分析法的应用案例[①]

案例：中国企业商业模式创新特征。

按语：在阿帕比中国报纸资源全文数据库发表的关于商业模式创新的文章中，本案例选取符合条件的 139 篇作为有效样本，使用内容分析法进行分析。结果表

---

① 李兴旺、武斯琴：《中国企业商业模式创新特征》，《经济与管理研究》2015 年第 11 期，第 123—130 页。

明:(1)创新内容方面,中国企业商业模式的要素创新高于要素间的关系创新,表现为商业模式的系统创新能力不够强;创新立足点比较少,大部分企业只涉及2—3个要素的创新,并且围绕营销的商业模式创新比较多。(2)创新效果的衡量方面,中国企业衡量商业模式创新效果使用最多的指标是市场效果指标与财务指标,最少的指标是运营效率指标。

正文:企业面临的革新压力是经常性的,企业需要以新的商业模式来取代旧的商业模式。但是,直到互联网发展起来之后,创新商业模式才真正兴起,才真正受到企业和理论界对商业模式创新的高度关注。尤其是商业模式创新可以带来经济效益,引起了企业创新商业模式的热潮。至今,中国企业商业模式创新的现状究竟如何?本案例利用内容分析法,对公开报道的139个企业的商业模式创新进行了实证研究,试图发现中国企业商业模式创新的重要特征。

14.2.1 中国企业商业模式创新实证研究的分析维度

对企业商业模式创新现状进行实证研究,首先要确定实证研究分析的维度。

这决定于本案例对企业商业模式创新现状的研究目的——了解中国企业商业模式创新的内容和创新效果及其特征。因此,分析维度应该包括商业模式创新内容和创新效果这两个分析维度。

1.商业模式创新内容的分析维度

学者们研究发现,商业模式创新是商业模式构成要素的创新,以及改变商业模式构成要素之间关系的创新。显然,对中国企业商业模式创新的分析维度,也应该从商业模式构成要素创新和商业模式要素之间的关系创新两方面考虑。

(1)分析维度之一:商业模式构成要素创新

通过文献回顾,发现学者们对商业模式的构成要素及其分类有不同的认识。

总结国内外学者关于构成要素的研究成果,借鉴相关学者关于商业模式要素的分类,本案例将商业模式构成要素概括为客户选择、产品价值、生产要素组合等11类,这11个要素是商业模式构成要素创新维度的分析内容,如表14-1所示。

表 14-1　商业模式构成要素

要素	内容	学者
客户选择	公司要向哪些客户(人口结构上或地理上的)提供价值,这些客户的需求(客户价值)包括什么	奥斯特瓦尔德(Osterwalder,2004);高尔丁(Gordijn,2002);原磊(2007)
产品价值	哪些产品和服务可以满足客户需求,能否向客户提供独特的或比竞争者成本低的产品和服务	奥斯特瓦尔德(Osterwalder,2004);张敬伟和王迎军(2010)
生产要素组合	生产需要的资本,包括人力、物力和财力的组合创新	林德和卡佩尔(Linda&Catrell.2000);佩特维克和凯特(Petrovie&Kittl,2011)
组织结构	公司组织结构,组织对产销率的效率,运行机制	爱米特和柔特(Amit&Zott,2001)
生产流程	执行生产活动的流程,它们之间的运行、协调方式	哈默尔(Hamel,2000);魏烨和朱武祥(2011)
技术及其能力	企业所需能力、技术支持	莫里斯(Morris,2003)
渠道	产品与服务提供渠道的建立与维护,与客户接触和联系的渠道	奥斯特瓦尔德(Osterwalder,2004);威尔和维塔利(Weill&Vitale,2001)
供应链伙伴关系	利益相关者的网络及其关系,为持续的价值生产提供稳固、上升的合作关系	高尔丁(Gordijn,2002);哈默尔(Hamel,2000)
信息系统	公司运营和生产的信息获取,为了更高效的获取信息,需建立的信息系统	哈默尔(Hamel,2000);蒂莫斯(Timmers,1998)
成本与定价	成本、收入结构,每个市场的利润率,最关键的利润来源	俄费尔和图奇(Afuah&Tucci,2011);切斯布罗格和罗(Chesbrough&Rosenbloom,2000)
收益模式	如何制定交易模式能够使收益最大化,交易参与者如何分配利润与收益	奥斯特瓦尔德(Osterwalder,2004);张敬伟和王迎军(2010);王关义和刘希(2014)

(2)分析维度之二:商业模式要素之间的关系创新

要素关系主要指商业模式构成要素之间的联系及组合方式。彭罗斯(Penrose,1995)认为,同样的资源可以用于不同的用途或使用方式,或者通过与其他资源组合可以生产出不同的产品或服务。这一观点表明,商业模式构成要素之间可以通过不同的结合或作用关系产生新价值创造模式,也就是商业模式创新。更进一步的,威尔和维塔利(Weill & Vitale,2001)在"原子商业模式"(Atomic E-business Models,AMEB)中,强调改变要素之间关系的重要性,并指出通过改变原子商业模式的要素组合方式就可构成新的商业模式。总结前人的研究成果,本案例在研究过程中将商业模式构成要素间关系的创新归纳为紧密关系创新、先后关系创新和主客关系创新。

①紧密关系创新。紧密关系是指要素之间相互作用的强度和相关性,它是两个或多个要素相互依赖程度的反映或体现。要素之间紧密性的改变既包括两个或多个要素之间依赖程度及强度的强弱变化,也包括两种或几种要素的创新性结合或分离。要素紧密性关系的变化可以导致要素之间作用结果的变化,如果这一变化可以创造新的价值或者提升运营效率,那么要素之间紧密性关系创新的结果就是新的商业模式。

②先后关系创新。先后关系是要素之间在生产、运营过程中的先后次序关系。由于生产运营的规律性,一定时期内在组织运营的过程中,一些要素之间存在一定的先后次序关系;当市场需求、技术等内外部环境变化时,改变这些先后次序关系会产生不同的效果。如果给企业带来了新的运营模式,创造了新的价值,且这种改变前所未有,那么就实现了由商业模式要素先后性关系引起的商业模式创新。

③主客关系创新

企业的生产运营是一系列要素复杂的相互作用的过程。在这一过程中,依据运营环节的不同,相同要素起到的作用和效果也有所不同。企业运营过程中,要素之间存在一定的主客关系,在一定的条件下,探索性地改变原有要素之间的主客关系,追求新的要素之间相互作用的模式和结果时,企业就实现了由要素主客关系创新激发的商业模式创新。

2.商业模式创新效果的分析维度

目前关于商业模式创新效果评价没有形成权威的指标,本案例综合现有研究成果,选择反映经营活动全貌的下列评价指标:(1)反映市场效果的指标,包括客户满意度、市场占有率、品牌认知度;(2)财务指标,包括收入、投资回报率、利润复合增长率;(3)运营效率指标,包括生产设施开工率、订单循环期、新产品开发周期。

14.2.2 研究设计

1.研究目标

本案例试图以内容分析法,通过对目前企业商业模式创新有关报道的材料的研究,判断中国企业商业模式创新现状的总体特征,包括要素创新和要素关系创新的特征，及其创新效果的特征。

2.分析方法

基于内容分析法的特点，本案例采取该方法进行研究。研究的基本步骤是：（1）选取样本；（2）根据文献分析确定分析类目；（3）对样本按照分析维度和分析单元进行分析，进行编码并取得量化数据；（4）对量化数据进行统计分析，得出结论。

3.样本选取

样本的选取决定了研究成果的科学性。本案例出于对中国企业商业模式创新实践状况的分析，特选取可查询的关于企业商业模式创新的实名报道材料作为样本，以期获取尽可能接近现实且反映本质的资料。在阿帕比中国报纸资源全文数据库中，选取 2010 年以来发表文章的篇名和关键词中同时包含“商业模式”和“创新”的报道资料作为总体样本，并从中选取有效材料作为本案例研究的样本集合。

样本选取原则：（1）必须有明确的证据表明是某一家企业（不能为多家企业的混合）成功的商业模式创新，并明确表明由商业模式创新引起的变化；（2）文章中对企业进行商业模式创新的描述，明确包含了本案例所界定的创新要素或要素关系的相关描述。根据此原则，筛选出符合条件的 140 个样本，发现其中有两个样本内容重复，实际为 139 个有效样本。这些样本分布于制造业、零售业、通信业、建筑业等 14 个行业。

4.分析单位、分析类目及编码

（1）要素创新分析维度的分析类目

商业模式构成要素创新是基于要素的商业模式创新，主要是对要素采取创新措施，包括对要素的变革、对要素的删减与增加、对要素重要性的改变。根据要素创新的这三方面的内容，结合要素创新的分析维度，确定了描述要素创新的类目，即量化分析使用的关键词、关键语，或关键词与关键语的近义词和近义语，如表 14-2 所示。表 14-2 中，$YS_{(a)}$、$YS_{(b)}$……$YS_{(k)}$ 分别代表要素创新分析的各个维度。

（2）要素关系创新分析维度的分析类目

根据上述要素关系创新的文献分析，确定紧密性关系创新、先后性关系创新、主客性关系创新的分析类目，即描述要素关系创新的关键语，如表 14-2 所示。

表 14-2　要素及要素关系创新维度的分析类目与创新效果的分析类目定义

1. 要素创新的分析维度（编码）	分析类目（描述要素创新的关键词、关键语）（依据：要素优化、要素删减与增加和要素重要性变化三要素创新）
客户选择	$YS_{(a)}$　选择或重新定义客户、创造新的客户
产品价值	$YS_{(b)}$　改变附加价值、产品组合、产品品牌升级、品牌价值，与产品陈列展示有关的创新
生产要素组合	$YS_{(c)}$　人力、物力和财力的组合创新
组织结构	$YS_{(d)}$　部门、组织机构的增减或调整设置，组织内容管理创新
生产流程	$YS_{(e)}$　流程再造，引入新的生产流程，业务组织方式、服务提供的流程
技术及其组织能力	$YS_{(f)}$　技术创新、学习能力，技术创新的管理能力与方法
渠道	$YS_{(g)}$　销售渠道或分销渠道
供应链伙伴关系	$YS_{(h)}$　供应链的整合和合作关系的改变、产业链整合、整合供应商与客户资源
信息系统	$YS_{(i)}$　管理信息系统（如会计电算化、顾客电子档案等）、行业信息获取、生产销售信息获取、产业信息系统
成本	$YS_{(j)}$　低成本、成本控制
收益模式	$YS_{(k)}$　收入、利润分配，利益相关者获取利益方式、盈利模式
2. 要素关系创新的分析维度	分析类目（描述要素关系创新的关键语）
紧密性关系创新 先后性关系创新 主客关系创新	Ⅰ　要素关系强度改变，要素关系相关性改变（结合或分离） Ⅱ　要素之间在生产过程中的先后次序的改变 Ⅲ　要素之间在原来相互作用的基础上主客关系的改变
3. 创新效果分析维度	分析类目指标
商业模式创新的市场效果	客户满意度 市场占有率 品牌认知度
商业模式创新的财务效果	收入 投资回报率 利润复合增长率
商业模式创新的运营效果	生产设备开工率 新产品开发周期 订单循环期

（3）商业模式创新效果分析维度的分析类目

根据上述商业模式创新效果的分析维度的文献分析，以选择的指标为分析类目更准确，如表 14-3 所示。

表 14-3 商业模式创新样本创新信息采集表(列举前 10 个样本)

样品编号	创新属性(1,0)			存在创新的要素 $YS_{(i)}$ (其中，i=a－k)	存在创新的要素关系(0、Ⅰ、Ⅱ Ⅲ)	创新效果指标
	要素创新	要素关系创新	两者均具备			
1	0	1	0	$YS_{(b)}$ $YS_{(c)}$ $YS_{(d)}$	Ⅰ	投贷回报率、利润率
2	0	1	0	$YS_{(d)}$ $YS_{(f)}$ $YS_{(g)}$ $YS_{(k)}$	Ⅰ	市场占有率
3	0	1	0	$YS_{(g)}$ $YS_{(h)}$	Ⅰ	市场占有率
4	0	1	0	$YS_{(a)}$ $YS_{(d)}$ $YS_{(g)}$	Ⅱ	主营业务收入，利润复合增长率
5	0	1	0	$YS_{(b)}$ $YS_{(f)}$	Ⅰ	利润复合增长率
6	0	0	1	$YS_{(b)}$ $YS_{(f)}$ $YS_{(h)}$	Ⅰ、Ⅱ	成本降低率
7	0	1	0	$YS_{(a)}$ $YS_{(g)}$ $YS_{(i)}$	Ⅰ、Ⅱ	代金周转率
8	0	1	0	$YS_{(h)}$ $YS_{(j)}$	Ⅰ	
9	1	0	0	$YS_{(c)}$	0	投贷回报率
10	0	0	1	$YS_{(d)}$ $YS_{(g)}$ $YS_{(h)}$	Ⅰ	

14.2.3 分析过程

1.样本选取及量化

首先，通过对样本案例内容的阅读，依据分析类目是否出现，对样本在各分析维度下进行量化，为此建立《商业模式创新样本创新信息采集表》，如表 14-3 所示。样本的量化规则：严格遵守前文中界定的商业模式要素创新和要素间关系创新的具体内容，判断并记录案例中的商业模式创新。采用统计软件 SPSS 11.5 对获取的原始数据进行频数、分布特点等相关分析。

编码规则：(1)创新属性编码规则：本条目在编码时采取(1,0)编码方式，样本中仅出现要素创新或要素关系创新时，在对应的“要素创新”或“要素关系创新”条目中记为 1，其他两个条目记为 0；若样本中同时出现“要素创新”和“要素关系创新”，则在“两者均具备”条目下记 1,其他两个条目记为 0。(2)要素编码规则:商业模式创新要素编码 $YS_{(a \cdots k)}$,详细要素编码信息如表 14-2 所示。(3)要素关系编码规则:根据要素关系创新的类型,填入对应编码Ⅰ、Ⅱ、Ⅲ,记为 1;若不存在,则记为 0。(4)指标编码规则:记录样本中商业模式创新案例中出现的衡量创新效果的观测指标,为后续商业模式创新效应评价指标体系的建立提供依据。

2.信度与效度分析

在本案例的样本获取、分析单元获取以及编码的过程中,均采用重测信度法,即对于同一个样本,作者两人独立进行编码,并对比两人编码的差异性。对比显示,两次测量结果的差异项每人不超过 10%(即误差 1 项),表明具有较高的信度。效度即有效性,它是指测量工具或手段能够准确测出所需测量的事物的有效程度。首先,本案例获取的商业模式分析维度是在典型文献回顾基础上归纳的;其次,本案例仔细判断每一个样本是否符合或涵盖所要测量的分析单元,保证内容量化的有效性。

3.数据处理方法及过程

为了对原始数据采集样表中的数据进行科学、有效以及深层次的分析,也便于统计软件的科学处理,本案例将表 14-3 中所采集到的商业模式创新样本数据进行进一步的深入量化处理,采用(0,1)计数统计方法,将商业模式创新样本中未出现创新的其他无关要素或非主要创新要素记为 0;反之,“某要素创新”或“某要素参与创新”记为 1。由此生成《商业模式创新原始数据统计量表》(略)。

14.2.4 研究结论

1.中国企业商业模式创新总体特征

中国企业商业模式创新总体特征为:要素创新高于要素间的关系创新,商业模式的系统创新能力不够强。在所获得的样本数据中,有 47%的样本企业所涉及的商业模式创新属于要素创新,要素间关系创新为 34%,二者均具备的样本企业占 19%。这说明中国企业的商业模式系统创新能力不够强。

2.中国企业商业模式要素创新的特征

第一,商业模式要素创新大部分涉及 2—3 个要素,复杂的商业模式创新水平有待提高。统计发现,83%的商业模式创新涉及了 2—3 个要素创新,样本达到 115 个,其中,2 个要素的样本 52 个,3 个要素的样本 63 个。这表明,中国企业目前商业模式创新并不复杂，多数创新仅涉及 2—3 个要素的创新，涉及要素众多或者仅涉及一个要素的商业模式创新是少数的(二者合计 17%)。同时，也这表明中国企业较为复杂的商业模式创新水平有待提高。第二，商业模式要素创新表现出要素之间频数差异较大，在营销与技术方面的创新较多，而在组织管理、生产管理方面的创新较少。对样本中商业模式创新所涉及的创新要素的分布进行统计，结果如图 14-1 所示。通过图 14-1 可以看出，在划分的 11 个要素中，有 3 个要素涉及频数远高于其他要素，分别是“客户选择”($YS_{(a)}$)、“产品价值”($YS_{(b)}$)和“技术及其组织能力”($YS_{(f)}$)；还有 4 要素频数明显低于其他要素，分别是“资本”($YS_{(c)}$)、“组织结构”($YS_{(d)}$)、“生产流程”($YS_{(e)}$)和“成本”($YS_{(j)}$)。这说明：营销与技术方面的创新比较多，而组织管理、生产管理方面的创新比较少。

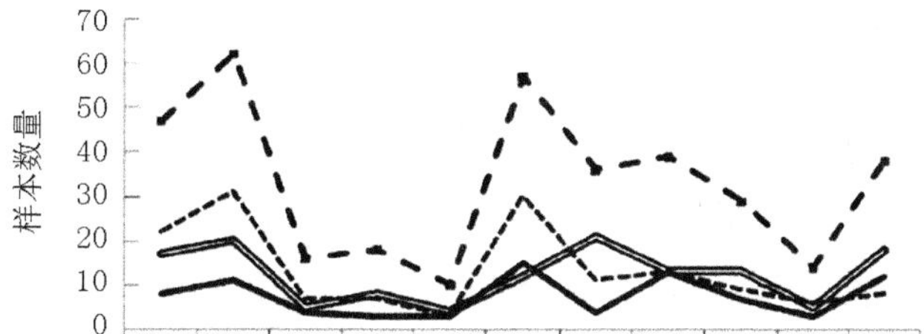

	$YS_{(a)}$	$YS_{(b)}$	$YS_{(c)}$	$YS_{(d)}$	$YS_{(e)}$	$YS_{(f)}$	$YS_{(g)}$	$YS_{(h)}$	$YS_{(i)}$	$YS_{(j)}$	$YS_{(k)}$
要素创新	22	31	7	7	3	30	11	13	9	6	8
要素关系创新	17	20	5	8	4	12	21	13	13	5	18
两者都具备	8	11	4	3	3	15	4	13	7	3	12
合计	47	62	16	18	10	57	36	39	29	14	38

图 14-1　中国企业商业模式创新涉及的要素分布统计

3.中国企业商业模式要素关系创新的特征

(1)“先后性”关系型创新只有伴随要素创新出现时才多于“紧密性”关系型创新

对要素关系创新的类型进行分析发现，一些要素关系创新同时包含了 1—3 种。进一步分析，仅在“要素间关系创新”的情况下，紧密性关系创新与先后性关系创新分别占 40.5%和 21.7%，紧密性关系创新明显超过先后性关系创新的数量；但是，在“要素创新”与“要素间关系创新”同时具有的情况下，先后性关系创新明显超过紧密性关系创新的数量，分别占 45.5%和22.7%；“主客关系创新”在两种情况下则相近，分别占 37.7%和 31.8%，如表 14-4 所示。为什么会出现这一现象，需要后续研究者结合案例分析加以解释。

表 14-4 关系创新数据统计

关系类型 / 样本类型	紧密性关系创新(Ⅰ)		先后性关系创新(Ⅱ)		主客关系创新(Ⅲ)		合计
	数量(个)	比例(%)	数量(个)	比例(%)	数量(个)	比例(%)	数量(个)
仅有要素间关系创新	28	40.5	15	21.7	26	37.7	69
要素关系创新与要素创新同时具有	10	22.7	20	45.5	14	31.8	44

(2)"技术及其组织能力"的要素关系创新的数量远低于其要素创新

在分析的样本资料中,"技术及其组织能力"($YS_{(f)}$)更容易产生要素创新效果,而在与其他要素发生作用的关系创新中则出现频数较低。这说明目前企业的"技术及其组织能力"更加倾向于独立要素的创新,而非与其他要素产生创新作用。这反映了中国企业围绕技术形成的系统创新能力并不高的现实。

(3)"产品价值"的要素关系创新与要素创新均明显高于其他要素

"产品价值"的要素关系创新与要素创新均明显高于其他要素,这反映了中国企业目前的营销创新以及围绕营销形成的系统创新能力比较高。

(4)一些要素的要素关系创新与要素创新均明显低于其他要素在这两方面的创新

"资本"($YS_{(c)}$)、"组织结构"($YS_{(d)}$)、"生产流程"($YS_{(e)}$)和"成本与定价"($YS_{(j)}$)这 4 个要素无论是要素关系创新还是要素创新,均数量偏低。产生这一现象的原因,到底是商业模式创新本身的特点,还是中国企业创新存在的问题,有待于进一步研究。

4."市场效果指标"与"财务指标"是中国企业衡量商业模式创新效果的主要指标

对样本中衡量商业模式创新效果所使用的指标进行记录,并对这些指标的分布状况进行统计观测。在 139 个样本中,采集到的企业用来衡量商业模式创新效果的指标是"财务指标"与"市场效果指标",至于运营效率等方面的其他指标,在样本中没有提及。并且"财务指标"比较普遍使用的指标共计 7 个,包括投资回报率、利润率、市场占有率、主营业务收入、利润复合增长率、成本降低率和资金周转率。研究表明，在不同类型的商业模式创新中，“财务指标”与“市场效果指标”两类指标被使用的情况也是不同的。其中，“市场占有率”这一指标在近一半的样本（46%）中被使用，且在“要素创新”“要素关系创新”“要素创新与要素关系创新二者都具备”的三种类型的创新样本中的使用最高；“财务指标”中被使用频率较高的是“主营业务收入”指标，而“资金周转率”这一指标使用最少。这些指标是从企业的实际报道中获取的，因而更接近操作层面，更加务实地反映了企业对于商业模式创新的衡量。但是，这与理论研究存在一定的差距，也与《商界评论》杂志连续举办多届的“中国年度最佳商业模式评选”指标存在一定差距。显然，中国企业商业模式创新效果缺少运营效率指标的评价。

本章思考题：

请采用内容分析法分析 2010 年至 2015 年我国信息资源管理的研究热点与发展趋势。

第 15 章　专利分析法及其应用

15.1　专利分析法概述

专利分析是指对来自专利说明书、专利公报中的大量的、个别的、零碎的专利信息进行加工及组合，并利用统计手段或技术分析方法使这些信息成为具有总揽全局及预测功能的竞争情报的一项分析工作。通过专利分析往往能使原来的专利信息内容发生质的变化，能使它们从普通的信息上升为企业经营活动中有价值的竞争情报。

专利分析方法一般分为定量分析和定性分析两种，其中定量分析又称统计分析，定性分析也称为技术分析。通常情况下，在进行专利分析时，需要将定量分析与定性分析结合起来使用，也就是将外部特征与内容特征结合起来进行分析，才能达到较好的分析效果。

定量分析主要是通过专利文献的外部特征来进行统计分析，也就是通过专利文献上所固有的项目，如申请日期、申请人、分类类别、申请国家等来识别有关文献，然后将这些专利文献按有关指标，如专利数量、同族专利数量、专利引文数量等来进行统计分析，并从技术和经济的角度对有关统计数据的变化进行解释，以取得动态发展趋势方面的情报，从而进行预测。具体方法有以下几种：专利申请件数的时序列分析、新技术系数分析、三角分析、技术内容及权利数分析、分面分析、专利技术按空间的分布分析等。

定性分析也称为技术分析，是以专利说明书、权利要求图纸等技术内容或专利的“质”来识别专利，并按技术特征来归并有关专利并使其有序化，一般用来获得技术动向、企业动向、特定权利状态等方面的情报，从而来调查技术动向。具体方法有以下几种：技术流动分析（技术发展图）、波及分析、矩阵分析、TEMPEST 分析、技术综合法、寻求空隙法、技术改进法、专利技术原理法等。

15.2　专利分析法的应用案例①

案例:基于专利分析的转基因大豆技术现状研究。

按语:转基因大豆作为 20 世纪 80 年代新兴的生物技术发展的产物,受到世界各国的普遍关注。本案例对中国、美国和欧洲转基因大豆领域的专利文献进行分析,以了解当前转基因大豆领域的研发现状与态势及技术分布格局。分析转基因大豆专利技术的总体趋势、区域分布、重点技术等方面,明确该领域技术掌握的重点国家、公司、技术等,并提出我国转基因大豆专利战略发展的建议。

正文:转基因大豆(Genetically Modified Soybean),简称 GM 大豆,是指利用转基因技术,通过基因工程方法导入外源基因所培育的具有特定性状的大豆品种。20 世纪 80 年代后,以基因工程为核心的现代生物技术科学得到了迅猛的发展。通过转基因方法可以大幅度改良大豆性状、提高大豆及其加工产品的营养价值和附加值。转基因大豆自诞生以来发展迅速、应用广泛。以转基因性状划分,已经商业化种植或正处在研发阶段的转基因大豆主要是抗除草剂转基因大豆、改变脂肪酸的转基因大豆和抗虫转基因大豆三类。随着转基因大豆技术研究的不断深入、种植面积的不断增大,转基因大豆已成为世界大豆主产国大豆产业发展的主要动力,大豆的转基因研究成为国内外植物分子生物学研究的热点之一。

专利文献是技术和科学信息的重要来源。它能够反映出科学技术研发领域技术发展的现状。通过对专利文献的检索、统计和分析,能够发现技术发展态势、主要技术领域、国家(地区)或企业的技术经济实力等。本案例旨在通过对转基因大豆领域的专利文献进行分析,为我国转基因大豆的战略选择提供信息支撑和决策参考。

15.2.1　数据来源及方法

1.数据来源

专利检索的数据库为中国科学院专利在线分析系统 2.0 版。该系统具备七国两组织的专利在线分析功能。从该数据库检索 1980 年 1 月 1 日—2013 年 12 月 31 日间的发明专利数据。因为从专利申请到专利公开有 18 个月的滞后期,使得大量

① 苗润莲:《基于专利分析的转基因大豆技术现状研究》,《大豆科学》2015 年第 8 期,第 723—730 页。

专利还处于未公开状态，所以2013年数据仅做对比参考。

2.检索策略

检索方式以关键词结合国际专利分类号（IPC分类号）进行检索。关键词是通过文献调研和专家访谈得出的转基因大豆的技术构成得出的。检索的IPC分类号包括C12N、C12Q、A01H、G01N、C07K、C07H、A01C、C12M、A01G、G01S等，以C12N、A01H、C12Q、A01G为主。其中，C12N涉及转基因大豆的遗传工程育种方法；A01H涉及转基因大豆的组织培养育种方法及纯度鉴定方法；C12Q涉及转基因大豆的分子标记辅助选择育种方法及种子纯度鉴定方法；A01G涉及转基因大豆的制种方法。

3.分析方法

通过将关键词与IPC号结合进行检索，并对与转基因大豆不相关的专利进行清洗。利用中国科学院专利在线分析系统的分析模块，从申请年、IPC分类等方面深入对比分析中国、美国、欧洲等地转基因大豆专利技术领域的发展趋势、重点技术领域情况，并从专利技术角度对我国转基因大豆的发展进行探讨。

15.2.2 结果与分析

1.发展态势分析

从专利数量的年度变化及专利IPC分类情况，可以掌握中、美、欧三地转基因大豆专利技术的基本发展态势。

(1)专利发展趋势

从转基因大豆领域专利申请的年度分布情况来看（如图15-1所示），1981—1994年转基因大豆专利申请较少，转基因大豆领域的研究较为缓慢，十几年之间专利数量变化平缓，1994年之后整体处于上升状态，尤其是2000年之后，转基因大豆专利申请量整体快速增长，2010年专利申请近300件，达到最高值。

20世纪80年代，转基因大豆研究力量小、技术发展速度较慢，转基因大豆专利较少，基本上处于研究的起步阶段。1994年，孟山都公司的抗草甘膦除草剂转基因大豆首先获准商业化种植；1997年，杜邦公司获得美国食品药物管理局批准推广种植高油酸转基因大豆。这些转基因产品在农业大规模种植上的重大突破，大大加速了转基因大豆的技术创新进程，尤其是2000年之后，世界范围内多个国家都开始重

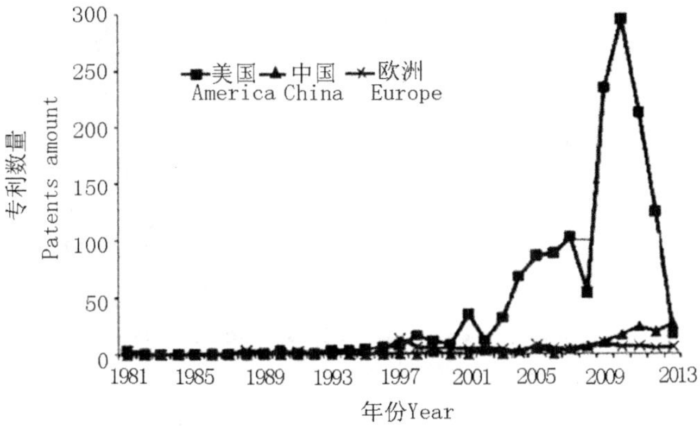

图 15-1　转基因大豆专利申请趋势

视转基因大豆及相关技术的研究，专利申请迅速增加。同时，以重组 DNA 技术和植物离体再生技术为基础的植物基因工程在大豆上的研究备受青睐，为外源基因导入大豆提供了有效的受体系统，大大推动了大豆遗传转化等基因工程的研究工作。

转基因大豆品种的育成与大规模种植，在世界大豆科技史上具有里程碑意义。转基因大豆技术不断出现、种植面积不断增大，已在世界大豆生产中占据了主要位置。随着技术和产业的发展，专利申请数量也将继续增长。

(2)技术发展趋势

对中、美、欧三地转基因大豆领域专利 IPC 小类年申请量分别进行逐年统计(如图 15-2、图 15-3、图 15-4 所示)。美国分别在 2001 年、2007 年和 2010 年出现了专利申请高峰，近三年来专利申请量有所回落，其中 C12N 和 A01H 专利数量最多、发展最快。此外，美国在 2010 年也出现了 A23L、C07K 和 C11B 专利申请的高峰，这说明近年来美国在大豆品质改良领域研发投入加大；欧洲在 1997 年和 2010 年出现了专利申请高峰，C12N 和 A01H 专利数明显高于其他专利；我国近年来在转基因大豆领域以 IPC 号 C12N、A01H 和 C12Q 相关的专利数量增长最快，说明我国的转基因大豆研发除关注育种外，在转基因大豆的分子标记辅助选择育种方法及种子纯度鉴定方法方面较为关注。

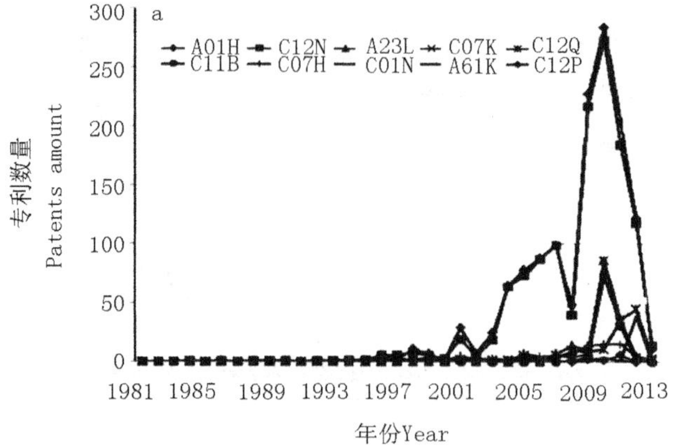

图 15-2 美国转基因大豆领域专利 IPC 小类年申请量

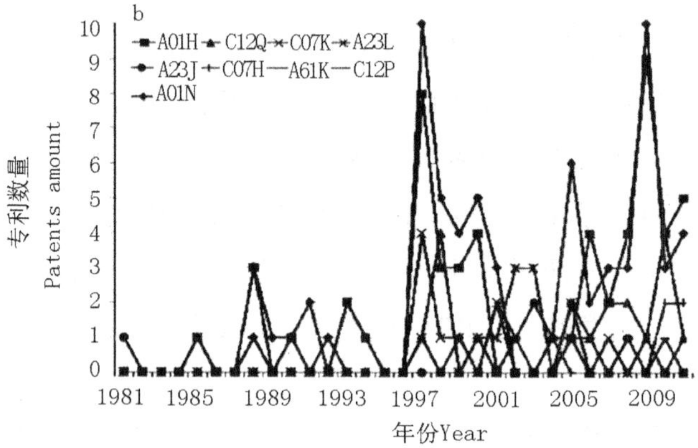

图 15-3 欧洲转基因大豆领域专利 IPC 小类年申请量

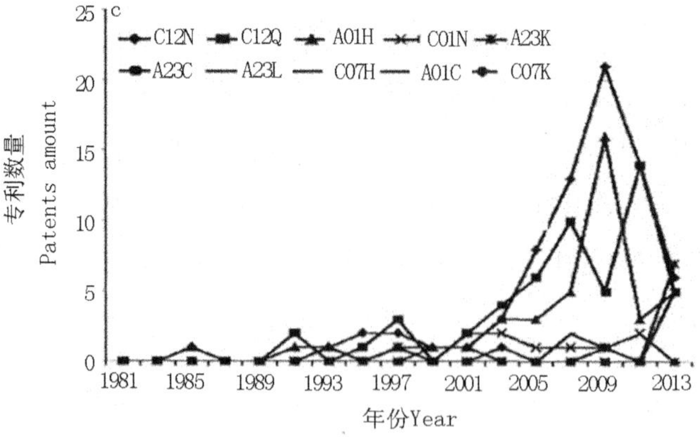

图 15-4 中国转基因大豆领域专利 IPC 小类年申请量

总体来看，C12N 和 A01H 是各国转基因大豆领域发展最快的技术领域，部分年份申请量远远高于其他技术领域。这说明转基因大豆遗传育种及大豆组织培养研究一直是各国的研究重点。

2.竞争态势分析

从中、美、欧转基因大豆专利申请人及重点申请人专利发展和技术分布的分析中，可以探究三地转基因大豆的竞争态势。

（1）研发力量分析

美、欧、中转基因大豆专利申请数量排名前十位的申请人情况分别如图 15-5、图 15-6、图 15-7 所示。可以看出，美国的先锋公司、孟山都公司、史坦恩公司及 MS 技术公司专利数量最多；而在我国，中科院遗传与发育生物学研究所、东北农业大学、孟山都技术公司专利数量最多；在欧洲，围绕转基因大豆申请专利的公司中，杜邦、孟山都和先锋公司专利数量最多。据报道，目前全世界 80％的转基因农作物出自美国的孟山都、杜邦等 5 家跨国公司，说明这些跨国公司在转基因作物的技术开发及推广应用上具有明显优势。孟山都、先锋公司等作为世界领先的转基因技术研发及应用公司，在中、美、欧都申请了大量专利，反映出这些跨国公司对转基因大豆知识产权的重视程度非常高，而这种知识产权策略，在一定程度上也帮助这些公司形成了技术垄断。

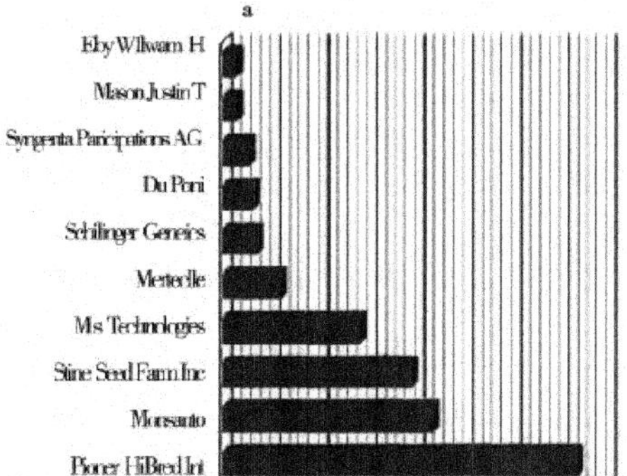

图 15-5　美国转基因大豆专利申请数量排名前十位的申请人

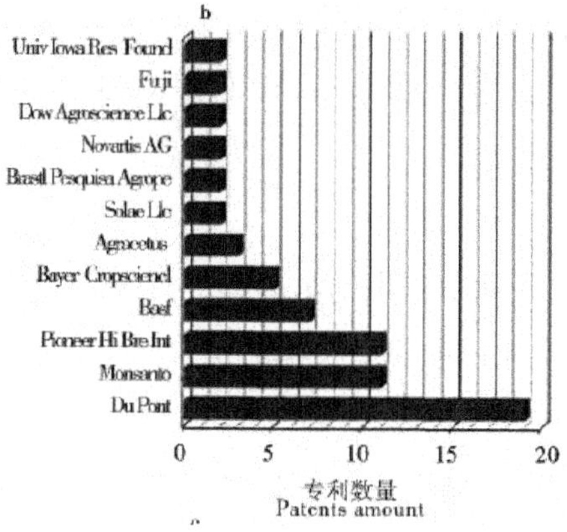

图 15-6　欧洲转基因大豆专利申请数量排名前十位的申请人

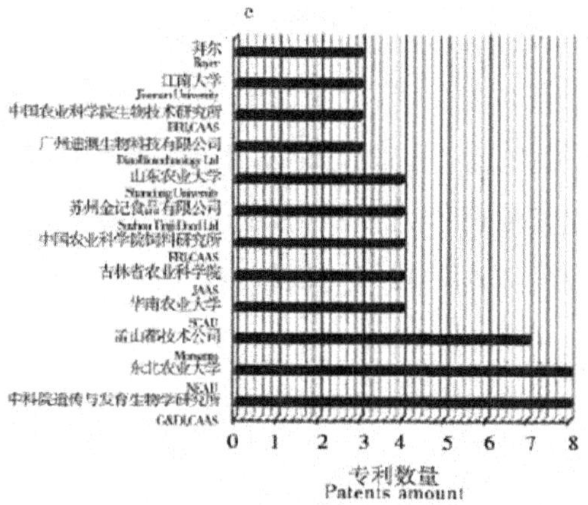

图 15-7　中国转基因大豆专利申请数量排名前十位的申请人

这一结果还表明,美国与美国企业在转基因大豆技术研发领域具有远超其他国家和地区的技术创新能力。美国转基因大豆研发体系的主体是企业,这是因为美国对转基因植物知识产权的全方位保护在一定程度上造成的技术垄断,带来了巨额的利润,激励和调动了育种者的积极性,使育种者为育种创新投入了更多的精力和财力,从而培育出更多可商业化的新品种。在我国,转基因大豆的技术创新主要以科研院所为主,我国对转基因技术的应用持谨慎态度,研发主要以技术创新为主,未能进行商业化种植,因此企业缺少研究的积极性,相关专利较少。

(2)重点专利申请人竞争力分析

从世界范围来看,美国的先锋公司、孟山都公司、史坦恩公司和 MS 技术公司专利申请量大、覆盖面广,具有明显的技术优势,以上述四家公司作为主要对象,分析专利申请人的竞争力。从美国转基因大豆检索数据来看,先锋公司专利数量最多,达 368 件,占美国转基因大豆专利总数的 29.73%。这表明先锋公司在这一领域综合竞争实力较强。孟山都公司、史坦恩公司和 MS 技术公司专利数量分别为 218 件、196 件和 142 件。从专利的商业潜在价值上看,孟山都公司在美国、欧洲、中国都拥有大量的专利,在专利战略实施、专利技术布局和知识产权保护上较为突出,这说明这些专利能给孟山都公司带来较大的商业利益。从年专利申请情况来看,先锋公司和孟山都公司在转基因大豆领域有着长期的积累,20 世纪 90 年代就有申请专利的记录。从 2010—2012 年申请的专利数量来看,先锋公司申请量达 281 件,远多于孟山都公司的 153 件、史坦恩公司的 71 件和 MS 公司的 53 件,竞争优势明显。

从各公司技术领域分布情况可以看出,虽然 4 家公司关注转基因大豆技术领域的相似度不同,但各公司在技术研发的主要关注点基本相同,均集中在C12N15/82 和 A01H5/10,先锋公司在这两个领域涉及专利数量最多,分别为 283 件和 218 件。孟山都公司对各技术领域都较为关注,除上述两个领域外,在C07K14/415领域(来自植物的肽)和 A23L1/10 领域(含有谷类得到的产品)的优势比较明显;先锋公司在 C12Q1/68 领域(包含酶或微生物的测定或检验方法)具有一定的优势;MS 公司在 C07K1/14 领域(肽的提取、分离、纯化)具有一定的优势。

3.技术现状分析

通过中、美、欧转基因大豆专利的技术领域分布、研发热点分析及技术生命周期分析,可以描绘出三地在转基因大豆领域的技术热点和发展趋势。

(1)重点技术领域分析

对所检索到的中、美、欧转基因大豆专利 IPC 分类情况进行统计,根据排名前 10 位的 IPC 分类号涉及的专利数量占各自专利总数的比例,分析中、美、欧专利技术领域的分布情况。可以看出,中、美、欧三地的转基因大豆专利技术分布大致相同,各 IPC 小类分布虽有区别,但专利主要集中在 C12N、A01H 和 C12Q 三个小类上,即技术重点主要是转基因大豆育种及鉴定相关的技术。从各样本的组成来看,美国在转基因大豆育种及鉴定的技术密集度更高,有 92.37%的专利与 A01H 分类相关,87.68%的专利与 C12N 相关;在中国和欧洲,与这两类相关的专利比率分别为 57.36%、41.09%和 68.63%、53.92%。中、美、欧在转基因大豆技术开发方面也有一些差异,如我国在转基因大豆专利中出现了与分类号 A01C、A23K、A23C 相关的数据,说明技术开发上对转基因大豆的种植和应用也有一些研究;美国专利中,出现了 C11B 相关专利,占该样本专利总数的 7.77%,说明美国对转基因大豆油脂方面较为重视;欧洲专利中出现了 A01N 相关专利,说明欧洲在转基因大豆生长调节上有所研究。

(2)研发热点分析

从中、美、欧三地转基因大豆技术热点(表 15-2)可以看出,美国和欧洲在转基因大豆专利的主要关注点方面基本相同,均为 IPC 分类号 C12N15/82 所在领域,即用于植物细胞作为宿主、遗传工程育种方面,美国和欧洲在该领域的重点集中在转基因大豆的遗传育种上。同时,美国与 IPC 分类号 A01H5/10(种子)相关的专利数量较多,说明美国在转基因大豆的组织培养育种方面也具有明显优势。中国专利中,C12Q1/68 专利数量最多,说明我国在转基因大豆的技术研发重点在籽种纯度鉴定方面,这与我国没有商业化种植而有产品进口的需要有关。

(3)技术生命周期分析

对专利数量与专利申请人数量按照时间进行分析,可以考察专利技术的生命周期。从美国转基因大豆专利技术生命周期图来看,其 2000 年之后快速发展,2010 年专利申请人和专利数量达到最高点,之后专利申请数量下滑,申请人数降低,开始呈现技术衰退期的特征。从欧洲转基因大豆专利技术生命周期图来看,该区域转基因大豆专利技术经历了多个发展阶段,从近几年情况来看,专利申请数量和专利申请人数量又有所回升,说明欧洲转基因大豆专利技术研发趋向活跃,进入技术恢复期。我国转基因大豆专利申请人和专利申请数量整体处于上升趋势,说明我国的转基因大豆技术正处于技术发展期。

表 15-2　转基因大豆技术热点

美国 America		欧洲 Europe		中国 China	
IPC	专利数量 Patent number	IPC	专利数量 Patent number	IPC	专利数量 Patent number
C12N15/82	977	C12N15/82	55	C12Q1/68	52
A01H5/10	722	C12Q1/68	19	C12N15/11	25
C12N5/04	460	A01H5/10	16	C12N15/82	23
A01H1/02	380	C12N5/10	13	C12N15/63	16
C12N15/31	175	C12N15/29	11	C12N15/66	11
C12Q1/68	127	C12N9/02	10	C12N15/113	10
C07K14/415	105	C07K14/415	10	C12N15/10	9
C07H21/04	78	C12N9/10	9	A23K1/16	7
A23L1/10	60	C12N15/54	7	C12N15/84	6
A23L1/20	57	C12N15/09	6	C12N15/29	6

15.2.3　对我国转基因大豆发展的思考

1.中外专利技术对比

从转基因大豆专利技术的现状来看，发达国家在转基因大豆领域起步早、技术成熟，尤其是美国在该领域具有绝对领先的技术优势，与之相比，我国的转基因大豆技术发展还有较大差距。我国是大豆的原产国和发源地，大豆在我国有 5000 多年的种植历史。1996 年以前我国一直是大豆的净出口国，但随着我国植物油市场的开放、人们对富含蛋白质大豆及其产品需求的迅猛增加以及转基因技术的商业化，当前我国已经成为世界上最大的转基因大豆进口国和消费国，转基因大豆严重冲击着我国的大豆市场。

从专利的法律状态来看(图 15-7)，所检索到的我国关于转基因大豆申请的专利中，仅有 20.93%获得授权，43.41%处在审中状态，这说明我国在转基因大豆相关知识产权上处于劣势。

从技术领域上来看，国外育种有优势，我国在转基因大豆育种方面还比较薄弱，相关专利技术中有 35%集中在转基因大豆的检测上，18%集中在转基因大豆的应用

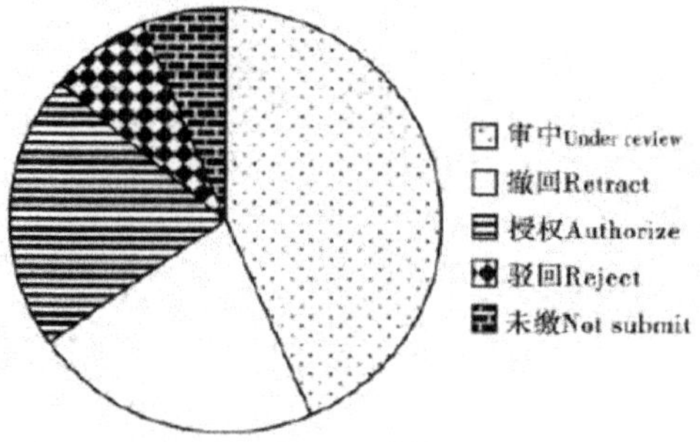

图 15-7 我国转基因大豆专利法律状态

上，直接涉及转基因大豆育种关键技术的专利数量比例较低，也较为分散。

从研发力量上来看，国外企业为主导，我国转基因大豆主要由科研院所和高等院校开展，占所检专利的 66%，以企业为主转基因大豆申请的专利主要集中在转基因大豆的利用和转基因大豆的检测上，技术创新水平较低，这与我国目前对转基因技术的政策和国情有关。

从专利战略上来讲，孟山都、拜尔、巴斯夫等跨国公司在世界范围内都加大了对转基因籽种知识产权的保护力度，都在我国进行了专利布局。从跨国公司在我国申请的专利来看，主要涉及转基因大豆育种及相关技术，这些技术具有关键性、源头性的特征，这对我国转基因大豆的研发造成了明显的专利屏障。随着转基因大豆在世界范围内的大面积种植，我国大豆产业的国际竞争力急剧下降。

2.我国转基因大豆发展的思考

对美国、欧盟和中国等国家和地区转基因大豆专利文献的检索、统计和分析表明，美国和欧盟是转基因大豆研发的重点区域，而美国更是包揽了目前全世界 80% 的转基因农作物，其中以美国的孟山都、杜邦等 5 家跨国公司为主，美国、欧盟基本上垄断了转基因大豆核心技术，而我国尽管是大豆进口大国，但是技术相对较弱、核心专利成果匮乏，极不利于保障我国农业可持续发展和粮食安全。我国应该从以下几个方面加强转基因大豆研发工作：加强转基因大豆的技术开发的战略性部署，紧贴我国粮食安全战略和实际需求，开展遗传工程和植物再生及组织培养技术领域关键技术研发，开发适合我国发展需要的抗逆境、高油、高蛋白大豆；出台措施，鼓励科研院所与企业紧密结合，推动建立以企业为研发主体的转基因大豆技术创新体系；

加强转基因大豆知识产权布局,突出基础研究的重要地位和未来的应用前景,重点围绕大豆品质改良基因获取原始专利,以保障在大豆领域未来的竞争中赢得先机。

本章思考题:

请采用专利分析法对我国电动汽车相关技术进展进行分析。

参考文献

[1] 张斌，马费成.大数据环境下数字信息资源服务创新[J].情报理论与实践，2014(6):28—33.

[2] [英]迈尔-舍恩伯格，[英]库克耶.大数据时代[M].盛杨燕，周涛，译.杭州：浙江人民出版社，2013.

[3] 陆泉，韩雪，韩阳，陈静.我国数字信息资源长期保存研究综述[J].图书馆学研究，2015(4):2—8.

[4] 闫小斌.大数据时代的数字信息资源国家控制力探讨[J].兰台世界，2015(2):130—131.

[5] 穆颖丽.网络信息资源的组织与检索[J].图书馆学刊，2004(2):52—53.

[6] 陈沛.搜商——人类的第三种能力[M].北京：清华大学出版社，2006.

[7] 代根兴.信息资源概念研究[J].情报理论与实践，1999(6):397—400.

[8] 陈畴镛.信息资源管理[M].杭州：浙江大学出版社，2004.

[9] 霍国庆.信息资源管理的三个层次[J].中国图书馆学报，1996(5):68—71,58.

[6] 张凯.信息资源管理[M].北京：清华大学出版社，2013 .

[7] 吴慰慈，高波.从文献资源建设到信息资源建设[J].中国图书馆学报，2000(3):24—27.

[8] 程焕文.信息资源共享[M].北京：高等教育出版社，2004.

[9] 肖希明.信息资源建设[M].武汉：武汉大学出版社，2010.

[10] 赖茂生，徐克敏.科技文献检索[M].北京：北京大学出版社，2009.

[11] 符福峘.信息资源学[M].北京：海洋出版社，1997:65.

[12] 肖希明.信息资源建设[M].武汉：武汉大学出版社，2010.

[13] 曹均.网络环境下高校图书馆信息资源采访[M].成都：电子科技大学出版社，2008.

[14] 程焕文.信息资源共享[M].北京:高等教育出版社,2004.

[15] 张晓娟.网络信息资源:概念、类型及特点[J].图书馆情报工作,1999(2):10—12.

[16] 张晓娟.网络信息资源:概念、类型及特点[J].图书馆情报工作,1999(2):10—12.

[17] 谷茂兰,黄云.信息检索与利用[M].北京:北京理工大学出版社,2007.

[18] 叶继元.信息检索导论[M].北京:电子工业出版社,2003.

[19] 孙丽芳.信息资源检索与利用[M].北京:电子工业出版社,2004.

[20] 中国互联网网络信息中心.中国互联网发展状况统计报告[R].中国互联网网络信息中心,2014.

[21]符绍宏等.因特网信息资源检索与利用[M].北京:清华大学出版社,2000.

[22]储荷婷,张晓林,王芳.Internet 网络信息检索:原理工具技巧[M].北京:清华大学出版社,1999.

[23].徐亚先.搜索引擎功能概述与研究热点[J].情报科学,2001(3):269.

[24]李晓明,闫宏飞,王继明,等.搜索引擎——原理、技术与系统[M].北京:科学出版社,2005.

[25]白崇远.新一代互动式知识搜索虚拟参考咨询系统发展特征及趋势分析[J].图书馆建设,2007(6):104.

[26]周威.知识搜索引擎在图书馆参考咨询中的应用研究[D].东北师范大学,2010.

[27] Citespace 使用案例[EB/OL].http://www.sciencenet.cn/upload/blog/file/2010/12/2010128121244824483.pdf.

[28] CiteSpace 科学文献中新趋势与新动态的识别与可视化[EB/OL].http://cluster.cis.drexel.edu/~cchen/citespace/doc/citespace_in_chinese.pdf.

[29]吴恒,姚冬玲.基于词频分析的"驴友"旅游目的地选择研究[J].情报科学,2015(11):57—61.

[30] 马费成,张勤.国内外知识管理研究热点:基于频次的统计分析[J].情报学报,2006,25(2):163—171.

[31] 邓珞华.词频分析[J].武汉大学学报(社会科学版),1987(1):16.

[32] Robert D,Gauthier E .Ippersiel M P .The State of Nanotechnology Research :Report to the National Research Council of Canada[R].1997.

[33] 梁立明,谢彩霞.词频分析法用于我国纳米科技研究动向分析[J].科学学研究,2003(2):138—142.

[34] 马费成,张勤.国内外知识管理研究热点——基于词频的统计分析[J].情报学报,2006(2):163—171.

[35] 国家自然科学基金会管理科学部.管理科学发展战略[M].北京:科学出版社,2006.

[36] 邱均平,赵蓉英,侯经川.2002 年国内外情报学发展动向研究[J].情报学报,2003,22(5):515—519.

[37] 温芳芳. 基于引文分析的知识扩散研究——以我国图书情报学博士学位论文为例[J].情报理论与实践,2015(9):64—78.

[38] 苏芳荔.文献引文分析、网络链接分析和网络引文分析的比较[J]. 情报探索,2010(1): 11—13.

[39] 史卫国,饶艳.论引文分析法研究进展与趋势[J]. 山东图书馆季刊,2001(3): 9—10.

[40] 李玉进.引文分析存在问题的再认识[J]. 天津外国语学院学报,2001(3):60—62.

[41] 鲁超,刘清. 引文分析可视化现状[J]. 情报杂志,2010(11): 48—52.

[42] 张慧敏.引文分析法的内涵及研究实证[J]. 编辑学报,2006(S1):174—177.

[43] 李兴旺,武斯琴. 中国企业商业模式创新特征[J].经济与管理研究,2015(11)123—130.

[44] 邱均平,雏菲.国外内容分析法的研究概况及进展[J].图书情报知识,2003(6):6—8.

[45] 邱均平,雏菲.内容分析法的应用研究[J].情报杂志,2005(8):11—13.

[46] 苗润莲. 基于专利分析的转基因大豆技术现状研究[J].大豆科学,2015(8):723—730.